教育心理学

牟书 主编 / 张德兰 副主编

清華大學出版社
北 京

内容简介

《教育心理学》专为教育学、心理学及各学科师范类学生量身打造，遵循师范生人才培养标准，精选教育心理学领域最具实践指导价值的核心知识与理论。内容涵盖学生心理发展、学习理论、学习动机、不同领域的学习以及学习策略和学习迁移等多个方面。本书写作风格力求简洁明了，在理论阐述中穿插丰富案例，鼓励学生结合个人经验与教学实践，自主构建完整的教育心理学知识体系。

本书系国家级一流本科课程配套教材，配有习题、PPT、教学大纲、慕课等立体化教学资源，不仅适合作为大中专院校师范类教材，还可作为各类学校教师继续教育、教师资格证考试辅导教材。

图书在版编目（CIP）数据

教育心理学 / 牟书主编. -- 北京：清华大学出版社，2024. 11.
ISBN 978-7-302-67546-4
Ⅰ. G44
中国国家版本馆CIP数据核字第2024VL8723号

责任编辑：孙墨青
封面设计：常雪影
责任校对：王荣静
责任印制：宋　林

出版发行：清华大学出版社
网　　址：https://www.tup.com.cn，https://www.wqxuetang.com
地　　址：北京清华大学学研大厦A座　　**邮　　编：**100084
社 总 机：010-83470000　　**邮　　购：**010-62786544
投稿与读者服务：010-62776969，c-service@tup.tsinghua.edu.cn
质量反馈：010-62772015，zhiliang@tup.tsinghua.edu.cn
印 装 者：三河市龙大印装有限公司
经　　销：全国新华书店
开　　本：185mm×260mm　　**印　　张：**17.5　　**字　　数：**326千字
版　　次：2024年12月第1版　　**印　　次：**2024年12月第1次印刷
定　　价：59.00元

产品编号：104370-01

前　言

2024年，《中共中央　国务院关于弘扬教育家精神加强新时代高素质专业化教师队伍建设的意见》中强调了大力弘扬教育家精神的重要性。《意见》提出，教师应“坚定心有大我、至诚报国的理想信念，陶冶言为士则、行为世范的道德情操，涵养启智润心、因材施教的育人智慧，秉持勤学笃行、求是创新的躬耕态度，勤修乐教爱生、甘于奉献的仁爱之心，树立胸怀天下、以文化人的弘道追求，践行教师群体共同价值追求”。这些理念不仅为中国教育事业的发展指明了方向，也对教师教育提出了更高的要求。

在这一背景下，“教育心理学”作为高等师范教育的核心课程，其重要性不言而喻。它不仅是师范生及广大教育从业者掌握育人智慧的基础课程，也是培养学生理想信念、道德情操和仁爱之心的重要支撑课程。通过深入学习教育心理学，师范生和广大教育从业者可以更好地理解学生，发展教育教学能力，发扬中国教育家精神。这将有助于推动我国教育事业的发展，培养更多优秀的人才，为实现中华民族伟大复兴的中国梦贡献力量。

我们在多轮“教育心理学”课程讲授与优化过程中，根据教育心理学学科体系的发展和教育实践中对教师要求的提升，不断调整教学计划与授课方案，力求融合心理学理论在教育实践中的运用和教育情境特有的心理现象及其规律，加强理论与实践的结合，深化师范生对“教育心理学”的理解与掌握。我们认为，面向师范生的教育心理学教材，应当兼顾理论深度与实践导向。它不仅要坚实地建立在教育心理学的理论基石之上，追踪并融入最新的学术研究成果，更重要的是，要强调这些理论在实际教育场景中的应用性和指导意义。因此，本书的编写特别强调以下三个特征。

（1）教材内容立足于教育教学工作的实际需求。教育心理学作为一门学科，有自己的演变历史和逻辑体系，但与教育实践的要求存在较大差距，学生往往不知道课程内容与以后的教育工作有什么关联，缺乏学习的动力。我们课程团队经过长期的探索，针对师范生对教育心理学的需求，用简练的语言阐述教育心理学中对实践指导意义最大的经典理论和最新研究成果，最大限度地让学习者体会到学习教育心理学对未来工作的实际意义，体会到学习知识的必要性。

（2）理论与实践紧密结合。教育心理学的理论根本目的在于指导实践，提升教学效果。因此，我们在讲解核心理论知识点时设计了详尽的案例，这些案例大多来自中小学一线教师的实践。通过案例分析和讨论，增强学习的实用性和互动性。

（3）促进学生充分调动个人经验，主动构建自己的教育心理学知识体系。师范生大多没有教育教学的实践经验，但他们作为学习者本身对学习有长期的体验，也有自己对学习、对教育的理解。学习教育心理学能够帮助学生梳理自身的学习过程，发展终身学习能力。本书在各章正文前设有内容提要，在各章的末尾提供了课后习题，并设计了扩展活动，旨在促进学生调动个人经验，引导其将教育心理学知识用于自身学习的指导，提升学习效果。

本书共分为十一章，第一章对本书内容做总体介绍；第二章至第四章阐述儿童心理发展的规律及其与教育的关系，帮助学习者理解教育在学生认知和社会性发展中的主导作用；第五章至第八章，从行为主义学习、信息加工、认知学习、建构主义和人本主义多个角度探讨了学生学习的心理规律及相应的教学规律；第九章主要讨论学生的学习动机，帮助学习者理解影响学习过程的非认知因素；第十章分别讨论了知识的学习、技能的形成和品德的培养规律，使学习者能够灵活应用教育心理学理论，改进实际的教学工作；第十一章主要介绍学习策略和学习迁移，有助于学习者进一步深入理解学生的学习过程，以适应快速发展的社会对学习者提升学习能力的要求。此外，各章末尾配有课后习题，选择题参考答案见本书封底防盗版码，刮开涂层并扫码可获取参考答案。

本书由北京联合大学心理学系教育心理学课程团队共同完成，牟书主编，负责统稿。各章的编写人员如下：第一章牟书，第二章至第四章吴南、田莫千、代小东，第五章张德兰、牟书，第六章张德兰、何丽、代小东，第七章至第九章张德兰、牟书，第十章于红军、徐娟、牟书，第十一章何丽、于红军。本书的插图大部分由沈韵涵同学绘制，在此特别表示感谢。

本书是国家级一流本科课程“教育心理学”配套教材，可作为大中专院校心理学专业教材、各类学校教师培训教材，也可作为教师资格证考试的自学参考用书。恳请各位同道及广大读者不吝赐教。

编者

2024 年 9 月

目　录

第一章

绪　　论

本章提要

第一节　教育心理学的学科性质

- 教育心理学的研究对象
- 教育心理学与邻近学科的关系

第二节　教育心理学的实践应用

- 为教师开展教育教学实践活动提供指导
- 为教师开展教学研究提供方法上的指导

第三节　教育心理学的研究方法

- 描述性研究
- 相关研究
- 因果研究
- 干预研究
- 行动研究

要做一名合格的教师，仅有学科知识还不够，还必须了解学生的特点，了解“教”和“学”的基本规律，这样才能有效地实施教育和教学工作。当前，我国教育界不断涌现出一些新的教育模式，如主体性教育、快乐教育、素质教育等。但不管哪种教育模式，都是围绕学生在学校中接受教育以促进身心发展的过程展开的，都必须遵循教育心理学的基本规律。那么，教育心理学到底是一门什么样的课程？它和心理学、教育学之间是什么关系？这门课在教育实践中到底有什么作用？这些都是本章要探讨的主要问题。

第一节　教育心理学的学科性质

一、教育心理学的研究对象

教育心理学是一门通过科学方法研究教育过程中的心理现象和心理规律的科学。教育可以分为广义的教育和狭义的教育。广义的教育是指所有能够让人们获得知识和技能、形成思想观点和道德品质的活动，它包括学校教育、家庭教育和社会教育，接受教育者既包括儿童，也包括成年人。狭义的教育专指学校教育。学校教育的特点是，学生要在教师有意识的指导下进行学习，通过和教师的互动，系统地学习知识。本书中的教育心理学主要针对学校教育。

教育是一个双向的活动，学生和教师的作用都不可缺少，学生作为一个有思想、有情感、有意识的人，必然要通过自己的积极活动，主动获得社会所需要的知识和技能；教师作为教育者要计划并实施培养学生的教育活动。在这个过程中，教师的教育活动必须符合学生生理和心理的发展规律。因此，教育心理学的研究对象是教育过程中的心理现象和心理规律。

在学校中，学生的学与教师的教是一个相互作用的系统过程，其中包含学生、教师、教学内容、教学媒体和教学环境五个要素。

学生是学习的主体，其本身的特点在很大程度上影响了教育的效果，比如年龄、性别、社会文化等群体差异，以及智力、性格、先前的知识经验、兴趣、动机等个体差异，任何教育教学活动都需要先了解学生的特点。

教师是教学活动组织的主要负责人，对教学目标是否实现起着关键作用。

教学内容则是学校教育中要传递的东西，一般通过课程、教材、教学目标来体现。教育心理学并不研究教学内容，但关注教学内容的结构、难度及其与学生心理发展之间的关系。

教学媒体是教学内容的载体，教师通过口头语言、板书、投影等形式将教学内容传递给学生。以前黑板是最主要的教学媒体，形式比较单一。随着科技的发展，教学媒体发生了巨大的变化，音视频、在线课程等新的教学媒体不断涌现。教学媒体影响了教学内容的呈现方式、教学的组织形式、学生的学习过程，给传统的教学带来了一场革命。

教学环境包括物理环境和社会环境。物理环境是指教室环境，比如光照、温度、桌椅、黑板、投影仪，还有空间布置等。教室环境会影响教师的教学方法及教学组织形式，影响学生的学习过程和学习方法。社会环境则主要是指课堂氛围、课堂纪律、师生关系、同学关系、校风、社会文化背景等。社会环境不仅对学生的情感和社会性的发展有重要的作用，也会影响学生的学习过程。

此外，学校教育活动还可以分成三个过程，即学生的学习过程、教师的教学过程，以及评价 / 反思的过程。这三个过程相互影响、相互作用，又同时受到上述五个要素的影响。其中，学生的学习过程是教育心理学的重点内容，各种流派的学习理论都是围绕学生的学习过程来作出不同的解释。

二、教育心理学与邻近学科的关系

教育心理学是心理学的一个分支，也是教育学和心理学交叉融合的结果。它结合了心理学的理论与方法，以及教育学的实践目标，形成了一个专门研究教育情境中心理活动规律的学科。教育心理学与心理学、教育学都有着密切的关系。

（一）教育心理学与心理学的关系

1. 心理学是什么？

教育心理学是心理学的一个分支，而心理学是一门研究人和动物的心理现象和行为的科学。要理解心理学，需要注意以下三点。

（1）心理学主要研究心理现象和行为

心理现象可以分为心理过程和心理特征两个方面，心理过程是个体心理形成及心理活动的一般过程，可以分为认知过程（如感觉、知觉、记忆、思维、想象、语言理解与产生）、情绪情感过程（如情绪体验、情绪表达、情绪调节），以及意志与动机过程（如目标、计划、内在动力和外在诱因）。心理特征则是人与人之间比较稳定的个性心理特征的差异，包括人格特征和能力特征两个方面（见图 1–1）。

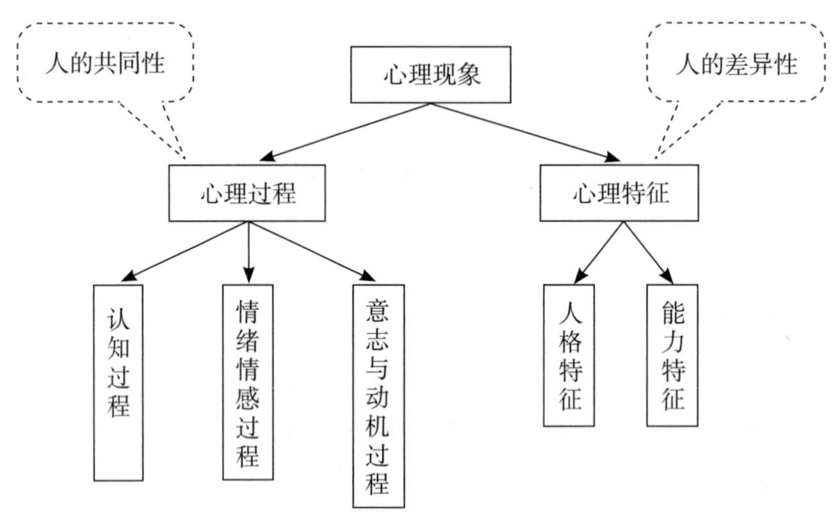

图 1-1　心理现象的分类

每个人的心理活动都发生在大脑内部，其他人无法看到一个人内在的心理活动。但人们可以通过观察一个人的行为去推测其心理。例如，看到一个人笑了，会推测出她很高兴；看到一个学生聚精会神地听老师讲课，则会认为这个学生对老师讲的内容很感兴趣。心理学家可以通过研究行为来了解人的心理现象及其规律。因此心理学也被认为是研究心理和行为的科学。

（2）心理学是一门科学

人的心理现象一直是哲学家热衷于讨论的问题，早在 3000 多年前，古希腊哲学家就对灵魂和肉体的关系提出了各种各样的看法。但在几千年的时间里，人们对心理的探讨都停留在理性分析的层面，缺少实证支持。随着自然科学的进步，尤其是生理学的成熟，心理学脱离了哲学的范畴，开始采用科学的方法来研究心理现象和行为。1879 年，德国生理学家冯特（Wundt，1832—1920）在莱比锡大学建立了世界上第一个心理学实验室，标志着现代科学心理学的诞生。现代心理学的研究遵循科学逻辑和标准，采用科学的研究方法，通过提出假设—收集数据—验证假设来构建心理学的理论体系，使得心理学理论的发展有了实证研究的支持，因此被认为是一门科学。

在心理学迈向科学的道路上，德国心理学家艾宾浩斯（Ebbinghaus，1850—1909）也做出了巨大贡献。他首次将实验方法用于高级心理过程（即研究记忆、学习，而不仅限于感觉和知觉）的研究。艾宾浩斯最著名的实验是采用无意义材料来研究人的遗忘规律。结果表明，遗忘进程并不是匀速的，而是最初遗忘速度很快，以后逐渐缓慢。根据实验结果，艾宾浩斯绘制了遗忘曲线。此后，众多研究者对艾宾浩斯遗忘曲线进行了深入探索，不断验证并丰富了上述理论，艾宾浩斯曲线也成为心理学研究史上的一个里程碑。

（3）心理学除了研究人，也研究动物

心理学并非仅仅研究人，也研究动物。心理学家认为，人和动物在许多基本的生物学和认知过程方面是相同的。通过研究动物，心理学家可以揭示这些共同机制，尤其是感知觉、记忆、学习的原理，进而增进对人类心理机制的理解。例如，在早期的行为主义学习理论中，巴甫洛夫、桑代克、斯金纳等人的研究以狗、小白鼠、鸽子为研究对象，通过研究这些动物的行为，来解释学习的基本原理。

2. 心理学和教育心理学的关系

心理学是教育心理学的基础，概括了人的心理现象的共同规律，但并不针对某一特殊的领域。教育心理学则是直接为教育实践服务。但教育心理学并不仅仅是普通心理学规律在教育中的应用，它还要研究在教育这个特殊的领域中出现的特殊问题。

教育心理学是研究人在教育过程中的心理现象及其发展变化规律的科学。学生在学校接受教育的过程，实质上就是完成感觉、知觉、记忆、思维等一系列心理活动的过程。心理学提供有关人的心理活动的一般规律，用于解决教育过程中出现的问题。但是教育心理学并不仅仅是普通心理学规律在教育中的应用，它还要研究在教育这个特殊的领域中出现的特殊问题。例如，教育心理学不仅研究学习与记忆的过程、影响因素，记忆的规律，记忆的生理机制等，还研究在教育情境下学生如何有效地学习和教师如何指导学生学习，以及学习过程中如何对学习材料有效地编码、储存和提取等问题。

（二）教育心理学与儿童发展心理学的关系

教育心理学和儿童发展心理学都把儿童作为研究对象，在研究中有互相交叉的地方，但研究角度各有侧重。

儿童发展心理学是心理学的一个非常重要的分支学科，主要研究儿童的行为模式发生发展的规律和儿童各年龄阶段的心理特征。目前，儿童发展心理学所涉及的年龄阶段主要包括学龄前、学龄期和青少年期三个阶段。学龄前儿童的研究揭示了儿童生命中的敏感期和关键期，这一时期最有利于儿童各种机能的发展；学龄期和青少年期的研究则发现了人类高级心理活动的规律。除了研究儿童各年龄阶段的发展特征，儿童发展心理学还研究儿童心理发展的动力，以及遗传和环境对发展的影响等。

教育心理学则侧重把儿童作为受教育对象——学生，来进行研究。教育心理学必须根据儿童心理学研究所获得的关于各年龄阶段儿童的心理特征，来确定教育的可能性，从而制定正确的教育措施。

（三）教育心理学与教育学的关系

教育学研究人类的教育现象和教育问题，以及教育的一般规律，探讨教育、社会、人之间和教育内部各因素之间内在的、本质的联系和关系。教育心理学则研究具体的教育过程中的心理学问题，如学生的学习动机、学习过程、个体差异等。

教育心理学和教育学都有各自的研究对象和任务，但二者都为教育实践服务，关系非常密切。首先，学生的心理活动规律是教育工作的重要依据之一，因此教育学在制定教育的原则和实施方法时，必须考虑学生的心理活动规律；而探究更具体情景下学生心理活动的过程和规律，则是教育心理学的任务。其次，教育学和教育心理学在很多教育问题的研究中有互相交叉的地方，但研究的角度不同。例如，教育学研究教学方法时，要分析学生在特定的教学方法下掌握知识的途径和概念形成的过程；而教育心理学主要是研究学生在学习过程中知觉、表象、思维的相互作用，以及掌握知识到心智技能形成、发展的过程等及规律。

第二节　教育心理学的实践应用

教育心理学既是一门理论学科也是一门应用学科。从理论的角度来说，教育心理学从教育过程这一角度揭示了学与教的过程中所涉及的基本规律，充实了心理学和教育学的一般理论，为基础理论的发展做出了贡献；从实践的角度来说，教育心理学的研究为教师揭示了有关教学的系统理论和方法，为其改进教学活动、提高教学的质量提供帮助。教育心理学的实践应用主要体现在以下三个方面。

一、为教师开展教育教学实践活动提供指导

（一）为促进学生的认知过程提供理论支持

怎样能让学生掌握“分数”的概念？怎样呈现教学材料能让学生更好地记忆？怎样培养学生解数学应用题的能力？这些问题都涉及学生的基本认知过程，包括感知觉、记忆、注意和思维，以及学习的理论。教育心理学可以为教师提供指导，让教师结合自己的教学材料，将理论转变为一定的教学程序或活动。

由于人类学习行为的复杂性，教育心理学在解释某些问题时，各种理论之间往往有差别。例如，行为主义学习理论认为，解决问题是一个不断试错的过程，即对头脑中出现的解决问题的各种途径进行尝试，直至发现问题解决的合理途径；而格式塔学习理论认为，解决问题是一个顿悟的过程，即在长期不懈地思考而又不得其解时，受某种情境或因素的启发，突然发现解决问题的方法和途径或方式。由于对解决问题的过程的理解不同，行为主义学习理论和格式塔学习理论各自主张的教学方法也不同。面对这些看似彼此对立的理论，教师要掌握不同理论的适用条件和它们之间的相互关系，从具体的教学情境出发，根据学生和教学的实际情况，采取最适合学生的教学策略。

（二）为处理教学过程中的非认知因素提供指导

学生的学习并不仅仅是一个认知过程，在学生学习的过程中，还受到诸多非认知因素的影响，如动机、情感等因素。

教师应该如何激发学生的学习动机？教师应该如何处理学生在课堂上不遵守纪律的行为？很多人认为这些问题是不言自明的，不需要专门通过研究来回答，教师从历史和生活中汲取经验就可以解决。例如，“言传不如身教”，说明了教师行为对学生的影响；“孟母三迁”，说明了环境的影响。虽然我们从日常生活中获得的常识确实有一定的正确性，但其中也可能存在某种误区。教育心理学家通过多年的研究发现很多问题都并非想象的那么简单。例如“不打不成器”，教育心理学的大量研究证明这是一种错误而且有害的认知。班杜拉等人的研究表明，惩罚不仅不能有效消除儿童的不良行为，还会导致儿童更具攻击性，使他们学会了用攻击来解决自己遇到的问题。心理学的研究告诉我们，给学生提供一个正确行为的榜样，或者让他们明白自己做错了什么以及为什么错了，将有助于儿童学会控制自己的行为。

教师有很多日常经验，但是有些问题并不像平常想的那么简单。教育心理学家研

究、检验了日常经验的正确性，并且把这些零散的知识综合起来，形成一个理论体系，解释教育心理学中出现的种种非认知因素带来的问题。

（三）为因材施教提供个体差异方面的理论指导

“因材施教”就是要承认学生的差异、重视差异，在了解差异的基础上有针对性地开展教育教学。目前，个别差异与个别化教学已经成为教育心理学研究和应用的重点内容之一。教育心理学为教师提供了各种测量、分析的工具和方法，使得教师可以测量学生的智力、性格、学习方式等。根据测量结果，教师可以较为准确地预测某个学生在学校里的学业行为，然后再根据预测对学生进行有个别化教学。

另外，教育心理学认为，学生的行为是受多方面因素影响的，教师需要仔细观察学生各方面的情况和表现，尽量对学生保持客观、深入的知觉，才能够正确地把握每个学生的特点。由于教师对学生的认识直接影响其教学行为，最终影响到学生的发展，教师必须认识到自己对学生的看法将对学生的发展有重要的影响。

二、为教师开展教学研究提供方法上的指导

教育所面临的是瞬息万变的教学环境和自然界最复杂的对象——人，这使得教育心理学家不能像汽车修理师那样编制一本简单便捷的操作手册，来告诉教师每一个问题的答案。教师要能够自己总结经验，对教学行为和教学过程进行反思，分析、解决教学中出现的新问题，更新自己的教学观点。这一点，要通过开展教学研究才能做到。但很多教师感到很茫然，不知道做研究应该从何处入手。因此，教师在学习教育心理学时，除了掌握教育心理学的理论知识和实践知识，还可以关注教育心理学家得出这些知识所使用的方法，从中学会一些研究问题的方法，然后再尝试用这些方法指导自己的教学研究和教学实践。

第三节 教育心理学的研究方法

教育心理学家通过研究来探索教育教学中特定的心理学问题，因此了解教育心理学的基本研究方法对教师具有非常重要的意义。一方面，可以帮助教师了解教育心理学的知识从何而来、应该如何去理解，然后才能自觉地将其应用到实际课堂，指导自己的教学研究和教学实践；另一方面，教师可以运用教育心理学的研究方法指导自己的教学研究和教学实践。

教育心理学的研究是一种科学研究，遵循一般科学研究的逻辑。科学研究有四个目的，即描述、预测、解释、控制，相应的研究方法可分为描述性研究、相关研究、因果研究、干预研究（表 1 – 1 ）。

同时，教育心理学也是一门理论与实践相结合的学科，除了科学研究常见的四种研究，还涉及教育实践中的一些研究方法，如行动研究法。

表 1-1 教育心理学研究方法分类

研究目的	回答的问题	研究方法	数据收集方法	研究题目举例
描述	是什么	描述性研究	观察、访谈、问卷调查等	大学生学业情绪的现状与特点研究
预测	会怎么样	相关研究	问卷调查、观察、从已有数据库中查找等	大学生学业情绪与学业成绩的关系
解释	为什么会这样	因果研究	实验法	不同教学方法对大学生课堂学业情绪的影响
控制	怎样让事情朝着预想的方向发展	干预研究	实验法	“评价干预”改善大学生的学业情绪

一、描述性研究

描述性研究专注于对心理现象、行为特征或人群的心理状态进行详细的描述，来揭示研究对象的心理与行为特征，主要回答“是什么”的问题，但不寻求解释为什么会出现这样的现象。

描述性研究通常采用非干预性的数据收集方式，比如观察、访谈、问卷调查等。可以对某个群体进行描述性研究，也可以对单个个体进行深入研究。在数据分析上，对群体数据可进行量化分析，如频率、百分比、平均数，对个体访谈资料则可应用质性方法深入了解个体经验、感受和意义构建。

例如，某研究者对学习困难学生的学业情绪感兴趣，他可以通过对一个典型的学习困难学生进行深入研究，对其本人、父母、教师、同学进行访谈，结合其学习成绩、在校表现等资料，进行深入分析；也可以对多个学习困难学生进行观察、访谈或问卷调查，描述学习困难群体在学业情绪上的整体特点。

图 1–2 展示了儿童行为观察研究的场景。

图 1-2　儿童行为观察研究的场景

二、相关研究

相关研究是通过观察和测量变量探索两个或多个变量之间的关联程度，帮助研究者理解不同因素是如何共同变化的，并尝试建立模型或理论来估计或推测未来的情况或未知条件下可能出现的结果，即达到“预测”的目的，主要回答“会怎么样”的问题。

相关研究通常通过问卷调查、观察、从已有数据库中查找等方法获得。研究者并不控制或改变任何变量，也不涉及因果推论。在数据分析上，主要使用统计方法（如皮尔逊相关系数、斯皮尔曼等级相关或卡方检验）来衡量变量间的关联强度和方向（正相关、负相关或无关联）。相关系数（如 r 值）可以表明变量间关联的紧密程度。

例如，研究者对中学生学业情绪与学习成绩之间的关系感兴趣，可以通过问卷调查的方式，收集中学生的学业情绪和学习成绩数据，并使用统计方法计算出两个变量之间的相关程度，如果有显著的相关性，则表示两者之间有关联。

需要注意，相关研究仅能说明两个变量有关系，并不能说明两个变量关系的性质。如果发现学业情绪和学习成绩之间存在相关，既可能是学业情绪影响学习成绩，也可能是学习成绩影响学业情绪，还可能是两者之间相互影响，或者存在第三个变量，并由于该变量的变化引起了学业情绪和学习成绩的共同变化。

三、因果研究

因果研究主要是为了确定变量间的因果关系，即一个或多个自变量（原因）是否能够系统地影响一个或多个因变量（结果）。因果研究可以解释现象背后的原因和机制，回答“为什么”的问题。

因果研究通常采用实验法。在实验过程中，研究者通过操纵自变量，控制无关变量的影响，来观察因变量的变化。

例如，研究者对影响学生学习动机的因素感兴趣，经过前期的研究，假设教师的评价会影响学生的学习动机。在设计实验时，将教师评价作为自变量，将学习动机作为因变量。研究者将学生随机分为两组，先对两组学生的学习动机进行评估，确保两组的水平没有显著差异，然后一组在教学过程中采用反馈性评价，另一组在课程结束后采用总结性评价。经过一段时间的教学后，再次测量两组学生的学习动机，并比较他们的学习动机变化是否有差异。在实验开始之前，还需要确保两组学生的学习成绩没有显著差异，且由同一位教师授课，教学内容和教学方法没有差异。这些都是需要控制的变量，以确保对实验结果不产生干扰。

根据对实验环境的操纵不同，因果研究可以分为实验室实验和自然实验两种方法。

实验室实验，又叫真实验，是指在严密控制实验条件下借助一定实验仪器所进行的实验，一般在实验室进行。由于对实验条件的要求比较高，实验室实验在教育实践领域用得较少。

自然实验，又叫准实验，是指在自然的情况下即教育情境下创设、控制某些条件，以引起某种心理活动而进行研究的方法。它是在教育实践领域研究学生心理最常用和最合适的方法。自然实验最常见的操作方法是：选两个班级，一个班级为实验组，另一个班级为控制组，对两个班级实施不同的教育方法，两组的其他条件保持相同（如学生的先前水平），然后比较两组在实验前和实验后的表现，探讨自变量是否起作用。

四、干预研究

通过前三个层次的研究，人们形成了对某种心理现象的深入理解。在此基础上，研究者去设计和实施干预措施，来改变或控制个人和群体的心理、行为、认知，并仔细评估干预措施的效果。干预研究是回答“怎样让事情朝着预想的方向发展”的问题，达到控制的目的。

干预研究一般采用实验法。具体操作方法是：先将被试分为两个或多个组，对其实施不同的干预措施，然后通过比较干预前后的变化，来检验干预措施的效果。

五、行动研究

行动研究是指在教育情境中，研究人员和实际工作者（教师）结合起来解决某一实际问题以提高教师素质的一种方法。行动研究的研究环境是实际的学校教育环境，研究者对自然状态下的实际教育教学过程进行研究。在研究过程中，可以随时间的推移和研究的深入对研究目标和研究内容进行充实和修正。

行动研究的主要目的是让教师在教育情境中进行自我反思，解决实际问题和提高实际工作者的素质。很多从事实际教育工作的教师认为，做研究是研究者的事情，跟自己无关，研究者负责提出问题，设计研究方案，到学校实施研究方案，自己的作用仅是配合研究者为之提供被试和研究环境。但行动研究认为，教师应该参与到研究中去，与研究者合作参与研究计划的制订、实施。教师通过参与行动研究，可以对自己的教学过程进行反思，总结经验，更好地提高教学效果。

行动研究主要包括计划、行动、考察和反思四个环节（图 1–3）。

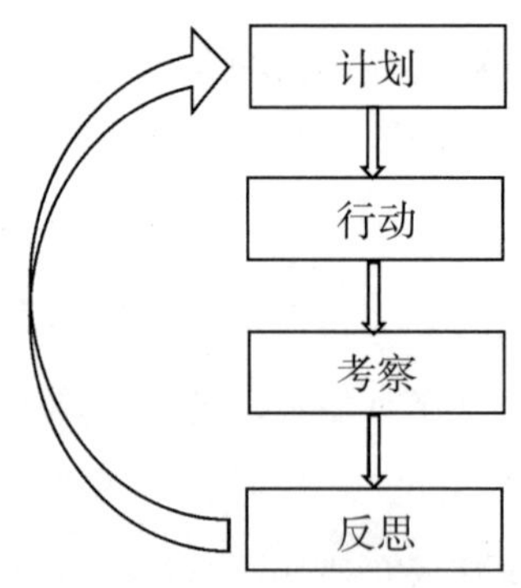

图 1-3　行动研究的四个环节

计划是行动研究的第一个环节，即以大量事实和调查资料为前提，形成研究者对问题的认识，然后综合有关理论和方法，制订研究计划。

行动是第二个环节，即按照目的和计划行动。

考察是第三个环节，主要是对行动的过程、结果、背景以及行动者特点的考察。

反思是第四个环节，包括整理和描述，即对观察到的与实施计划有关的各种现象加以归纳整理，描述出研究过程和结果，然后对行动的过程和结果做出判断和评价，并对有关现象和原因做出分析解释，进而调整下一步的行动计划和工作构想。

需要注意的是，反思并不只在该阶段才有，而是贯穿于研究的全过程，这样可以及时调整研究进程。可以说，行动研究的过程是带动教师不断进行反思的过程。

行动研究是提高教师教学水平的一个有效途径，它可以帮助教师在中小学的实际工作环境中，灵活应用教育心理学的基本原理，解决所面临的实际问题。

【扩展活动：辩论赛】

举行一场辩论赛，主题为“学生的学习好坏，主要是教师的作用吗？”

请学生自由选择立场，在班级内举行一场辩论赛，正反双方阐述自己的理由。

【课后习题】

一、选择题

1. 下列各项中，属于心理过程的有（　　）。

A. 感知觉　　B. 情绪　　C. 性格　　D. 动机

2. 实验者操纵而发生变化的变量称为（　　）。

A. 操纵变量　　B. 自变量　　C. 因变量　　D. 控制变量

3. 相关研究主要是回答哪一类问题？（　　）

A. 描述性问题　　B. 预测性问题

C. 解释性问题　　D. 干预性问题

4. 学与教的过程包括学生的学习过程、教师的教学过程，以及（　　）。

A. 评价的过程　　B. 反思的过程

C. 评价 / 反思的过程　　D. 考试的过程

二、问答题

1. 心理现象包括哪些方面？

2. 教育心理学的实践应用主要体现在哪些方面？

3. 教育心理学的研究方法主要有哪些？

4. 有的老教师认为自己没有学过教育心理学，讲课同样很好，所以学不学教育心理学都没有关系。请就此观点谈谈你的看法。

第二章

儿童心理发展理论

本章提要

第一节　心理发展的一般规律

- 心理发展的含义和一般规律
- 心理发展的生物因素和环境因素
- 心理发展和教育的关系

第二节　认知发展理论

- 皮亚杰的认知发展理论
- 维果茨基的心理发展理论及其教育意义

第三节　人格发展理论

- 弗洛伊德的精神分析理论
- 埃里克森的心理社会发展理论
- 人格发展理论对教育的启示

小学三年级的学生能理解量子力学吗？学前班的儿童学习小学知识有好处吗？能跟2岁的孩子讲道理吗？青春期的孩子心理有什么特点？儿童的教育要遵循其心理发展的规律，作为教育工作者，首先要了解儿童的心理发展特点，在此基础之上开展教育活动。本章将介绍个体心理发展的各种理论，帮助大家在教学实践中正确地贯彻教育和发展相互作用的原则，辩证地认识心理发展与教育的关系。

第一节　心理发展的一般规律

一、心理发展的含义和一般规律

每个人从出生到成熟到衰老，不只是身体在发生变化，心理也一直在发展变化中。心理发展是指个体随着年龄的增长，在相应环境的作用下，获得新的心理结构或原心理结构发生改变的过程，是一种体现在个体内部的连续而又稳定的变化。

人的心理发展具有以下特点。

（1）心理发展是一个连续的过程，人的心理在一生中不断发生变化。

（2）人的心理发展在正常的情况下是有顺序的，而且遵循着某些共同的模式。

（3）每个个体的心理发展既表现出与他人一致的共同性，又有发展的特殊性，表现出发展的个别差异。每一个体具体的心理发展曲线都是有所差异的。

（4）心理的各组成成分的发展速度有所不同，其各自发展到成熟所需的时间以及发展的高峰期所出现的年龄阶段也不尽相同。

（5）人的心理发展是分阶段的，不同的阶段具有各自的特征和相对一致的年龄区间。

二、心理发展的生物因素和环境因素

（一）生物因素和环境因素的交互作用

人的发展有其生物学基础，如肌肉、骨骼、神经系统等，这是人的发展的物质前提。发展的生物学因素包括遗传因素和非遗传因素。遗传因素是指从父母那里遗传的基因而决定的因素，如眼睛的颜色、头发的颜色、身高等。非遗传因素则是指由基因突变产生或者在发育过程中出现的因素（如新生儿缺氧导致脑损害）。

长期以来，关于遗传和环境在发展中的作用，在发展心理学中存在着持续、激烈的争论，即“先天与后天之争”“成熟与学习之争”。以高尔顿为代表的遗传决定论认为，个体的发展早在受精卵形成那一刻就决定了，发展是内在因素的自然成熟，环境和教育只起引导作用。以华生为代表的环境决定论则认为，环境决定心理的发展。如今，发展心理学家已经认识到绝对的遗传或者环境决定论都不可取，遗传和环境在心理发展中起着复杂的交互作用，表现在以下几个方面。

1. 遗传是儿童心理发展的生物前提，是必要条件

只有具有正常的遗传素质，儿童才可能在社会生活条件下发展成为一个具有高度心理发展水平的人。例如唐氏综合征，即 21- 三体综合征，这是由于个体的 21 号染色体发生异常导致的疾病，严重影响患者的智力、面部特征及生长发育，这种遗传缺陷导致的疾病无法治愈。但环境和教育也并非无能为力，对于患有唐氏综合征的儿童，通过早期干预、训练和一定的治疗，能够大大改善其生活和延长其寿命。

2. 环境和教育是儿童心理发展的决定性条件

影响人的心理发展的环境因素主要有两大类：一类是指生物有机体所共有的维持生存所必需的自然环境，如食物营养、地理气候等；另一类是指人类的社会环境，即儿童所处的社会生活条件和教育条件，包括家庭、学校、社会等方面。

3. 遗传只提供了发展的可能性，只有通过环境和教育的作用，这种可能才能变成现实

教育条件在个体心理发展中起主导作用。但儿童的发展并不是对环境和教育的直接反映，而是主体通过自身的活动，在与环境的交互作用中发展起来的。

总的来说，遗传是个体心理发展的生物前提，提供了个体心理发展的可能性，而环境决定了个体心理发展的现实性，个体的心理发展过程就是遗传和环境相互作用的过程。

（二）布朗芬布伦纳的生态系统理论

美国心理学家尤里·布朗芬布伦纳（Bronfenbrenner，1986）提出的生态系统理论将人的发展所处的环境分为四个层次，由小到大分别是微观系统、中间系统、外层系统和宏观系统。这四个系统对儿童发展的影响的直接程度是不同的，从微观系统到宏观系统，对儿童的影响也从直接到间接。

微观系统（microsystem）指与个人直接相关的社会关系和交互过程。对于孩子来说，微观系统主要包括家庭、学校、邻里、社区，这些环境是与孩子直接相关的。一个孩子会跟这些环境中的人进行互动（图 2–1）。微观系统还可能包括医院、早教中心、俱乐部等。在所有的微观系统中，家庭对人的影响最大。

图 2-1　家庭、同伴、老师都是孩子的微观环境系统

中间系统（mesosystem）指影响个体的两个或多个微观系统之间的相互作用，包括家庭、学校和同伴群体之间的相互关系。例如，某学生的父母关系出现问题，对孩子的心理发展会造成影响。

外层系统（exosystem）指儿童并未直接参与却对他们的发展产生影响的系统，它间接影响个体的发展，如父母的工作环境通过影响父母的情感而间接影响儿童的情感。

宏观系统（macrosystem）包括特定文化中的意识形态、态度、道德观念、习俗及法律，所包含的是教育、经济、宗教、政治及社会等方面的价值观。它规定如何对待儿童、教给儿童什么，以及儿童应该努力的目标。

四个系统层层嵌套，将发展的个体包围在中间（图 2–2）。除了这四个系统，还有一个时间维度，即这四个系统会随着时间的变化而发生改变。

布朗芬布伦纳的生态系统理论强调，个体发展是一个多层面、多层次的动态过程，每一个系统都在不同程度上影响着个体的成长与发展，而且这些系统之间存在着复杂的相互作用和反馈循环。要想促进个体发展，必须考虑到各个环境层面的协同作用，同时也要注意个体内部因素与外部环境的相互适应与调适。

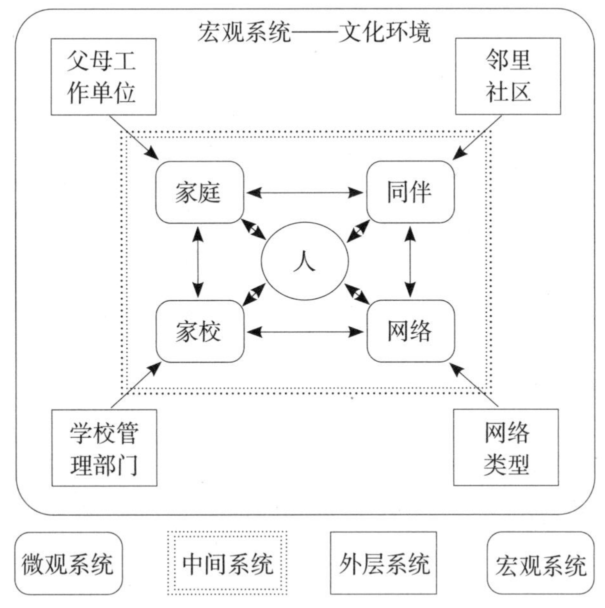

图 2-2　布朗芬布伦纳的生态系统理论

三、心理发展和教育的关系

个体心理发展与教育的关系是辩证的，一方面，个体心理发展的水平与特点是教育的起点与依据，是教育的前提；另一方面，个体的心理发展有赖于教育，是教育的结果和产物。

（一）心理发展是教育的前提，教育依赖心理发展

教育应该考虑到学生原有的心理发展水平，关注学生在进行各种新的学习时的准备状态。所谓学习的准备状态，一般包括三个方面：个体的生理发展状态、能力发展状态及其学习动机状态。

例如，让 3 岁的孩子学写字，往往在生理上就还没有准备好，他们的手部精细动作发展水平还比较低，控制笔的能力有限，这时候如果让他学写字，就是准备状态不足。当学生的准备状态不足而被迫接受教育时，有可能导致两种不良后果。

一是影响学生心理的健康发展。过难、过严、过高的教学要求可能使学生产生动机上的障碍，表现为对学习或其他活动有畏惧心理，甚至逃避、拒绝参加某些活动。更严

重者，有可能导致人格障碍。

二是影响教学的效果。对于与学生心理发展水平差距过大的教学，学生难以理解，只能生吞活剥、死记硬背。一旦这种学习方法成为习惯以后，必将对以后的学习造成不良影响。

教师在进行教学的过程中，应该充分地考虑学生的心理发展情况，考虑学生对知识的可接受性。具体来说，就是在教学目标的确立、教学内容的选编、教学活动的组织及考核等方面都必须充分关注学生的心理发展状况，并以此为依据，开展教学。

（二）教育促进心理发展

教育虽然不能逾越学生的心理发展水平，但是恰当的教育可以促进学生的心理发展，提高学生心理发展的质量。

如果学生已经具备相应的心理发展水平，但是剥夺或延迟他接受教育的机会，就会在一定程度上影响他心理的正常发展。同样，如果教育不得法，违背了个体心理发展的规律，那么就有可能延迟学生的心理发展，对心理发展产生不利的影响。例如，在儿童思维的发展中，小学四年级是从具体形象思维向逻辑抽象思维发展的一个加速期。如果教育得法，这个加速期可以提前到三年级；相反，不得法的教育，会使这一加速期推迟到五年级。

第二节　认知发展理论

认知发展就是指个体在知觉、记忆、想象和思维（判断、推理和问题解决）等方面的发展。不同年龄阶段的儿童表现出不同的认知特点，为了更好地、有针对性地对儿童进行教育，有必要了解相关的儿童认知发展理论：一方面，要保证教育与儿童所处发展阶段的认知特点相适应；另一方面，要通过教育的影响使儿童自身的认知能力不断发展变化。

一、皮亚杰的认知发展理论

瑞士心理学家皮亚杰（Piaget，1896—1980）是20世纪杰出的认知发展心理学家，被认为是现代儿童心理学和认知发展领域的奠基人。皮亚杰主要研究了人类从婴儿期到青春期认知发展的顺序和阶段，探讨了认知形成和发展的动因、过程、内在结构和机制等。他强调，儿童的思维并不简单是成人思维的初级形式，而是和成人不同类型的思维。

（一）认知发展的机制

皮亚杰认为，儿童认知的发展不是单方面地由认知者（儿童）或环境决定，而是取决于认知者（儿童）和物体（环境）之间的交互作用。儿童通过同化和顺应日益复杂的环境而达到平衡，他们在平衡与不平衡的交替中不断建构和完善其图式，实现认知发展（图 2–3）。皮亚杰的认知发展理论中有几个关键词。

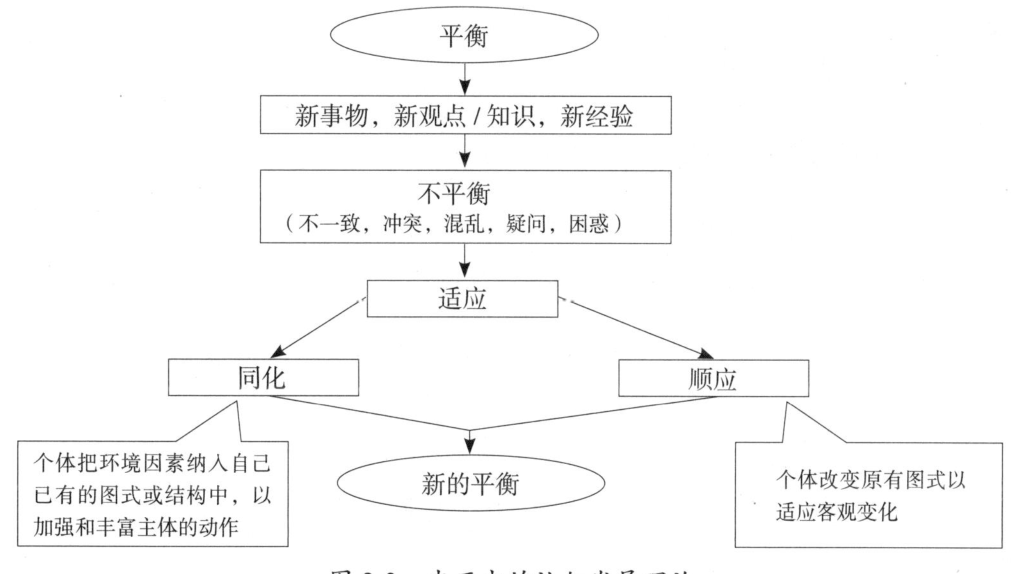

图 2-3　皮亚杰的认知发展理论

图式（schema）是个体经过组织而形成的思维和行为的方式，它有助于个体适应外在的环境，并可能表征着行动和经验的某种固定的形式。比如，婴儿一出生就有吮吸反射，大一点的孩子看到东西会用手去抓，这是动作的图式；或者儿童形成了关于狗的认识——狗是一种动物，有四条腿，会叫等，这也是一种认知图式（cognitive scheme），也叫认知结构（cognitive structure）。

平衡（equilibration）是指认知结构与环境需要之间达到的平衡。比如，儿童看到一个动物，认出这是一条狗，即环境信息与认知结构之间是平衡的。

不平衡（disequilibrium）是指个体预想观念与世界真实状态不匹配的情况。比如，儿童看见一个动物，但不像之前见过的所有动物，儿童不知道这种动物叫什么，这就是环境信息和认知结构之间不平衡。不平衡的状态会引起个体的不舒适，推动个体去重新建立平衡，从而推动个体认知和动作的发展。比如，儿童会问妈妈“这是什么”，这个向妈妈求助的行为就是儿童主动去改变认知的不平衡状态。

同化（assimilation）是指个体试图将新信息纳入自身的认知结构中。比如，妈妈告诉孩子“这个动物也是狗”，于是孩子将这个动物的形象纳入对狗的认知结构中，扩大了原来的对于狗这个概念的认识。

顺应（accommodation）是指当个体无法将新信息同化到已有认知结构中时，他们会修改认知结构，或者创立一个新的图式来组织这些信息。比如，儿童得知这个新的动物叫“长颈鹿”，这个动物有一些特征是其他动物所没有的，它的脖子很长，个子非常高，喜欢吃树叶。于是，儿童修改了原有的关于动物的图式，建立了一个新的概念——长颈鹿，这个过程称为顺应。

（二）儿童认知发展的四个阶段

皮亚杰认为，儿童认知发展经历了四个阶段：感知运动阶段、前运算阶段、具体运算阶段和形式运算阶段（图 2-4）。在理解儿童认知发展的四个阶段时，需要注意以下几点。

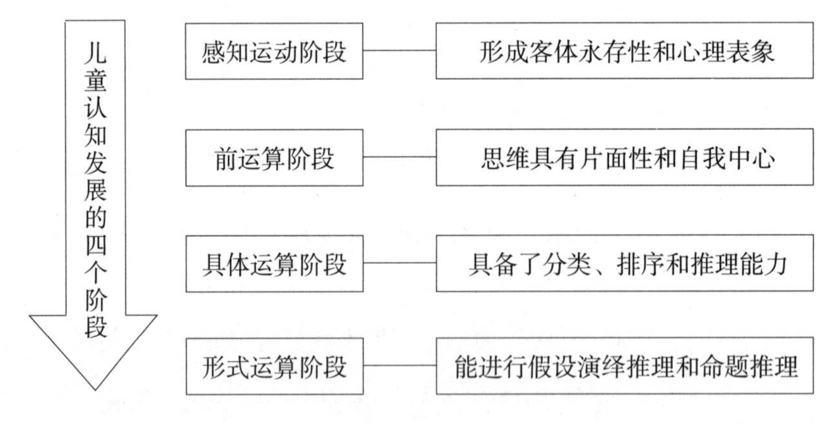

图 2-4　儿童认知发展的四个阶段

每个阶段都大致对应着一定的年龄范围，而且每个阶段都以行为的质变为特征。

各阶段的出现，从低到高有一定顺序，不能逾越，也不能互换，但由于环境、教育、文化以及主体动机等方面的差异，阶段可能提前或推迟。

每一个阶段都是形成下一阶段的必要条件，前一阶段的结构是构成后一阶段结构的基础。

在认知发展过程中，两个阶段之间不是截然分开的，而是有一定的交叉。

1. 感知运动阶段（sensorimotor stage，0～2 岁）

在婴儿阶段，孩子还不会说话，此时他们的认知发展主要体现在感觉（输入）和运动（输出）两个方面。皮亚杰将这个阶段称为感知运动阶段。

感知运动阶段中的感知是指感觉（输入），包括视觉和听觉等；运动（输出）则包括移动和尝试抓握、把玩环境中的物体等。在这个阶段，婴儿主要是以一种反射的或先天的方式进行反应。随着他们的发展，他们会修正这些反射以适应环境的需要。例如，在婴儿的身边放一个玩具，婴儿会用手去抓玩具，此时婴儿用“抓握”这个动作就能达到目的。但如果玩具在一块毛巾上，且离婴儿较远，婴儿试了几次都抓不到，此时婴儿无法用现有的动作图式去达到目的。大一点的婴儿就会用手拉拽毛巾，从而抓到玩具。这就是婴儿认知发展的体现，他们通过动作思维（action thinking）去解决问题，逐渐发展出更复杂的动作图式。

这个阶段儿童的两个主要成就是形成客体永久性和表象思维。

客体永久性是指儿童意识到当物体不在眼前时它仍然是存在的。比如，给一个 5 个月大的婴儿看一个玩具，然后用一块布把他面前的玩具挡住，婴儿立刻就对其失去兴趣，他不会寻找。因为对于幼小的婴儿来说，看不见的东西是不存在的（图 2-5）。然而，当婴儿长到 9 个月以后，情况就不同了。给他看一个玩具，然后再把玩具挡住，婴儿会表现出惊奇并知道去寻找。对于不能直接看到的物体进行搜索的行为意味着儿童对物体已经具有了客体永久性，即虽然看不见物体，但知道它仍然存在。

图 2-5　客体永久性实验

表象思维，是指人对外界刺激形成的心理表征或观念。比如，一个具有表象思维的婴儿在头脑中对他所喜爱的玩具形成了表象，无论玩具在不在他眼前，他都能够回忆起来。这个成就发生在感知运动阶段的末期，通常是儿童出生第 18 个月以后，24 个月以前。

2. 前运算阶段（preoperational stage，2～7 岁）

在前运算阶段，儿童开始积极地发展心理表象，开始用词语与同伴、父母进行交流。词语的使用为儿童打开了更多未知的领域，他们可以思考物体，因而使得词语成为具体物体的符号表征。

运算（operation）是皮亚杰认知发展理念的一个中心观念。皮亚杰认为，运算是在头脑中发生的认知活动，是一种内化的动作。例如，运算可以把物体进行归类，或者对东西进行排序，或者计数、测量。学生在头脑中在做加法、减法，这些都是“运算”。可以看到，皮亚杰所说的运算，类似于“心智技能”。他认为，一种运算不是孤立的，总是和其他的运算相互联系，组成一个总体的结构，这种结构就是认知图式。

在这一阶段中，儿童思维发展的两个典型局限性特点是思维的片面性和自我中心。

思维的片面性是指这一阶段的儿童的思维有集中于事物的某一方面而忽视其他方面的倾向。皮亚杰著名的守恒实验揭示了儿童的这一思维特点。实验者当着儿童的面将两杯盛有同样多的液体中的一杯倒进一个细而长的杯子中，要求儿童说出这时哪一个杯子中的液体多一些。儿童会认为高杯子中的液体较多，他们只注意到高杯子中的液体比较高，却没有注意到高杯子比较细（图 2-6）。除了液体守恒实验，心理学家还在体积、长度和数量方面测试了儿童守恒概念的发展，证明儿童此时还没有形成守恒的概念，他

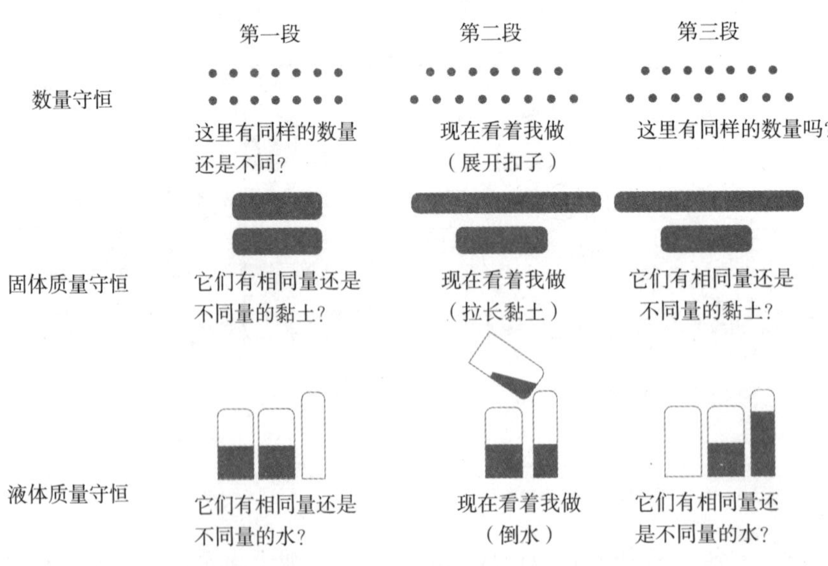

图 2-6　守恒实验

（资料来源：理查德·格里格，菲利普·津巴多，2014）

们会认为展开的扣子要多于串在一起的扣子。

自我中心，是指前运算阶段的儿童只集中于自我，而不能理解别人是如何知觉情境的。他们在交流的时候只顾说着自己想说的话，而不考虑交谈的另一方说了什么。

皮亚杰采用“三山实验”的设计来观察前运算阶段儿童的自我中心主义心理倾向（图 2-7）。该实验的设计是，在桌子上放置三座山的模型，这三座山在高低、大小、位置上有明显的差异。实验时，先让一个幼儿坐在一边，然后将一个布偶娃娃放置在对面。此时实验者要幼儿回答两个问题。第一个问题是：“你看到的三座山是什么样子？”第二个问题是：“布偶看见的三座山是什么样子？”结果发现，前运算阶段的幼儿采用同样的答案回答两个问题，这意味着儿童只会从自身所处的角度看三座山的关系，不会设身处地从对面布偶的立场来看问题。

图 2-7　三山实验示意图

3. 具体运算阶段（concrete operational stage，7～11 岁）

儿童大约从 7 岁开始，思维过程发生了新的变化，他们形成了一套新的思维策略，能够运用符号进行有逻辑的思考活动，这时他们就进入了具体运算阶段。之所以用“具体”一词来描述，是因为在此阶段儿童的逻辑推理只能在具体的物体上进行，还不能在语言表达的假设上进行运算。

这一阶段儿童的“自我中心”的程度下降，他们开始克服“片面性”而注意到事物的各个方面，发展了了解他人观点的能力，从而增进了自己与他人沟通的能力。处于此阶段的儿童也能够成功地完成守恒实验。

这一阶段儿童的认知发展主要体现在具备了分类、排序和推理的能力。

分类：具体运算阶段的儿童，能够根据客体的各种较为抽象的特征来分类，能够根据物体的相似性来划分事物的种类。例如，儿童能够根据动物出现的地点把动物分成家养动物、丛林动物、农场动物等。

排序：具体运算阶段的儿童，能够按照逻辑上的顺序给客体排序。当给儿童一些长短不一的小木条时，他们会按照从短到长或从长到短的顺序排列出来，甚至没有提出这种要求时，他们也会自动按照顺序排列。

推理：具体运算阶段的儿童，能够进行递推性思维。比如问："小明比小刚高，小刚又比小伟高，那么小明高还是小伟高？"处于具体运算阶段的儿童能正确回答这个问题。

此时的儿童在思维方面仍然存在一些局限，因为他们还依赖于即时的具体环境，而且难以形成抽象的概念。如果问"假定 A>B，B>C，那么 A 和 C 哪个大？"，他们就可能难以回答。

所以，对于具体运算阶段的儿童，如果将作业"具体化"，儿童就能够解决问题；而如果用语言的抽象形式呈现作业，就会给儿童造成困难。这一发现，对于教育这一阶段的儿童很有启发和指导意义。

4. 形式运算阶段（formal operational stage，11 岁以后）

在形式运算阶段，青少年不再将思维局限于具体的事物上，他们开始运用抽象的概念，能够提出合理可行的假设并进行验证，知道事物的发生有多种可能性，从而使他们的思维具有更大的弹性和复杂性。认知发展处于形式运算阶段的青少年，在思维方式上具有假设演绎推理和命题推理两个特征。

假设演绎推理：假设演绎推理是逻辑思维的基本形式之一。此种推理思维的特点是，先对所面对的问题情境提出一系列的假设，然后根据假设进行验证，从而得到答案。

命题推理：认知发展处于形式运算阶段的青少年，在进行推理时，不必一定以现实的或具体的资料作为依据，只凭一个说明或一个命题，即可进行推理。例如，用这样一个问题分别问小学生和中学生："要是你当学校校长，你怎样管理逃学的学生？"小学生也许会回答："我不是校长，我不知道。"中学生就可能按他的想法说出一番道理。

（三）皮亚杰的认知发展理论对当代教育的启示

1. 教育要遵循儿童的认知发展规律

根据皮亚杰的研究，儿童的思维发展不仅是渐进的，而且遵循一定的规律，每个阶段之间存在先后顺序，前一阶段的发展是后一阶段顺利发展的条件。教育实践中需要认识并遵循这一规律，不主张向儿童提供那些明显超出他们发展水平的材料，也不主张人为地加速儿童的发展。教师应为学生提供略高于他们现有思维水平的教学，促进学生通过同化和顺应，发展已有的图式，建立新的图式。皮亚杰对发展阶段的划分则为教师确定学生的现有认知水平提供了依据。

2. 学生的学习是积极主动的过程

在过去的教学中，很多教育者采用灌输式教学，即为了让学生掌握一定数量的知识，不管学生是否愿意或是否有能力接受，用强制性的控制手段让其接受。这种教学方法往往使学生的学习处于被动状态。按照皮亚杰的理论，学习并不单纯是个体获得越来越多的外部信息的过程，而是不断建构新的认知图式的过程。如果教育教学活动没有与学生的现有图式发生联系，那么高质量的学习也不可能发生。学生的学习必须在学习主体与环境的相互作用下产生，客观知识只有通过个体与环境的交互才能内化为认知结构。

二、维果茨基的心理发展理论及其教育意义

维果茨基（Vygotsky，1896—1934）是苏联著名的心理学家，“社会文化—历史学派”的创始人，他主要研究儿童心理与教育心理，并着重探讨思维与语言、教学与发展的关系问题。维果茨基对教育、教学对儿童心理发展的依赖关系进行了较深入的探讨，其理论对今天的中小学教育仍然具有深远的指导意义。

（一）文化—历史发展理论

维果茨基主张用文化—历史发展的观点来研究人的高级心理机能，认为人的心理是受社会文化历史制约的，这与皮亚杰的理论有很大的区别。

维果茨基区分了两种心理机能。

一种是低级心理机能，这是个体早期以直接的方式与外界相互作用时表现出来的特征，如感觉、知觉、机械记忆、不随意注意①，以及形象思维、情绪等心理过程。

另一种是高级心理机能，即以符号系统为中介的心理机能，如逻辑记忆、随意注意、概念思维等心理过程。人的心理发展就是从低级心理机能向高级心理机能发展的过程。

维果茨基认为是由于工具的使用，引起人的新的适应方式，即物质生产的间接方式，而不像动物一样是以身体的直接方式来适应自然。人的生产工具凝结着人类的间接经验，即社会文化知识经验，这就使人类的心理发展规律不再仅受生物进化规律所制约，而且受社会文化历史发展的规律所制约。

① 在心理学中，“随意”（voluntary）意味着需要意识意图和意志控制的行为或心理过程，而“不随意”（involuntary）指的是那些自动发生、不受意志直接控制的过程。随意注意就是有意注意，不随意注意就是无意注意。

维果茨基提到的工具有两个层次：物质生产的工具和精神生产的工具。物质生产的工具，一方面增强并改变了人类的生产力；另一方面也改变了人类器官的自然功能。人的高级心理机能，则通过使用语言这种“精神生产的工具”来实现，语言所起的是一种“中介”的作用，人借助这种工具，能够思维并可以随意地控制自己的行为，使低级的心理活动向高级的心理活动发展。

（二）内化与语言

内化是维果茨基思想中的重要概念，他认为所有的高级心理机能在发展过程中必须先经过外部的社会互动，然后再转化为个体内部的思维活动。例如，婴儿想要一辆玩具车，他用手指向玩具车，嘴里发出“啊啊”的声音，妈妈拿起玩具车递给他，说“你想要这辆小车，是吧？”此时婴儿和妈妈在进行社会互动。当孩子长大一点，他看到玩具车时，会指着小车对妈妈说：“我想要那辆小车”。随着孩子的发展，他会在心里想：“我想要那辆小车”。这就是个体心理发展内化的过程。

在儿童心理发展的内化过程中，语言符号系统的作用是至关重要的。儿童在早年不能使用语言这个工具来组织自己的心理活动，此时心理活动的形式是“直接的、不随意的、低级的和自然的”，如想要玩具就直接伸手拿；只有在掌握语言这个工具之后，才能转化为“间接的、随意的、高级的、社会历史的”心理技能，如想要玩具的时候先想想自己应该如何做才能得到。新的高级心理活动形式，首先是作为外部形式的活动而形成的，以后才“内化”，转化为内部活动才能默默地在头脑中进行。

儿童的自言自语在其认知发展中起着重要作用，直接促进了其高级心理机能的发展。这是因为自言自语显示了儿童能力的发展，即学会自己调节自身的活动。自言自语可以帮助儿童计划和控制自己的行为。一个 4 岁的小孩，当他画画时，他会跟自己说：“现在，我要画一个人，在这里画一个木棒，这是他的魔法棒，现在他就可以使用魔法了。啊，画得不太像，再重新画一个。”随着儿童的成长，自言自语开始转为内部语言——一种所有人都会经历的与自己对话的过程——然后成为思维。即便是成年人，当面临一个困难的任务时，也可能经过一种外化的自言自语。例如，我们在解决难题时，会对自己说：“应该怎么求出 AB 两地之间的距离呢？”“哎呀，怎么没想到用勾股定理呢？”

（三）教学与认知发展的关系——最近发展区

维果茨基认为，虽然教学必须以成熟和发展为前提，但更重要的是，教学必须首先建立在正在开始形成的心理机能的基础上，且应走在心理机能形成的前面。维果茨基提出了“最近发展区”来说明教学与发展的关系。儿童有两种发展水平，第一种是儿童现有的发展水平，即独立完成任务所能达到的解决问题的水平；第二种是在知识丰富的成人的指导下或与更有能力的同伴合作时所能达到的解决问题的水平。这两种水平之间存在差距，这个差距就是“最近发展区”（图 2–8）。

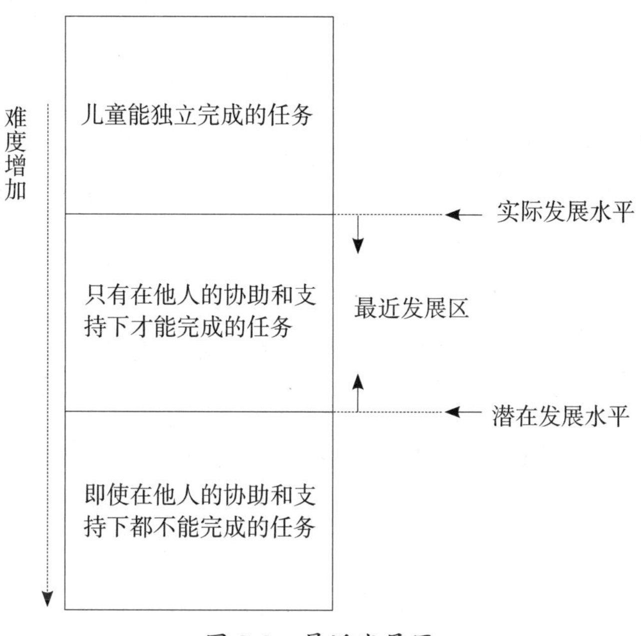

图 2-8　最近发展区

下面的例子说明了成人如何帮助儿童跨过最近发展区。

在幼儿园，几个男孩子正在搭建“高速公路收费站”。教师“开着车”经过，注意到孩子们只搭建了两条同向的车道，于是就以游戏的口吻介入：“回来时我从哪里走呢？”这让孩子们意识到问题：“哎呀！对面来的车要是一块儿通过，不就撞车了吗？咱们赶紧在旁边搭条反向的车道吧！”

可是建筑区已没有空间来搭建车道，孩子们你看看我，我看看你，不知所措。教师又提了个建议：“你们可以去翻翻资料！”孩子们赶紧去活动区找，在教室建筑角的墙上贴着各种各样的建筑图片。一个孩子在一幅公路图片的启发下，提出建设立体双层收费站的建议。问题终于得以解决。

在这个过程中，教师积极参与、认真对待孩子的活动，以游戏的方式参与，并且作为专家顾问，通过提问、鼓励和建议进行指导，不仅使幼儿跨过了最近发展区，还使幼儿产生了积极的自我效能感，发展了他们的自主性和创造性。

（徐春燕，1999）

（四）维果茨基“最近发展区”的教育意义

1. 发展性教学

维果茨基认为“教学应该走在发展的前面”，这是他对教学与发展的关系问题最主要的观点。如果教学脱离了学习某一知识或技能的最佳年龄，从发展的观点来看是不利的，它会造成儿童智力发展的障碍。但如果仅靠儿童自己去发现知识，又会造成儿童的发展过于迟缓。

维果茨基的最近发展区思想突出了教学的作用，将教师看作学生心理发展的促进者，认为教学创造着最近发展区，儿童的第一发展水平与第二发展水平之间的动力状态与教学有密切关系。相比皮亚杰的认知发展理论，维果茨基的理论更强调教师的主导作用。

2. 支架式教学

对于最近发展区，应该如何帮助学生缩小两种水平之间的差距呢？研究者以维果茨基最近发展区理论为基础，提出了支架式教学方法。支架原本指建筑行业中使用的脚手架，在这里被用来形象地描述一种教学方式——学习者与指导者的关系。学习者的“学”被看作是一种不断地构建“学习者自身”的建设过程，而教师的“教”则是建筑行业中必要的脚手架。

支架式教学认为，学习者是积极主动的建构者，教师的帮助是一种必要的辅助与支持。在支架式教学过程中，教师引导学习者掌握、构建、内化那些与自身年龄的认知水平相一致的知识，对那些超出其现有能力的部分加以控制，从而使学习者将精力集中到他们力所能及的内容上，并快速地掌握它们。随着学习者能力的提高，教师逐步撤走所提供的支架，将学习的控制权逐步移交给学习者，使学习者独立完成任务。教师再去搭建新的支架，来指导学习者下一次的发展。从上可见，教师支架的重要功能就是帮助学习者顺利穿过最近发展区以获得进一步发展。

3. 学习能力的动态评估

维果茨基非常反对西方传统的智力测验方式，认为智力测验是静态的测量，只测量了智力发展的结果，忽略了智力发展的过程。例如，两个孩子都通过了一组智力测验任务，但是借助启发性的问题，孩子 A 完成了更难的任务，孩子 B 则无法完成，这两个孩子智力发展的已有水平相同，但潜力并不相同。如果用最近发展区来解释，智力测验只测出了儿童现有的水平，并没有测出儿童发展的潜能。

维果茨基最近发展区的思想促进了学习能力动态评估的研究。认知心理学家费厄斯坦（Feuerstein）采用了测验—训练—测验的程序来测量儿童的现实水平和学习潜能，发现对这些测验项目进行简单训练可以使测验成绩得到较大提高。费厄斯坦认为，通过教师的支持，儿童意识到学习活动的意义，最终可以让儿童通过内化提高自己认知的调节能力（麻彦坤，2004）。

动态评估的理念也用在学习困难领域。在阅读障碍的研究中，人们采用 RTI 模式（response to intervention，RTI）来鉴别学习困难。这是一种通过干预来识别学生学习困难的方法，基本假设是个体对干预的应答差异可以用来鉴别学习落后的学生是否属于学习困难。如果学生经过干预，学业水平上升，回归到正常范围，就属于对干预有应答；如果经过干预之后，学业水平仍然很低，则为对干预无应答者，才会被认定为学习困难，需要进行专门的、系统化的特别干预。RTI 模式将学习困难的评估与干预结合起来，强调通过干预对学习者的学习潜力进行动态评估，从而为学习困难儿童提供更好的支持（牟晓宇，2011）。

第三节　人格发展理论

人格是个人在与环境的交互作用过程中形成的内在动力组织和相应行为模式的统一体（郭永玉，2005）。一个人的人格是如何发展起来的呢？不同的心理学家提出了不同的看法，其中弗洛伊德的精神分析理论和埃里克森的心理社会发展理论广为人知。除了这两个理论之外，皮亚杰的认知发展理论和维果茨基的文化—历史发展理论也可以间接解释个性的形成，行为主义学习理论强调个体行为通过环境形成和改变，也在一定程度上解释了人格的发展。

一、弗洛伊德的精神分析理论

弗洛伊德（Freud，1856—1939）是奥地利精神病医师、心理学家，他创建了精神分析学派，在世界范围内产生了广泛的影响。精神分析理论的核心概念之一是潜意识。潜意识是看起来已经被遗忘或者被压抑，以至于不能进入意识的内容。比如，某人小时候走平衡木的时候摔过一跤，现在已经忘记了，但可能导致他一直很害怕走类似的窄路，这就是潜意识。在潜意识的基础之上，弗洛伊德又提出了人格结构理论。

（一）弗洛伊德的人格结构理论

弗洛伊德认为人格是由三个成分组成，分别是本我、自我和超我。

1. 本我

这是人类心理最原始的部分，由先天的本能和原始的欲望组成，人一出生就有本我，本我也是所有动力和冲动的源泉。

根据弗洛伊德的观点，本我追寻快乐原则，就是希望自己的愿望立刻得到满足。婴儿饿了就会哭，看到玩具就想抓，这就是本我推动下的行为。本我完全处于无意识中，它不遵守现实原则，也没有逻辑，此时跟本我讲道理是没有用的。随着婴儿的长大，2～3岁时，自我从本我中分化出来。

2. 自我

自我遵循现实原则，知道本我冲动和客观现实之间的矛盾，因此必须想办法避免、改变或者延迟本我冲动的释放。比如，一个学生在上课的时候饿了，但是他坐在教室里，不能进食，也没有带食品，他知道自己必须得忍耐，直到下课后才出去买东西吃。

弗洛伊德曾经做过一个比喻，来说明本我和自我的关系：

在与本我的关系上，自我好像是骑在马背上的人，他驾驭着（本我）这匹桀骜不驯的马，约束着他前进的方向。

3. 超我

超我代表社会传递给儿童的社会价值和标准，它们主要来自于父母。大概5岁，儿童开始发展出心理的第三部分，就是超我。超我是用内疚感来辨别善恶，当我们做了错误的事情，就会感到羞愧和自责；当我们做了正确的事情，就会感到骄傲和自豪。

同本我一样，超我也不受现实制约，它往往追求至善至美。有些孩子如果形成了非常强的非现实的内在标准，可能导致其总是失败，从而长期受到羞愧和自责的折磨。

本我、自我、超我处于无休止的相互作用中，常常出现各种冲突。例如，一个人第一次去朋友家做客，桌上有一盘烤鸭，他非常想吃，但是烤鸭放在桌子的另一头，离他比较远。这时候本我就会说："站起来夹，就吃到了。"超我就会说："不行，这太不礼貌了，不符合餐桌礼仪，不要吃。"自我不仅要面对本我和超我的要求，还要面对现实环境的制约，他得想一个办法让自己在符合餐桌礼仪的情况之下，能够吃到烤鸭。

自我在超我、本我、外部环境三者之间周旋，满足各方的要求，达到一种平衡的状态。一个人的人格特点取决于能量在人格结构中的分布情况。一般来说，健康的人由强大的自我掌管人格，自我能够考虑到本我和超我的需求，也考虑现实环境。如果一个人本我过于强大，就会显得冲动、自我放纵；如果超我过于强大，就会不近人情，而且容易产生道德焦虑。

（二）弗洛伊德的人格发展理论

弗洛伊德认为，人格的发展要经历一系列的阶段，每一个阶段包含某种特定的冲突，个体解决这一冲突的方式就形成了其人格的每一个方面。个体差异源于儿童在各个阶段解决冲突的方式，在经历所有的阶段之后，个体的整体人格就形成了。

那么，儿童面对的冲突到底是什么呢？这是弗洛伊德的精神分析理论最有争议之处。弗洛伊德认为，他们面临的冲突主要与性有关。每一个阶段，儿童通过把能量聚集到身体的某一个具体部位来获得性满足。注意，这里所谓的性是广义的，就是一切寻求快感的潜力。也就是说，儿童所谓的性满足是一种广义的快感寻求和满足。如果在某一阶段，儿童不能解决该阶段的冲突，那么就会停滞在这一阶段，形成固着。如果固着在某一个阶段，就会表现出不成熟的满足方式。

弗洛伊德将人格发展一共划分了 5 个阶段，分别是口腔期、肛门期、性器期、潜伏期和生殖期（图 2–9）。弗洛伊德认为，人格的主要发展在 6 岁之前就完成了，成年人的人格主要取决于婴儿时期和儿童时期解决冲突的方式。

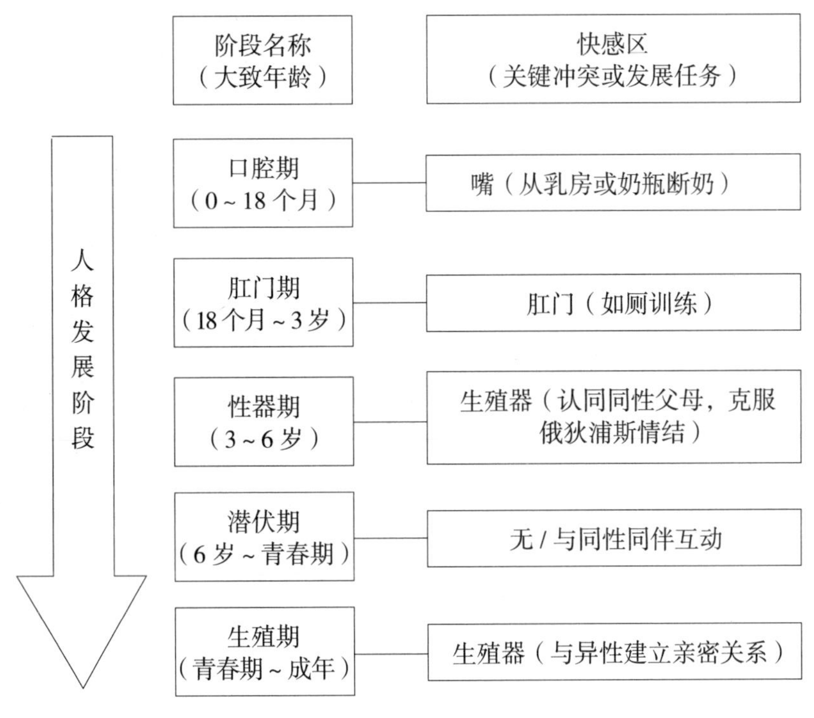

图 2-9　人格发展的五个阶段

口腔期，0～18 个月。这个时期的快感区是口腔，可以看到这个时期的婴儿总是忙着把任何东西放进嘴里。这一阶段的冲突是断奶，如果在断奶过程中产生痛苦，就会出现心理机能的固着，导致口腔期人格，表现为过度依赖他人，在行为上则有咬指甲、吃手指等问题。

肛门期，18 个月到 3 岁之间。这个时期的快感区是肛门，其间儿童通过排便来获得快感。父母在这个时候对儿童进行如厕训练，孩子要通过如厕训练学会自我控制。如果如厕训练出现问题，就会导致肛门期人格的形成。如果是控制过度，可能产生强迫、洁癖等行为；如果是控制不够，长大之后就会表现得懒散与肮脏。

性器期，3～6 岁。这个时期，生殖器成为快感的主要来源，儿童认识到可以通过触摸生殖器来获得快感。我们常听到的恋母情结和恋父情结就是这个时期的孩子会产生的心理。弗洛伊德认为，孩子在这个时期会从同性父母身上学会性别角色，并开始采纳父母的价值观。

潜伏期，6～12 岁。这个时期儿童对异性没有什么兴趣，一直持续到青春期。不过以后的心理学家认为这个时期非常重要，例如要学会自己做决定、要学会人际交往、要认识学习工作的意义和价值，等等。

生殖期，12 岁之后。这一阶段从青春期开始，一直延续到整个成年生活。在这个阶段，个体的生理发展成熟，两性差异开始显著，也开始对异性感兴趣，性心理发展趋于成熟。弗洛伊德认为，只有前面几个阶段的冲突解决好，才能顺利进入生殖期。

二、埃里克森的心理社会发展理论

弗洛伊德的精神分析理论自问世以来，批评的声音一直不断。后来的精神分析学者不断对其观点进行修正，从而形成新精神分析学派。埃里克森（Erikson，1902—1994）是新精神分析学派的代表人物之一。相对于弗洛伊德将本我作为人格的关注重点，埃里克森更看重自我的成长。埃里克森认为，人格的发展包括机体成熟、自我成长和社会关系三个不可分割的过程，每个人在生长过程中都体验着生物的、生理的、社会的事件发展顺序，按一定的成熟程度分阶段地向前发展。埃里克森的发展理论非常强调社会和文化因素在个体每一个发展阶段对自我的影响，因此又被称为心理社会发展理论（psychosocial development）。

埃里克森根据这三个过程的演化把心理发展分为八个阶段（表 2-1），这些阶段是以不变的序列逐渐展开的，将内心生活和社会任务结合起来，形成一个既分阶段又有连续性的心理社会发展过程。

表 2-1　心理发展的八个阶段

时　　间	冲　　突	任　　务	目　　标
婴儿期（0 ~ 1.5 岁）	基本信任对不信任	喂食	希望
幼儿期（1.5 ~ 3 岁）	自主对害羞和疑虑	如厕、吃饭、穿衣	意志
学龄前期（3 ~ 6 岁）	主动对内疚	独立活动	目的
学龄期（7 ~ 13 岁）	勤奋对自卑	学习	能力
青春期（13 ~ 19 岁）	自我同一性对角色混乱	建立自我同一性	忠诚
成年早期（19 ~ 26 岁）	亲密对孤独	爱情婚姻	爱情
成年期（26 ~ 66 岁）	繁殖对停滞	繁衍后代	关心
成熟期（66 岁以上）	完美感与绝望感	反省和接受生活	智慧

1. 婴儿期（0～1.5 岁）：基本信任与不信任的冲突

婴儿期是获得基本信任感而克服基本不信任感的阶段。这一时期是基本信任和不信任的心理冲突期，当孩子哭或饿时（图 2–10），如果父母能够及时出现，满足其需求，那么孩子就会建立对父母的信任，进而发展为对一般人的信任。反之，如果得不到周围人们的关心与照顾，他就会对外界特别是对周围的人产生害怕与怀疑的心理。信任在人格中形成了“希望”这一品质，它起着增强自我的力量。具有信任感的儿童敢于希望，富于理想，对未来有明确的规划和积极的态度。反之没有信任感的儿童则不敢希望，时时担忧自己的需要得不到满足。

图 2-10　婴儿需要被关心和照顾

2. 幼儿期（1.5～3 岁）：自主与害羞、疑虑的冲突

这一时期，幼儿掌握了大量的技能，如爬、走、说话等。更重要的是，他们学会了怎样坚持或放弃，也就是说他们开始“有意志”地决定做什么或不做什么。这一时期，父母与子女的冲突很激烈，标志着幼儿第一个反抗期的出现。一方面，父母必须承担起控制孩子的行为使之符合社会规范的任务，如训练孩子在允许的地方大小便，要求他们按时吃饭、节约粮食等；另一方面，孩子开始有了自主感，他们坚持自己的进食、排泄方式，所以训练良好的习惯不是一件容易的事（图 2–11）。这时孩子会反复说“不”来反抗外界控制，而父母决不能听之任之、放任自流，这将不利于孩子的社会化。反之，若过分严厉，又会伤害孩子的自主感和自我控制能力。如果父母对孩子的保护或惩罚不当，他们就会产生怀疑，并感到害羞。因此，把握住“度”的问题，才有利于在人格内部形成“意志”的品质。

图 2-11　儿童开始反抗父母的控制

3. 学龄前期（3～6 岁）：主动对内疚的冲突

在这一时期，如果儿童表现出的主动探究行为受到鼓励，儿童就会形成主动性，这为他将来成为一个有责任感、有创造力的人奠定了基础。如果成人讥笑儿童的独创行为和想象力，那么儿童就会逐渐失去自信心，这使他们更倾向于生活在别人为他们安排好的狭窄圈子里，缺乏自己开创幸福生活的主动性（图 2–12）。当儿童的主动感超过内疚感时，他们就有了“目的”的品质。

图 2-12　儿童开始主动探索，成人不应讥笑

4. 学龄期（7～13 岁）：勤奋对自卑的冲突

这一阶段的儿童都应在学校接受教育。学校是训练儿童适应社会、掌握今后生活所必需的知识和技能的地方。如果他们能顺利地完成学习课程，就会获得勤奋感，这使他们在今后的独立生活和承担工作任务中充满信心；反之，就会产生自卑感。当儿童的勤奋感大于自卑感时，他们就会获得“能力”的品质（图 2–13）。但也要注意，埃里克森认为，如果儿童养成了过分看重自己的工作态度，而对其他方面木然处之，他们的生活也是可悲的。

图 2-13　儿童要通过努力掌握知识和技能

5. 青春期（13～19 岁）：自我同一性对角色混乱的冲突

在这个时期，青少年面临新的社会要求和社会冲突而感到困扰和混乱，经常考虑自己到底是怎样一个人。他们从别人对他的态度中，从自己扮演的各种社会角色中，逐渐认清了自己、认清了自己的角色，并确立自我意识，达到自我同一性（图 2–14）。否则，青少年就会陷入角色混乱的危机，即无法体验到自身的存在，怀疑自我认识与他人对自己认识之间的一致性。随着自我同一性的建立，青少年形成了“忠诚”的品质。埃里克森把忠诚定义为：“不顾价值系统的必然矛盾，而坚持自己确认的同一性的能力。”

图 2-14　青少年要探索自我

6. 成年早期（19～26 岁）：亲密对孤独的冲突

亲密感是人与人之间的亲密关系，包括友谊与爱情。亲密的社会意义是个人能与他人同甘共苦、相互关怀。只有具有牢固的自我同一性的青年人，才敢于冒与他人发生亲密关系的风险。因为与他人发生爱的关系，就是把自己的同一性与他人的同一性融为一体。这里有自我牺牲或损失，只有这样才能与他人建立真正亲密无间的关系，从而获得亲密感，否则将产生孤独感。成功地度过本阶段，会形成“爱”的品质，即奉献和付出的能力。

7. 成年期（26～66 岁）：繁衍对停滞的冲突

在这一时期，个体开始生儿育女，同时他们也要对社会、工作、家庭做出积极贡献。此时他们的发展任务是获得繁衍感，避免停滞感。繁衍感并不局限于自己生育儿女，只要能关心、教育或者指导下一代，或者在其专业领域做出积极贡献，就可以具有繁衍感。没有繁衍感的人，其人格贫乏和停滞，是一个以自我为中心的人，他们只考虑自己，不关心他人（包括儿童）的需要和利益。顺利度过这一阶段，将获得“关心”的品质。

8. 成熟期（66 岁以上）：完美感与绝望感的冲突

当老人回顾过去时，如果前面七个阶段积极的成分多于消极的成分，就会在老年期汇集成完美感，觉得这一辈子过得很有价值，生活得很有意义；相反，如果消极成分多于积极成分，就会产生失望的感觉，感到自己的一生失去了许多机会，走错了方向，想要重新开始又感到为时已晚，于是产生了一种绝望的感觉，精神萎靡不振，马马虎虎混日子。如果一个人的完美感大于绝望感，他将获“智慧”的品质。

埃里克森认为，每一个阶段都有一个与某种重要的冲突有关的人格危机，如信任与不信任、勤奋与自卑、亲密与孤独等，其中有些是正面特质，有些则是负面特质。它们是一个连续体中的两极，健康地解决每一个危机或冲突并不意味着必须得到完全正面的结果，丝毫没有负面的体验，二者应当有一个恰当的比例。如在第一阶段，不仅要让儿童学会信任，也要适当地让他体验不信任感，这样才能学会保护自己。在第四阶段，对小学生来说，体验成功、发展勤奋进取的性格固然重要，但是过分强调能力，儿童就会觉得失败是难以接受的，没有抗挫折的能力。

同时也要注意，并不是只有在前一阶段的危机得到解决以后，才能进入下一个发展阶段。生理的成熟及社会的期望要求个体必须面对新的发展任务，在埃里克森看来，只要人活得足够长，就要经历所有的发展阶段，顺利度过前一阶段会增加后一阶段成功的概率。如果每个阶段的冲突能够得到满意的解决，个体将形成健康的人格，否则就会妨碍自我的健康发展。

三、人格发展理论对教育的启示

弗洛伊德和埃里克森的人格发展理论对教育有以下启示。

（一）注意“本我”“自我”和“超我”的平衡

弗洛伊德的精神分析理论特别注重人格结构中“本我”的力量，本我不能被完全压制，但也不能任由本我肆意妄为。孩子的成长是从以本我为主，到自我、超我慢慢形成的一个过程，最终达到三者的平衡需要很长时间。如果家长或教师过早地要求孩子的自我和超我成熟，会导致孩子的本我得不到理解，受到压制，对人格的形成造成负面影响。要尊重孩子的本我，避免用成人的标准去要求孩子，鼓励孩子表达内心的想法。在此基础之上再引导孩子根据社会规则，控制自己的行为，让孩子的本我、自我、超我三者之间逐渐达到平衡。

在动画片《小猪佩奇》中，小猪佩奇和它的弟弟非常喜欢踩泥坑，它们经常把自己弄得脏兮兮的，有时候还直接躺在泥坑里。它们的爸爸、妈妈非但不阻止，还会跟它们一起踩泥坑。除了小猪佩奇一家，这部剧里几乎所有的动物都喜欢踩泥坑，它们还举行过“踩泥坑大赛”。为什么这部剧里对“踩泥坑”这么重视呢？从精神分析的理论来看，踩泥坑是一种“本我”的释放，孩子们非常喜欢这种肆无忌惮的玩耍，在泥坑里踩来踩去是非常新鲜有趣的体验。那踩泥坑把自己弄脏了怎么办呢？剧中的妈妈说：“穿上靴子再去踩。”剧中的爸爸说：“看你们弄得多脏啊！”“只是一些泥，洗洗就好了，别让妈妈看到不干净的小猪。”这是爸爸、妈妈在教给它们规则和价值观。随着孩子们逐渐成长，人格中的本我、自我和超我也协调发展起来。

（二）注重发展的各个阶段的重点任务

埃里克森的人格发展理论八阶段为不同年龄段的教育提供了理论依据和教育内容。该理论认为，任何年龄段的发展任务如果没有完成，都会给一个人的终身发展造成障碍。对教师来说，在对学生进行教育时，只有根据青少年人格发展阶段的特点为其创造良好的教育环境，才有利于培养青少年良好的性格，使青少年的人格向着积极的方向发展。例如：

（1）有经验的学前教育的教师会给幼儿创造很多独立完成任务的机会。在幼儿园，让幼儿学习基本技能，如吃饭、穿衣和大小便，还有情感教育如美术和音乐，以便帮助幼儿顺利地通过自主与害羞、疑虑的冲突阶段，发展自我满足感。

（2）有经验的小学教师会允许儿童在学校的活动中尽量自己做决定，以培养儿童对自己的肯定。无论什么时候，有经验的教师都会尽可能地考虑学生的建议，例如让学生自己选择本周黑板报的主题。为了鼓励学生发展各方面的能力，有经验的教师会给学生创造体验成功的机会，并以此让学生获得尝试新鲜事物的信心。

（3）有经验的教师会通过对学生的成功的注意和表扬来培养学生的成就感。教师安排一系列的学习单元，每当学生完成一个单元就及时地表扬或给予奖励，鼓励学生对比自己前后的成绩，这样可以帮助学生看到自己的进步。而且，对于学生来说，教师能够对其完成的作业认真批改，就已经感觉到被关注了，也就有了一定的成就感。

（4）有经验的中学教师会通过举那些正常寻找同一性的例子来鼓励学生，促进孩子同一性的发展。这样的教师多采用角色扮演的方法，例如扮演著名的音乐家、文学家或数学家。教师甚至会与学生一起讨论人是如何获得成功的，每一个饰演的人物角色是如何寻找和改变自己的同一性的。

【扩展活动：制作本章的思维导图】

思维导图是一种高效的学习工具，通过图形化的方式组织信息，帮助学习者记忆、理解和创新。教师在班上组织一次“教育心理学思维导图”比赛，每位学生针对本章内容做一张思维导图，可以自选思维导图制作工具。

学生将思维导图发布到教师指定的论坛上，学生之间进行互评。

每位学生在评价他人的思维导图时，依据三个标准：准确性、清晰性、创新性。

邀请三位获得评分最高的学生在课堂上展示他们的思维导图。

请学生总结、评价自己使用思维导图的情况。

【课后习题】

一、选择题

1. 感知运动阶段的儿童，其思维的典型特点是（　　）。

A. 客体永久性　　B. 自我中心　　C. 守恒性　　D. 可验证性

2. 最近发展区是指（　　）。

A. 最新获得的能力

B. 超出目前水平的能力

C. 儿童在现有发展水平与可能发展水平之间的距离

D. 需要在不发展阶段掌握的能力

3. “一切以自我为中心”的思维特征，是（　　）阶段的特点。

A. 感知运动阶段　　B. 前运算阶段

C. 具体运算阶段　　D. 形式运算阶段

4. 埃里克森认为 12 ~ 18 岁的发展任务是培养（　　）。

A. 自主感　　B. 主动性　　C. 勤奋感　　D. 自我同一性

5. 形式运算阶段的儿童，其思维特征是（　　）。

A. 获得守恒概念，具有明显的逻辑性

B. 象征思维和直觉思维

C. 思维的不可逆性

D. 以命题形式进行，具有命题组合能力

二、讨论题

1. 试讨论生物因素和环境因素在心理发展中的作用。

2. 论述弗洛伊德和埃里克森人格发展理论对教育的启示。

3. 论述埃里克森的人格发展理论。

第三章

儿童和青少年发展

本章提要

第一节　生理的发展

- 身体发育
- 神经系统发展
- 动作技能发展

第二节　认知的发展

- 感知觉的发展
- 注意的发展
- 记忆的发展
- 语言的发展

第三节　社会性的发展

- 依恋
- 自我的发展

如果你曾经辅导过幼儿园的孩子或者中小学生，就会发现他们的行为表现很不一样。幼儿园或小学一年级的学生在课堂上十分活跃，特别愿意举手回答问题，他们很希望得到老师的表扬。但是到了五六年级，学生就变得不愿意举手了。在初中阶段，学生更重视同伴的评价，遇到问题也不愿意向父母和老师倾诉，甚至有一种叛逆的心理。这是因为随着年龄的增长，个体的生理和心理都在发生变化。本章主要介绍儿童和青少年在生理、认知、社会性方面的发展，使教师能了解每个阶段学生的身心特点，从而更有针对性地开展教育教学。

第一节　生理的发展

生理发展包括个体身体特征、神经系统以及动作技能的发展变化。

一、身体发育

从出生开始，孩子的身高和体重都稳步增长，不过并不是匀速的，每个人从出生到成熟都会经历两个生长高峰：第一个是婴儿期，第二个是青春期。新生儿的平均身高为 50 厘米，新生儿第一年大约增高 25 厘米，第二年增高 10 厘米，随后增长速度放缓。学龄前期儿童（3～6 岁）的体重大约每年增加 2 千克，身高每年增加 5～7 厘米。学龄期儿童（7～13 岁），其身高和体重增长速度比学龄前期更加缓慢。进入青春期之前，男孩、女孩的体型差不多，10 岁之前，同龄男孩的身高略高、体重略大于女孩。女孩的体脂率比男孩高。女孩更可能在小学期间就进入青春期，即进入快速发育的时期。13 岁时，女孩一般会比男孩高一些。

青春期是个体发育的第二个高峰，个体的身高和体重突然快速增长。这期间青少年的身体外形发生较大变化，内部机能走向成熟。男孩、女孩在发育年龄和生长速度上均有所差别。男孩的发育年龄一般晚于女孩 1～2 年。女孩在 9～10 岁开始发育，11～12 岁发育速度达到最高峰。而男孩一般在 11～12 岁开始发育，13～14 岁发育速度达到最高峰。男孩的身高增长速度每年为 7 ~ 12 厘米，而女孩为 5 ~ 10 厘米。体重方面的增长与身高的增长有着几乎一样的趋势。女孩的发育一般早于男孩，但是男孩发育之后，其增长速度高于女孩，最终的增长量也大于女孩（图 3–1）。

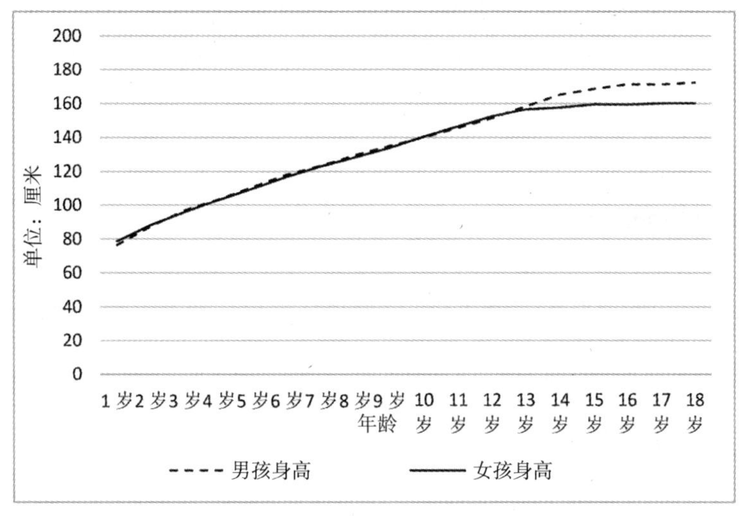

图 3-1　中国城市汉族儿童 1 ~ 18 岁身高（高迪，2008）①

青少年迅速长高的主要原因是其下肢骨和躯干的变化，青春期激素活动的加强促进了软骨的生长，从而引起身高的增长。而体重的增加主要取决于肌肉和脂肪的增长。进入青春期，生长突增开始，大小肌肉群快速发育，与身体的飞速发育相适应。但在青春早期，肌纤维仍以长长为主，肌肉的力量和耐力仍然较差。

之后，身高的增长速度减慢，体重迅速增加，肌纤维明显增粗，骨骼肌越来越结实，这时候身体越发厚实，而且力量不断增大，能完成各种各样的动作。总的来说，青少年的骨骼肌发育与生长规律是先增加长度，后增加力量。在性别差异上，男孩的肌肉发展更快，力量也比女孩更大。另外，青春期孩子的胸围、肩宽、骨盆宽度等外形特征也都有很大变化。男孩、女孩的骨骼形状表现出较大差异，男孩肩膀宽、胸廓大、骨盆较窄；女孩肩膀窄，但骨盆宽大、胸廓小。

随着生活水平的提高、营养的改善、医学的进步，新一代人进入青春期的时间有逐渐提前的趋势，青少年的发育周期也更长，身高、体重也在逐渐增长，并且身高存在着代际差异，一代更比一代高。

---

①　高迪 . 中国大中城市汉族儿童青少年身高、体重和体质指数生长图表［J］. 中国儿童保健杂志，2008，16（3）.

儿童的身高、体重与经济水平密切相关，经济发达地区的儿童能够获得更多的营养，其身高显著高于经济欠发达地区的儿童。改革开放以来，我国经济发展取得了举世瞩目的成就，人民的生活水平也得到了显著的提高，相应的儿童的身高和体重也发生了变化。一项针对中国大城市儿童、青少年的研究表明，1979—2005 年，我国男、女中小学生平均身高分别增加了 6.5 厘米和 4.7 厘米，体重分别增加了 8.9 千克和 5.2 千克（季成叶，2007）。

二、神经系统发展

人的神经系统由脑、脊髓和贯穿全身的神经所组成。神经元，即神经细胞，是神经系统的基本单位。

（一）神经系统的结构

1. 脑和脊髓

人的神经系统包括中枢神经系统、周围神经系统两部分，如图 3–2 所示。其中，中枢神经系统是指脑和脊髓，周围神经系统则是指脑神经和脊神经。脑位于颅腔内，脊髓位于脊椎内。

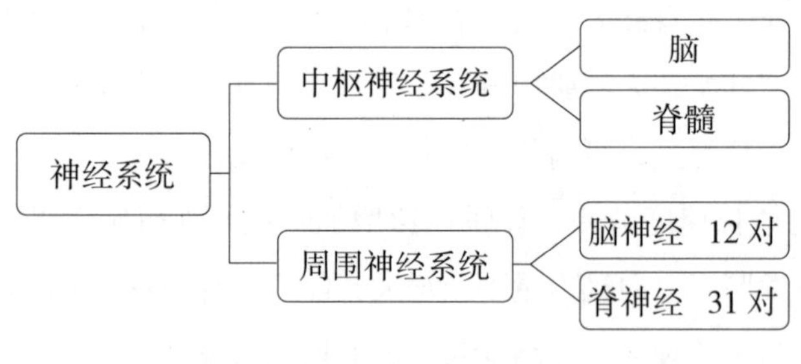

图 3-2 神经系统的组成

2. 脑的结构

人脑分为大脑、小脑、脑干三部分。从整个神经系统而言，大脑是最高级的部分，统领了人体的活动。它负责感觉、知觉、运动、注意、思维等活动。大脑有左右两个大脑半球，半球之间由纵裂分隔，两个半球依靠胼胝体的白质相连。

大脑表面的大脑皮层凹凸不平。隆起的皮层称为“回”，凹下去的部分称为“沟”或“裂”。三条最深的脑沟（中央沟、顶枕沟、外侧裂）将大脑皮层分成了五个部分，即额叶、颞叶、枕叶、顶叶、岛叶，见图 3–3。其中，额叶负责高级认知功能，如计划、抑制冲动、调节情绪、推理等。而视觉与听觉的投射分别位于枕叶和颞叶皮层。

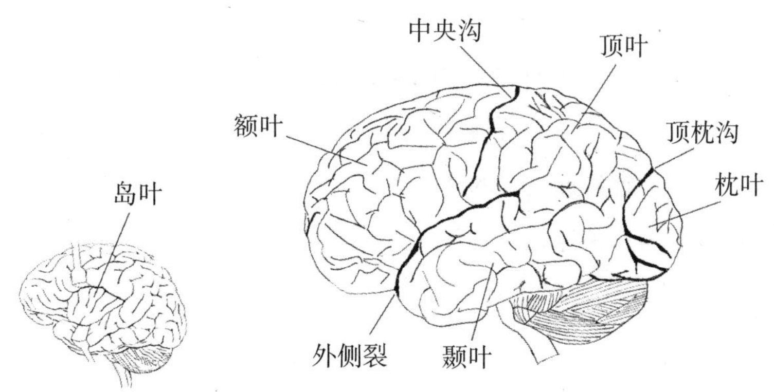

图 3-3　大脑皮层的三沟五叶

3. 神经元

神经元是构成神经系统的基本单位，主要负责在神经系统中传输和协调信息。神经元主要包括突起和胞体两部分，其中突起又分成树突和轴突。树突负责接收其他神经元或者感觉器官传来的信息（传入信息），形状像一棵树的树枝。一个神经元可以有多条树突。轴突负责将胞体的信息通过突触小体传至其他神经元或者效应器（传出信息），形状像一棵树的树干（图 3–4）。

神经元内部的信号传递是电传递，当神经元接收到刺激时，会产生电信号，并沿着轴突传递到树突，再传给下一个神经元。神经元轴突上的髓鞘可以让冲动的传播更加快速，电信号从髓鞘上的一个缺口直接跳到下一个缺口。

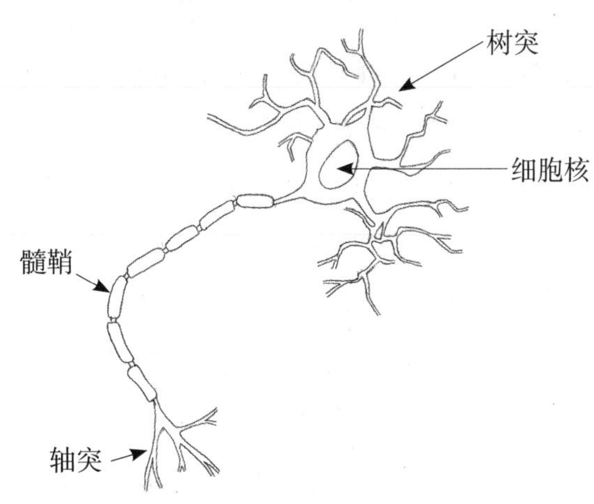

图 3-4　神经元的结构

4. 突触

一个神经元如何向另一个神经元传递信息呢？神经元的轴突和树突之间并没有直接接触，神经元之间的传递是化学传递，主要借助神经递质，通过突触完成。突触是一个神经元的轴突和另一个神经元的树突之间相互接近的部位。一个神经元的树突或胞体受到刺激，产生电冲动，电冲动沿着轴突传至轴突末端的突触小体。当突触小体接收到电冲动，就会释放称为“神经递质”的化学物质，这些化学物质穿过突触，刺激旁边神经元的树突，进而刺激这个神经元。

（二）脑的发育

1. 脑重量的增加

儿童大脑重量的增加主要是由于神经细胞结构的复杂化和神经纤维的伸长和加粗。大脑以先快后慢的速度增长。新生儿的脑部重量平均为 300 ~ 390 克，达到成人脑重的 25%。但是新生儿的体重仅有成人体重的 5% 左右。1 岁婴儿的脑重增加到 800 ~ 900 克，达到成人脑重的一半以上。2 岁婴儿的脑重达到 1000 ~ 1500 克，接近成人脑重的 80%，体重是成人体重的 20% 左右。6 岁左右，儿童的脑重达到成人脑重的 90% 以上。直到 20 岁左右，脑重才停止增长。头围在一定程度上能够反映出大脑的发育情况，新生儿出生的一年内头围会增加 35%，大约从 33 厘米增加到 46 厘米。

2. 脑皮层结构复杂化

人出生后脑的发育也体现在脑皮层结构的复杂化上。新生儿的大脑皮层表面较光滑，沟回较浅。随着个体的发育，沟回逐渐加深。

3. 神经元的发育

新生儿的神经元突触数量较少，大脑皮层多数不活跃。丰富的外界刺激会加快突触的建立以及增加突触数量。3 岁时，儿童的突触数量是成人的两倍。突触逐渐增加后，一些突触并未被充分利用，这些突触就会逐渐退化，突触的数量逐渐减少，这一退化过程称为突触修剪（synaptic pruning）。突触修剪过程从幼儿期持续到成年。到青春期，通过突触修剪过程，大约有 40% 的突触消失，保留下来的是常用的、适宜的突触。

神经元发育的另外一个表现是髓鞘化。神经元有一条轴突，髓鞘化即轴突覆盖上一层髓鞘（图 3–5）。髓鞘是一种脂肪般的物质，类似于电线外面包裹的绝缘材料。髓鞘可以使神经冲动实现跳跃性传导，大大加快了神经冲动的传导速度。图 3–5（a）的神经元没有髓鞘，图 3–5（b）的神经元是有髓鞘的。髓鞘可以让信息实现跳跃式传导，使信息传导速度从每秒 1.8 米增至每秒 15.2 米，进而可以提升反应协调能力、反应速度等。神经元髓鞘化从产前发育的第四个月开始，持续至婴儿期、儿童期和青春期。

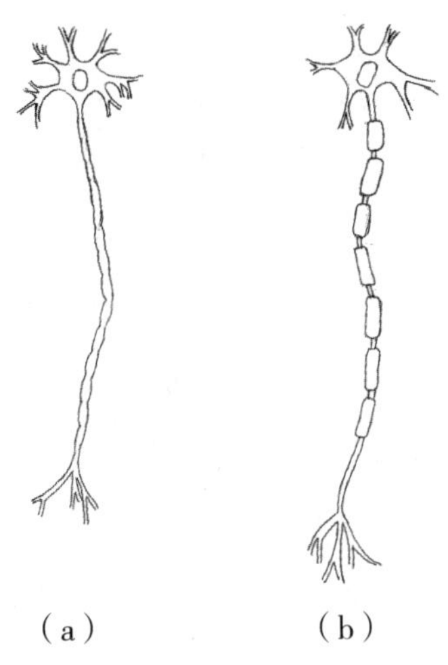

图 3-5　神经元的髓鞘化

三、动作技能发展

新生儿一生下来就会哭泣、呼吸、吮吸、抓握、蹬腿等。这些动作与生俱来，都属于无条件反射。无条件反射在人类漫长的进化过程中具有重要意义，能够保证新生儿的生存。例如吮吸反射，新生儿会吮吸接触嘴唇的一切物品，这种无条件反射让新生儿可以从母亲的乳头吸奶，获取营养。还有定向反射，也就是婴儿会将嘴朝向触碰自己脸颊的一切事物，这种反射是为了帮助新生儿寻找乳头。随着婴儿的成长，无条件反射会逐渐被后天习得的条件反射所代替。

（一）婴儿期和学龄前期的动作发展

1. 大动作的发展

大动作主要包括头部、躯干、四肢的动作，例如抬头、挺胸、坐、爬、站立、走。婴儿出生后的第 1 个月末，就会出现自主控制的头、颈部运动，可以趴着将头抬起一定的角度；6 个月左右，婴儿可以独立坐起来；1 岁左右时，婴儿开始独立行走，但步子很小，属于蹒跚学步阶段；2 岁左右，步幅增大。

2. 精细动作的发展

精细动作主要是指手、手指的小肌肉群的运动，例如抓握、书写、绘画、系纽扣、系鞋带等。4~6个月的婴儿开始出现自主抓握。1岁的婴儿可以捏起地上的豆子、小积木。15个月的婴儿会用笔涂鸦。2岁的儿童可以画出一些简单的线条。4岁的儿童已经学会用勺子吃饭。5岁的儿童可以系扣子。6岁的儿童可以系鞋带、书写。

在孩子会说话之前，父母最关心孩子动作的发展。个体心理发展是由外而内的过程，在心理发展的初期，外显动作是婴儿认识活动的主要工具，到18~24个月，婴儿开始形成心理表征能力，开始了心理内化过程。除此之外，婴儿身体移动控制能力的增强，对其认知和社会性的发展有重要影响，能够到处走动的婴儿更敢于寻求更多挑战。如果不安全，他们知道回到照料者身边寻求安抚。运动技能的不断发展也促进了婴儿知觉的发展，与还不能移动的婴儿相比，可以爬行的婴儿以及被成人抱着到处走的婴儿都更有能力去探索和发现新事物、更能够意识到物体的移动，这有助于他们调整自己的空间位置，改善自己的姿势，从而更有效地爬行或走动。动作在婴儿心理发展过程中既有诱导作用，又有促进作用，因此，教育者应该采取各种方法和手段训练婴儿动作的发展，以促进其心理发展。

（二）学龄期的动作发展

1. 粗大动作的发展

学龄儿童在身体的柔韧性、灵活性、平衡性、敏捷性、力量、耐力、协调性等方面，相比学龄前期均有很大进步。他们不仅在6岁时就已经表现出熟练的行走模式，而且之后在奔跑、跳跃、单腿跳和球类技能上更加娴熟。他们会学会骑车、游泳、跳皮筋等难度较高的运动技能。儿童反应的稳步发展使得他们能够做出更快的反应，11岁的儿童反应速度比5岁的儿童快两倍，并且只对相关信息做出反应的能力也提高了。

2. 精细动作的发展

儿童对小臂、手指的控制得到很好的发展，变得更加灵巧。比如，做一些模型、学习乐器，这些都对精细控制有很高的要求，也是很好的训练项目。大多数儿童在6岁时，就已经可以写出10以内的数字，只不过写的字比较大，主要靠小臂书写。在8~9岁时，他们学会了控制手指，写的字更小、更工整。等到11~12岁时，他们操控物体的能力几乎达到成人的水平。

第二节　认知的发展

皮亚杰认为，儿童的认知发展要以固定的顺序进行，并普遍经历四个阶段：感知运动阶段、前运算阶段、具体运算阶段和形式运算阶段。除了皮亚杰的认知发展理论，信息加工理论从另外一个角度来探讨儿童的认知发展。信息加工理论主要研究个体如何获取、使用、存储信息。从信息加工的角度来看，认知发展主要探讨人的信息加工能力如何在发展中获得提高，包括感知觉、注意、记忆、语言的发展。

一、感知觉的发展

1. 视觉的发展

新生儿出生后半个月左右就具备了基础的颜色辨别能力，且能够追视眼前的物体。但他们的视力很差，相当于成年人的 1/10 到 1/30，也就是说婴儿在 20 厘米的距离所看到物体的清晰程度，相当于正常视力的成人在 2 米到 6 米左右所看到物体。随着婴儿长大，他们的视力快速发展，4 个月大的婴儿聚焦和区分颜色的能力接近成人水平，6 个月左右，其视力接近于成年人。

婴儿视觉发展的另一个重要成就是获得深度知觉。视崖实验的结果表明，至少 6 个月的时候，婴儿已经具有了深度知觉，这使他们能够判断物体的远近或深度（如爬到楼梯边缘时停下），避免从高处跌落。

视　崖　实　验

1960 年，美国心理学家沃克和吉布森（R. D. Walk，E. J. Gibson）设计了著名的视崖实验。视崖实验装置是一张特殊的桌子，其中一半的桌子顶部是坚实的表面，而另一半则由透明玻璃覆盖，给人产生一种“深渊”的视觉错觉。研究者将婴儿放在坚实表面上，婴儿的母亲站在桌子的对面，呼唤婴儿爬过去。研究者观察婴儿是否能够感知到玻璃板下的“深渊”，并拒绝爬到玻璃桌面上。如果婴儿爬过视崖，说明还未发展出深度知觉，如果不爬过视崖，说明已经有了深度知觉。视崖实验的结果表明，至少在 6 个月大的时候，婴儿已经具有了深度知觉。后来进一步的研究表明，2～3 个月大的婴儿在视崖前的心率就有所不同，表明婴儿可能在更早就具有了深度知觉。

2. 听觉发展

胎儿在 20 周的时候就已经具备了听觉能力。25 周时，胎儿在子宫中可以对声音做出反应，婴儿一出生就可以对周围的声音刺激做出反应，但相对于成人，婴儿的听觉感受性较差、听觉阈限更高。婴儿对频率极高或者极低的声音比成人更加敏感，2 周岁之后，这种敏感度逐渐下降，对音频的偏好逐渐与成人相似。

二、注意的发展

注意是心理活动对一定对象的指向和集中。注意的两个特征即为指向性和集中性。注意的发展体现在注意时间的增加以及注意效率的提高上。无意注意的发展要早于有意注意，在学龄前期一直是以无意注意为主，其中 1 岁的婴儿开始出现有意注意，但非常不稳定。2 岁的婴儿可以根据其他人的要求完成一些简单的任务。到 5 岁时，有意注意能力有一个飞跃式发展，这主要源于儿童大脑前额叶皮层的发育，使得目标设定、计划性、执行力、抑制无关信息的能力均有了相应的提升。在小学期间，儿童的有意注意开始发展起来，但无意注意仍然占主导，直到小学五六年级，儿童的有意注意才开始占主导地位。

三、记忆的发展

记忆是高级认知过程形成和发展的基础。信息加工理论认为，记忆是人脑对外界输入信息进行编码、存储和提取的过程。根据记忆时间的长短，可以将记忆分为感觉记忆、短时记忆和长时记忆。

个体的记忆最早发生在胎儿末期，大约妊娠 8 个月就已经有了听觉记忆，但能够回忆起来的最早的记忆往往发生在三四岁。这种现象被称作“婴儿遗忘”。

儿童的记忆容量随着年龄的增长而增加。7 岁左右，儿童的短时记忆容量开始迅速增加。

工作记忆是在短时记忆的基础之上发展起来的一个概念。工作记忆指的是进行各种认知活动时，所发生的短暂的信息存储和操作。简单地说，短时记忆只考虑记忆内容的存储，就像是计算机的内存；工作记忆则包括记忆内容的短暂存储和加工操作，就像是计算机的内存 +CPU（中央处理器）。

短时记忆和工作记忆的容量随着儿童年龄的增长而增加，有很大的个体差异，是儿童智力的重要组成部分。各年龄人的工作记忆有很大的差异，具体如图 3–6 所示。

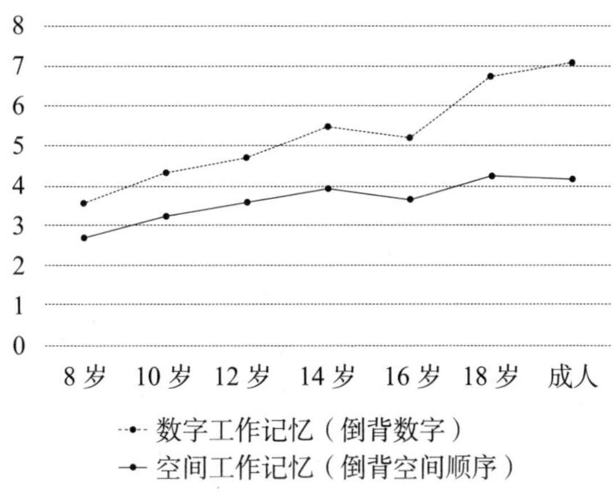

图 3-6　各年龄工作记忆的发展①

四、语言的发展

语言发展是儿童心理发展最重要的内容之一，语言与思维发展存在紧密的内在联系。语言不仅是儿童交流的工具，更会促进他们自我控制、认知、社会性的发展。根据皮亚杰的认知发展理论，在感知运动阶段的儿童是用身体动作来获得知识，只有当儿童进入前运算阶段（即学龄前期），开始掌握语言时，他们才能运用思维和概念来理解世界。儿童在学龄前末期，已经能够使用和理解大量的词汇和句子，具备了基本的语言技能，尤其是口语技能。

虽然语言发展的速度存在个体差异，但儿童语言能力发展的顺序基本上是一致的。下面是 1 ~ 7 岁儿童语言发展的情况。

1. 1 ~ 3 岁儿童语言发展

1 ~ 3 岁的儿童语言发展大致可以分成三个阶段。

前言语阶段，从出生到 1 岁。前语言阶段是语言发展的准备阶段，婴儿已经能通过发出特定的声音来表达他们的感受和需求，也逐渐开始理解成人的话语。

单词句阶段，1 ~ 1.5 岁。婴儿通常会在 1 岁左右说出他们的第一个词。但他们只会发出单字或者单个词来代替一句话的意思。18 个月的儿童能掌握大约 50 个能说的词和 100 个能理解的词。

① 段小菊，施建农，冉瑜英. 8 岁到成年期工作记忆广度的发展 [J]. 心理科学，2009，32(2)：324–326+280.

词句阶段，1.5～3 岁。婴儿的话由两个或者多个词语构成，虽然能够表达意思，但是去掉了很多表示功能的句法成分。因此这一阶段也被称为电报句阶段，即指婴儿说出来的句子像电报一样只是包含了几个关键的词，把不太重要的词都省略了。19～21 个月左右，是婴儿掌握词语速度极大提升的时期，称为“词语爆炸”。20 个月～3 岁，是婴儿掌握语法的关键期。到 3 岁时，婴儿已经基本掌握了母语的语法规则。

2. 3～7 岁儿童语言发展

3～7 岁，儿童的语言进入快速发展阶段。在词汇方面，这个时期是一生中词汇量增长最快的时期，表现在词汇数量不断增加，词汇范围不断扩大，积极词汇不断增多，词汇内容更加丰富、更具有抽象性和概括性。词汇的类别，除了最初的名词和动词，也会逐渐增加形容词、副词等。

在句子方面，儿童所使用的句子长度逐渐增加，结构更加复杂、更加完整。主要体现在以下三方面：①由简单句到复合句。②从陈述句到多种多样的句式，如疑问句、否定句、双重否定句。③从无修饰句到修饰句。3 岁时，儿童可以说出完整的简单句，不再说“电报句”。4～5 岁时，儿童已经学会使用复合句。5～7 岁，儿童的语言功能已经接近成人，可以熟练使用母语中的大部分句子结构。

第三节　社会性的发展

教师面临的不只是传授知识这一任务，更核心的挑战在于应对学生的个体成长变化，并助力他们在成长道路上顺利发展。教师仅仅具备扎实的专业学识和娴熟的教学技巧尚不足以胜任，还必须深入了解学生的社会适应能力和道德价值形成过程。

社会化（socialization）是个体掌握和积极再现社会经验，社会联系，社会必需的品质、价值、信念以及社会所赞许的行为方式的过程。儿童在社会化的过程中，学会基本技能、掌握社会规范、确立生活目标，形成社会技能，培养社会角色。社会化过程中心理的发展则称为社会性的发展，它包括社会认知、社会交往、性别角色差异、亲社会行为、依恋和自我等方面的发展（陈会昌，1994）。本节主要介绍依恋、自我的发展，在第十章中将介绍道德的发展。

一、依恋

（一）依恋的含义

在婴儿期，社会性发展的重要一环是依恋（attachment）的形成。依恋是个体与具有特殊意义的他人（通常是母亲）形成的一种正向情感关系。儿童与某人形成温暖、亲密的依恋关系可使儿童体验到愉快的情感，是他们心理健康发展的基础。

婴儿与母亲之间的依恋关系是如何建立起来的呢？最早，人们认为是因为母亲可以提供食物。但心理学家哈利·哈洛（Harry F.Harlow）的恒河猴实验改变了这种看法。哈洛让刚出生的幼猴与母猴分离，与两个代理“妈妈”在一起，一个是能够提供食物的铁丝猴，另一个是能够提供温暖却没有食物的布猴。结果发现，幼猴虽然会去铁丝猴“妈妈”处喝奶，但是平时更愿意与布猴“妈妈”在一起（图 3-7）。这表明，食物并不是依恋的唯一基础，母亲与孩子之间的身体接触对依恋的形成有更重要的作用（Harlow，1966）。

图 3-7 哈洛的恒河猴实验

根据约翰·鲍比等人的观点，依恋主要是满足了婴儿对安全的需要，安全的依恋关系让他们知道母亲可以为他们提供安全的保障。在以后的成长中，婴儿才可以逐渐离开安全基地，去探索新的世界（Bowlby，1969）。在鲍比看来，依恋系统在实质上是要“询问”这样一些根本性问题：所依恋的对象在附近吗？他接受我吗？他关注我吗？如果孩子察觉到这些问题的答案为“是”，则会感到被爱、安全、自信，并从事探索周围环境、与他人玩耍以及交际的行为。但是，如果孩子察觉到这些问题的答案为“否”，则会感到焦虑，并且主动跟随和呼喊依恋的对象。这些行为会一直持续下去，直到孩子重新建立与所依恋对象的足够的身体或心理亲近水平，或者直到孩子“精疲力竭”，后者会长期体验到失望和抑郁。因此，婴儿对母亲的依恋方式对儿童的个体发展有长期的影响。

（二）依恋的类型

心理学家安斯沃斯在研究中提出了一种用于测量婴儿依恋类型的实验室技术，叫作陌生情景测验（strange situation test，1978），当时用于两岁以下的婴儿，后来研究者将其改编扩展到儿童群体中。

陌生情景测验的基本流程（图 3-8）如下，首先让母亲和儿童进入一个不熟悉的房间自由互动；这时，一个陌生人进来与母亲交谈，之后，母亲借故离开房间，留下儿童与陌生人单独在一起互动。最后，母亲回来，和儿童打招呼并安慰儿童，陌生人离开。

妈妈和儿童一起在陌生房间玩

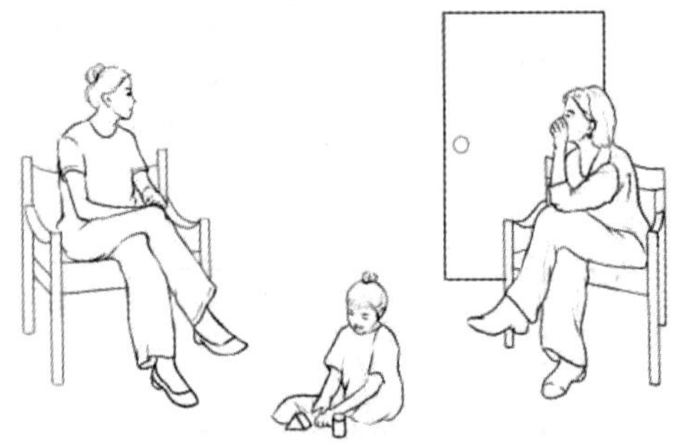

陌生人进来跟妈妈聊天

妈妈离开，陌生人跟儿童玩

妈妈回来，陌生人离开

图 3-8　陌生情景实验

安斯沃斯在研究中发现，婴儿在陌生情景下的反应有巨大的个体差异，具体表现为三种基本的依恋类型：

安全型依恋：指婴儿在母亲离开后表现出苦恼、不安，当母亲回来后，婴儿会立即寻找与母亲的接触，对重新见到母亲感到非常高兴。这类婴儿可以与陌生人相处得非常好，但是明显表现出对母亲的偏爱。

矛盾型依恋：指婴儿对母亲的态度是矛盾的，存在两种相反的情感。当母亲回来后，既想寻求与母亲的接触，但同时又反抗与母亲的接触。比如，当母亲回来时，婴儿会朝向母亲跑去，但是当母亲想抱他时，婴儿反而生气地拒绝、挣脱。

回避型依恋：指当母亲离开，让婴儿与陌生人相处一段时间后，母亲重新回来的时候，婴儿躲避母亲或者不理母亲。这类婴儿即使母亲在房间里，也不太理会；而当母亲离开时，也不感到焦虑。

后续一系列的研究发现，三种依恋类型不仅在婴儿中存在，在儿童甚至成年人身上也能够观察到。依恋关系对个体的人际关系，甚至认知、人格的发展都会产生广泛而深刻的影响。例如安全型依恋的儿童倾向于和父母有良好关系，他们常遵守一些规则，更愿意学习新的东西，也更容易适应新环境。反抗型儿童则经常用焦虑和反抗来对付父母的帮助，他们很难父母的经验中得到教益。早期的依恋还与成年期的亲密关系有明显的正相关，安全依恋型的人将更可能有较持久的爱情关系。

二、自我的发展

（一）婴儿的自我认知发展

当婴儿照镜子或者看照片时，辨别婴儿是否能认出镜中或照片中的人是自己，这是在研究婴儿的自我认知时最常用的技术方法。研究发现，婴儿并不是一生下来就知道自己是独立于他人和外面的世界而存在的个体，他们要长到 12 个月左右，才能够将自己的镜像和别人的镜像区分开来（Dixon，1957）。

“点红测验”是研究婴儿自我发展的经典实验任务。研究者在婴儿的鼻子上涂上一个红点，然后把婴儿放在镜子面前，让婴儿观看镜子，通过观察婴儿对其镜中形象的反应来揭示婴儿自我认知发展的过程（图 3–9）。12 个月的婴儿会对红点表示吃惊，但在 17 ~ 24 个月才能对红点做出反应，即用手找到自己脸上的红点。这表示此时婴儿具有了完全自我认知。20 个月之后，婴儿才开始展现出有意识的自我认知行为，例如“自我赞赏”行为（炫耀、夸奖自己）和困窘行为（脸红、害羞等）（Amerserdam，1972）。

图 3-9　婴儿的点红测验

（二）儿童的自我概念发展

学龄前期儿童开始以年龄、性别、身体特征和评价性特征来描述自己。比如，“我是个女孩”“我力气很大”“我是个好孩子”。他们对自我的描述都是以具体的、看得见的特征为主，很少涉及心理特征，比如他们很少会说“我经常生气”。但是他们也能够从个性特征中选择一个符合自己的，比如在“当我生气的时候，我想打人”和“当我生气时，我不想说话”中选择一个。

学龄前期的儿童通常会高估自己的技能和知识，对未来的看法也非常乐观（图 3–10）。这是因为他们还没有开始把自己的表现与其他人进行比较，这可以让他们自由地尝试新的活动。

图 3-10　学龄前期的儿童通常会高估自己的能力

随着时间的推移，儿童的自我概念变得更复杂，也更抽象化。自我概念的复杂化体现在自我认知的各个方面整合在一起，包括身体的、社会的和心理方面的自我认知，即儿童对自己的优势、弱点、能力、态度和价值观的认识。这时候，儿童也会对自我进行积极或消极的评价，判断自己好或不好，即产生自尊。这时儿童会越来越多地将自己与他人比较，从而了解自己有多成功。例如，他们会使用关系词来描述自我，比如“我比同桌小刚更聪明”，这反映了儿童对自己的看法。如果自尊水平比较高，他们就会认为自己能做好一切事情；如果自尊水平比较低，他们就会觉得自己大多数事情都做不好。

研究表明，相比于学龄前期儿童对自己的积极评价倾向，学龄期儿童的自我概念随着年龄的增长逐年下降。小学低年级儿童对自我的认识比较乐观、积极，甚至有点过分地高估自己。随着年龄的增长、自我认识的提高，儿童的自我概念渐渐趋于客观，更符合实际（王玲凤，2004）。

在小学阶段，不同的儿童学习能力、社交技能、身体动作上的差异越来越明显，儿童也通过自己与同伴的比较了解到这种差异。但是如何看待差异，如果自己在学习上的表现不如其他同学，应该如何认识自己？在这个问题上，家长、教师和同伴都有重要的影响。父母为孩子提供温暖和情感支持，对孩子持积极的态度，有利于提高孩子的自信心和自我概念；儿童在与同伴交往的过程中，如果发现自己受到同伴的关心和欢迎，也会有利形成积极的自我评价；教师与学生之间能够亲密相处，教师接纳学生，学生也信任老师，这样的师生关系更有利于学生的自我概念发展（林崇德，2001）。

（三）青春期的自我发展

1. 青春期的自尊发展

进入青春期，青少年的自我概念发生了重大变化。他们在描述自我的时候，能够将自己的观点和他人的观点区分开来，能够从不同的角度来看待自己，也开始从抽象的心理特征来描述自己，例如“我是一个喜欢交际的人”。但是由于人类行为的复杂性，可能会出现青少年对自己的看法与他们的行为不一致的情况，使得青少年对自我的认识产生困惑。

在理解自己是谁的同时，青少年也要评价自己，即发展自尊。与儿童期的自尊相比，青春期的自尊出现更多的分化。比如，某个学生在学业方面表现出高自尊，但是在人际关系方面表现出低自尊。

在发展趋势上，一般认为青少年自尊的发展趋势呈现“U”字形的特点，即存在一个低谷期。有研究表明，我国青少年自尊水平在整体上呈现稳中有升的趋势，在高三出现显著下降，然后逐步提高（黄希庭，2003）。但也有研究显示，我国青少年的自尊水平在初中二年级出现明显下降。不同的研究结果表明，青少年自尊的发展趋势具有复杂性和多样性的特点。

2. 青春期的自我同一性发展

埃里克森认为，青春期的重要任务就是解决同一性问题，也就是回答“我是谁”“我在这个社会处于什么位置”“我以后要做什么”之类的问题。在这个阶段，青少年的生理和认知发展都接近于成人，他们要努力摆脱对父母的依赖，要决定自己应该有的价值观，追求什么样的生活目标，从而成为一个独立于父母或其他人的个体。

青少年及成人在解决自我同一性危机时的状态可以分为四种。

（1）同一性弥散（identity diffusion）。这种类型的个体既没有对自身的同一性进行深入探索，也没有对任何目标或价值观做出实质承诺。他们往往显得迷茫和缺乏方向，对未来没有清晰规划，性格特征可能包括消极被动、无目标、随波逐流，容易受到外界影响，且常常感到不确定和不安定。

（2）同一性延缓（identity moratorium）。这类个体正在积极地探索不同的角色和价值观念，尚未确定长期承诺。他们持续搜寻信息、试验不同的活动和观点，试图找到适合自己的道路。他们可能情绪波动较大，既充满理想又容易感到困惑或沮丧，因为他们还在寻找真正的自我认同。

（3）同一性早闭（identity foreclosure）。对有些青少年而言，不是自己去寻找同一性，而是接受和采纳一个既定的社会角色，比如按照父母的愿望选择了某个职业，甚至遵循父母的安排跟某个人结婚。这种同一性的决定方式虽然缩短了同一性探索的时间，避免了与父母的价值观冲突带来的痛苦，却是有风险的，因为这种方式会让一个人表现出刻板、僵化的特点，对新的观念和生活方式难以接受。

（4）同一性获得（identity achievement）。这种类型的个体经历了广泛的探索阶段，考虑了多种可能性，最终对自己认同的目标、价值观和生活方式进行了深入思考并作出了坚定的承诺。他们表现出独立思考的能力，对自己的人生方向有清晰的认识，通常表现为自信、乐观、有责任感和决策力强。

为了达到同一性的整合，青少年会尝试不同的同一性，也就是尝试不同的外显角色，比如变化外形——烫发、换一种风格的服装，或者变化爱好——加入不同的社团，或者变换人际关系——跟不同群体的人交朋友，等等。在这个时期，青少年会显得没有定性，总是在变化。埃里克森认为，这是他们在寻找适合自己的社会角色，并在以后的时间里保持稳定性。

【扩展活动：家庭动力绘画】

活动目的：家庭动力绘画是一种探索和理解家庭成员之间关系的工具。通过家庭动力绘画，探索自己和父母的关系，理解亲子关系对个体成长的影响。

活动步骤：

1. 让学生在一张 A4 纸上画出自己和家庭成员，包括家庭环境。
2. 请学生分析在画中，自己和其他成员的人物大小、位置、距离、表情、正在做的活动等，想想自己为什么会这样画。
3. 请学生结合本章所学的关于依恋、自我的发展的理论和自己的画作，分析自己和父母的关系。
4. 请学生在画上写一段话给父母，表达自己的感受和需求。
5. 写一段 200 字左右的文字，分析亲子关系如何影响一个人的成长。

【课后习题】

一、选择题

1. 神经系统结构和机能的最小单位是（　　）。

   A. 神经元　　B. 胶质细胞　　C. 突触　　D. 反射弧

2. 人的神经系统包括（　　）。

   A. 脑和脊髓　　B. 大脑和小脑

   C. 脑神经、脊神经、植物性神经　　D. 中枢神经系统和周围神经系统

3. 词汇量增长最快的时期是（　　）。

   A. 青少年期　　B. 童年期　　C. 幼儿期　　D. 婴儿期

4. 可将婴儿的依恋区分为三种类型的是（　　）。

   A. 气质测验　　B. 视崖实验

   C. 文化公平测验　　D. 陌生情景实验

5. 青少年未经历同一性危机便作出了个人的选择称为（　　）。

   A. 同一性延缓　　B. 同一性弥散

   C. 同一性获得　　D. 同一性早闭

二、问答题

1. 语言发展的理论解释有哪些？

2. 试论述依恋的类型及其对儿童发展的影响。

3. 试分析以下 4 位同学的自我同一性状态。

小明在高中时期对物理充满热情，他参加了各种物理竞赛，并在大学选择了物理专业，坚定地计划成为一名物理学家。小华对艺术和科学都很感兴趣，大学期间尝试了多个专业的课程，但还没有确定自己未来的职业道路。小李从小就被告知要继承家族企业，虽然他对音乐有着浓厚的兴趣，但他从未真正考虑过除了接管家族企业以外的其他可能。小张对未来毫无规划，既不知道自己想做什么，也没有任何长远的目标或计划。

第四章

个体差异与因材施教

本章提要

第一节　个体差异概述

- 个体差异的含义与成因
- 个体差异的分析方法

第二节　智力的个体差异

- 智力的概念
- 智力的结构
- 智力发展的一般规律
- 智力差异的测量工具
- 智力的个体差异与因材施教

第三节　性格的个体差异

- 性格的类型及差异
- 性格的发展
- 性格的个体差异与因材施教

第四节　认知风格的个体差异

- 认知风格的类型
- 认知风格的个体差异与因材施教

孔子在2000多年前就告诉世人，教育要遵循“因材施教”的原则，这一原则对我们今天的教育来说也是非常重要的。在教育教学过程中，教师应当根据学生的个性特点、兴趣爱好、学习能力、接受方式等具体情况，灵活选择和确定教学内容及教学方法，以达到最佳的教学效果。

本章主要介绍学生个体差异及其表现，重点介绍智力的个体差异、性格的个体差异和认知风格的个体差异，并探讨针对各种个体差异可采取的教学措施。

第一节 个体差异概述

一、个体差异的含义与成因

（一）个体差异的含义

个体差异又称为个别差异，是指“个人在认识、情感、意志等心理活动过程中表现出来的相对稳定而又不同于他人的心理、生理特点”[①]。

个体差异表现在质和量两个方面，质的差异指心理、生理特点的不同及行为方式上的不同，量的差异指发展速度的快慢和发展水平的高低。

（二）个体差异的成因

个体心理的个别差异是怎样形成的呢？对于这个问题，一直有“先天决定”和“后天形成”两种相反的观点。经过多年的研究，现在人们普遍认为，心理的个体差异是在遗传与环境交互作用下逐渐发展而形成的，人们在不同遗传素质的基础上，以及在不同的社会物质生活和文化教育环境中，接受各不相同的影响，从事各自不同的社会实践活动的结果。

① 朱智贤．心理学大词典［M］．北京：北京师范大学出版社，1989.

二、个体差异的分析方法

（一）个体差异分析的两种思路

在研究个体差异时，有两种主要的思路。

（1）类型化分析。类型化分析试图将个体归纳到不同的类别或类型中，通常是基于他们表现出来的共同特征或模式。这是人们在日常生活中处理个体差异的方法，很多学者也采用这种方法来研究个体差异。例如，希波克拉底将人的气质分为四种类型，即多血质、胆汁质、黏液质、抑郁质；荣格的心理类型理论将人分成内倾型和外倾型。有的教师在日常的教学工作中也会使用类型化研究的思路，例如将学生分为优等生、中等生和差等生，根据学习能力的不同安排不同的学习任务。有的教师根据孩子在课堂上的表现，将孩子分为活泼型、沉默型、游离型等。

（2）差异变量分析。差异变量分析是通过分析学生在各个差异变量上的表现，来把握学生的独特性，而不是将个体简单归类。教师分析学生时常用的差异变量包括智力、动机、性格、学习风格。例如，教师在分析 A 学生的时候这样描述：A 的智力水平中上，数学成绩好，语文和英语成绩较差；性格活泼好动，自信心强；学习兴趣高，但坚持性不够；学习时喜欢跟其他同学交流，很擅长沟通。这段分析中就使用了智力、学业成绩、性格、学习兴趣、学习风格多个变量。

类型化分析是人们在日常生活中常用的一种分析个体差异的方法，可以让我们快速地认识个体差异并针对性地采取措施。但是类型化分析往往只能反映一个侧面，对个体的特征进行了高度简化，而且容易产生偏见。在学校教育中，每个学生都是一个独特的生命，有各自的特点，过于简化的类型化分析会导致我们难以用整体、发展的眼光去认识学生。在学校教育中更提倡教师使用差异变量的分析思路，从影响学生发展的差异变量入手，构建一个学生个体差异的分析框架，以便对学生的个体差异有全面的把握。

（二）学生个体差异分析的基本结构

心理学研究中对个体差异进行了大量的研究，如智力差异、气质差异、性格差异、动机差异、认知风格差异等。不过对于教师来说，要在教学活动中把握学生的个体差异，需要从学生参与课堂教学的实际出发，采用一个适合课堂教学活动的个体差异分析框架。我国研究者提出了一个适合课堂教学的学生个体差异变量分析表（曾继耘，2006），如表 4-1 所示。

表 4-1　课堂教学中学生个体差异变量分析表

<table>
<tr><th>学习要素</th><th>差异变量（一级）</th><th>差异变量（二级）</th></tr>
<tr><td rowspan="3">基础系统</td><td>身体状况</td><td>神经系统、身体机能和体质</td></tr>
<tr><td rowspan="2">基础知识</td><td>陈述性知识、程序性知识</td></tr>
<tr><td>外显知识和内隐知识</td></tr>
<tr><td>动力系统</td><td>学习动机</td><td>内部动机和外部动机</td></tr>
<tr><td rowspan="2">操作系统</td><td rowspan="2">学习能力</td><td>认知性学习能力</td></tr>
<tr><td>交往性学习能力</td></tr>
<tr><td>方向系统</td><td>潜在优势领域</td><td>多元智能</td></tr>
</table>

教师在使用这个框架时需要注意，虽然个体差异有相对的稳定性，但并不是不会变化的。总体上来说，学生的个体差异具有稳定性，但学生的个体差异又是可变的，会随着环境的变化、活动性质的不同而出现差异，也会随着时间的推移而发生变化。例如，A 学生的性格特征是偏外向，那么在大多数时间，A 学生都会表现出外向的行为。A 学生在数学课上兴趣很高，能积极参与课堂讨论，但是不喜欢英语。但在老师的鼓励下，A 学生选择去查询自己喜欢的领域的英文资料，久而久之对英语产生了兴趣。这就是稳定性中包含着变化，学生的发展就是个体不断改变、重组的过程。在教育教学中，教师要看到学生的个体差异，也要看到个体差异的可变性，引导学生在原有基础上实现最大的发展。

第二节　智力的个体差异

一、智力的概念

什么是智力（intelligence）？如果让 10 个人描述拥有高智力的人的特征，每个人具体的描述可能不同。有的人可能更关注在解决问题方面的表现，有的人则更看重学习成绩的高低，有的人则会参考职业发展的成就。不仅普通大众对智力的定义存在不同的看法，心理学家也有不同的观点。总结其共同点，智力是一种以脑的神经活动为基础的偏重于认识方面的潜在能力，其核心是抽象思维能力。通俗地讲，智力就是使人能顺利地完成某种活动所必需的各种认知能力的有机结合，也就是各种认识能力的总和。

二、智力的结构

智力是由哪些因素构成的，不同的心理学家提出了不同的理论。

（一）二因素理论

英国心理学家斯皮尔曼（Charles Edward Spearman）1904 年提出了智力的二因素理论。斯皮尔曼认为，智力是由单一的一般因素（*G*）和一群独立的特殊因素（*S*）构成的（图 4–1）。进行任何智力作业都需要这两种因素的参与，但两者所起的作用不同。*G* 是主要的因素，它参与所有的智力活动，而 *S* 仅和完成某一种特别的智力活动有关。比如，从事 A 作业需要 *G*+*S*1，从事 B 作业需要 *G*+*S*2，从事 C 作业需要 *G*+*S*3，等等。

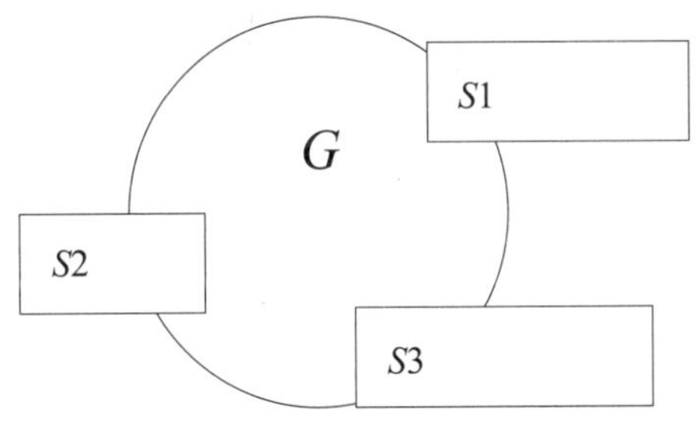

图 4-1　斯皮尔曼的智力二因素理论

由于一般因素的存在，一个学生各科的成绩往往出现正相关，语文成绩好的学生，数学成绩一般也不会很差。但各科的成绩又不会完全相关，这是由于不同科目所包含的特殊因素不同造成的。如果活动中 *G* 因素的成分越多，则各科成绩的正相关越高；反之，包含的 *S* 因素越多，则成绩的正相关越低。

（二）多元智能理论

哈佛大学教授、发展心理学家加德纳（Gardner，1943—　）提出的“多元智能理论”（multiple intelligences）提出之始就引起了世界范围的广泛关注，成为许多国家 20 世纪 90 年代以来教育改革的重要指导思想。在国内深化教育改革、全面推进素质教育的新形势下，多元智能理论对我国的教育教学改革具有十分重要的现实意义。

多元智能理论认为，人的智能结构是多方面的，在每个人的智能结构中，包含不同的智能，每个人都有自己相对的优势智能和弱势智能，因而都有某方面发展的潜能和机会。加德纳将人的智能分为八种，包括语言智能、逻辑—数学智能、音乐智能、空间智能、身体运动智能、自省智能、人际关系智能和自然智能（图 4–2）。

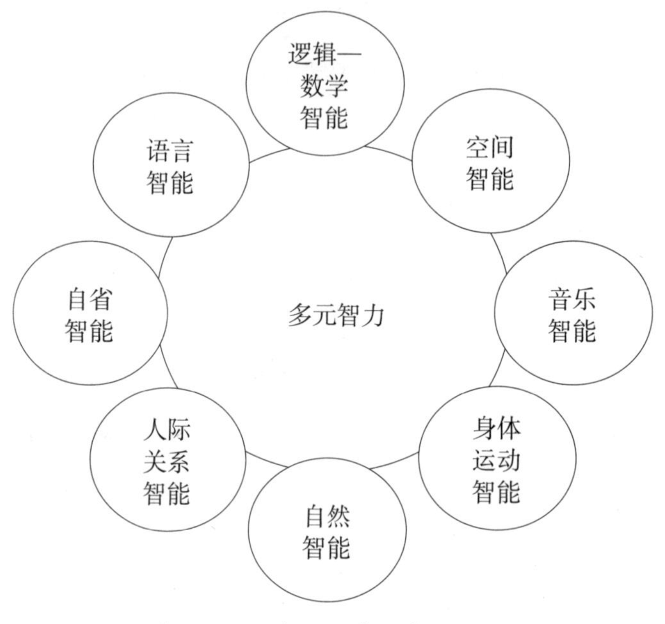

图 4-2　加德纳的多元智能理论

（1）语言智能（linguistic intelligence）。这种智能主要是指听、说、读、写的能力，表现为个人能够顺利而高效地利用语言描述事件、表达思想并与人交流的能力。这种智力在记者、编辑、作家、演讲家和政治领袖等人身上有比较突出的表现。

（2）逻辑—数学智能（logical–mathematical intelligence）。这种智能主要是指运算和推理的能力，表现为对事物间各种关系如类比、对比、因果和逻辑等关系的敏感，以及通过数理运算和逻辑推理等进行思维的能力。这种智能在侦探、律师、工程师、科学家和数学家身上有比较突出的表现。

（3）音乐智能（musical intelligence）。这种智能主要是指感受、辨别、记忆、改变和表达音乐的能力，表现为个人对音乐包括节奏、音调、音色和旋律的敏感以及通过作曲、演奏和歌唱等表达音乐的能力。这种智能在作曲家、指挥家、歌唱家、演奏师、乐器制造者和乐器调音师身上有比较突出的表现。

（4）空间智能（spatial intelligence）。这种智能主要是指感受、辨别、记忆、改变物体的空间关系并以此表达思想和情感的能力，表现为对线条、形状、结构、色彩和空间关系的敏感，以及通过平面图形和立体造型将它们表现出来的能力。这种智能在画家、雕刻师、建筑师、航海家、博物学家和军事家的身上有比较突出的表现。

（5）身体运动智能（bodily-kinesthetic intelligence）。这种智能主要是指运用四肢和躯干的能力，表现为能够较好地控制自己的身体、对事件能够做出恰当的身体反应，以及善于利用身体语言来表达自己的思想和情感的能力。这种智能在运动员、舞蹈家、外科医生、赛车手和发明家身上有比较突出的表现。

（6）自省智能（intrapersonal intelligence）。这种智能主要是指认识、洞察和反省自身的能力，表现为能够正确地意识和评价自身的情绪、动机、欲望、个性、意志，并在正确的自我意识和自我评价的基础上形成自尊、自律和自制的能力。这种智能在哲学家、小说家等人身上有比较突出的表现。

（7）人际关系智能（interpersonal intelligence）。这种智能主要是指与人相处和交往的能力，表现为觉察、体验他人情绪、情感和意图并据此做出适宜反应的能力。这种智能在教师、律师、推销员、公关人员、节目主持人、管理者和政治家等人身上有比较突出的表现。

（8）自然智能（naturalistic intelligence）。这种智能是指个体对自然界的感知和理解，包括识别和分类生物物种，以及与自然界互动的能力。

在不同的环境中，个体需要依赖的智能成分是不同的。在传统的学校学习中，逻辑—数学智能（数学课、物理课等）和语言智能（语文课、英语课等）显得很重要；而在我国一些能歌善舞的少数民族村寨或部落中，音乐智能和身体运动智能则可能使得个体能在歌舞聚会中更为突出。

根据加德纳的多元智能理论，这八种智能在现实生活中并不是绝对孤立、毫不相干的，而是错综复杂地、有机地以不同方式不同程度地组合在一起。这八种智能在个体身上的不同组合使得每一个人的智能都有独特的表现方式和特点，即便是同一种智能，其表现形式也不一样。例如，同样具有较高逻辑—数理智能的两人，其中一个可能是数学家，而另一个可能是文盲，但他有很好的心算能力。由于每个人的智能都有其独特的表现方式，每一种智能又都有多种表现方式，所以很难找到一个适用于所有人的统一的评价标准来评价一个人的聪明与否、成功与否。加德纳的多元智能理论为我们提供了认识“聪明”问题和“成功”问题的全新视角。

多元智能理论有助于我们转变教育观念，树立正确的学生观。教师应该认识到，智能是多方面的，智能的表现形式是各不相同的，判断一个人聪明与否、成功与否的标准也应该是多种多样的。多元智能理论也为多种教学策略的实施提供了理论依据。

三、智力发展的一般规律

在个体成长过程中，智力发展的速度是不均衡的。个体发展的早期，即婴幼儿时期智力发展最快，以后逐渐减慢。智力随着年龄的增长而增长，但到一定年龄时，智力趋于停滞，并保持较长时期的稳定，而后又随着年龄的增长而下降（图 4–3）。不过智力的不同成分发展趋势不同。

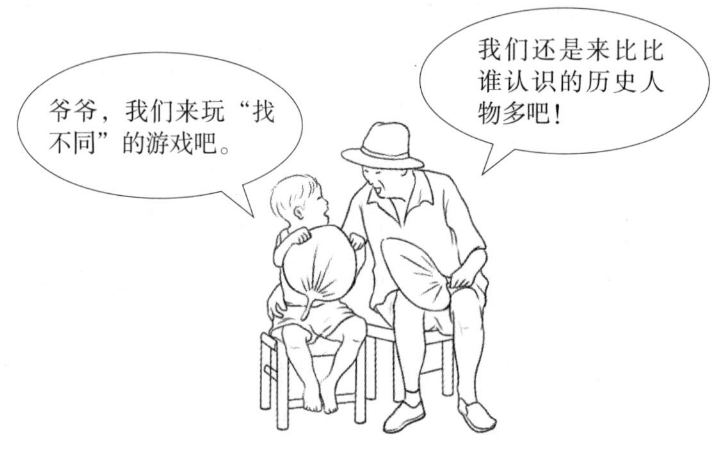

图 4-3　爷爷和孙子的比赛谁能赢

心理学家雷蒙德·卡特尔（Raymond Cattell）将智力分为流体智力和晶体智力，认为两种智力的发展趋势不同。

流体智力（fluid intelligence）是指个体处理抽象关系、解决问题和适应新情境的能力。这种智力类型不依赖于文化背景和社会经验，更多地依赖于大脑的基础生物学功能。流体智力包括：信息加工能力、逻辑推理能力、记忆能力、注意力集中度等。

晶体智力（crystallized intelligence）是指个体运用已有的知识和经验来解决问题或完成任务的能力。这种智力随着年龄的增长和经验的积累而增加，并且较少受到生理老化的影响。晶体智力包括：知识储备、语言能力、学术技能等。

简而言之，流体智力代表的是基础的认知能力和创新思维能力，而晶体智力是通过后天的学习和经验累积起来的实际知识和技能的应用能力。卡特尔认为，晶体智力和流体智力的发展轨迹有不同的特点。在青春期以前，两种智力都随着年龄的增长而不断提高；青春期以后，流体智力缓慢下降，而晶体智力保持相对稳定（图 4–4）。

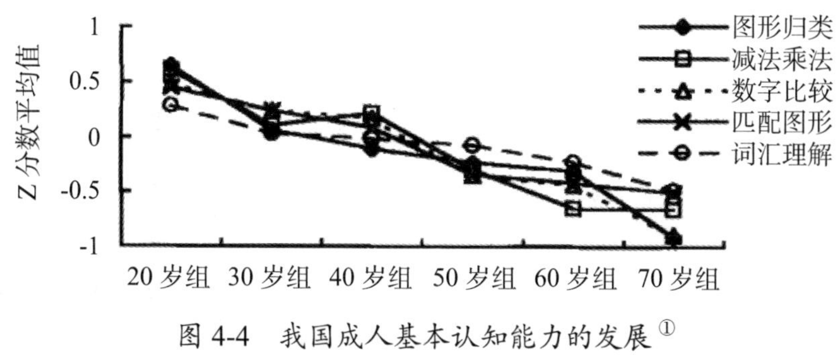

图 4-4　我国成人基本认知能力的发展①

申继亮对我国成人基本心理能力进行了考查，表明成人的各项基本认知能力随着年龄的增长而不断下降，最明显的下降出现在 60 岁之后，尤其是图形归类能力（属于流体智力）。词语能力（属于晶体智力）比其他能力保持得更稳定，下降的趋势与幅度更小（申继亮，2000）。

四、智力差异的测量工具

（一）斯坦福 – 比奈量表

法国的比奈（Binet）和同事西蒙（Simon）在 20 世纪初开发了第一套智力测验，以帮助法国教育部对儿童的智力进行测量，区分出那些发展迟滞的儿童与智力发育正常的儿童。通过这一客观的测量手段，可以减少教师或其他教育工作者评价的主观偏见。这套测验被称为比奈 – 西蒙测验。后来，美国斯坦福大学的特曼（Terman）也采用了比奈的测验题目来测量美国儿童的智力，并在比奈的基础上增加了一些题目，调整了计分规则，使得评分和量化更加科学。比奈测验的斯坦福版本被叫作斯坦福 – 比奈（Standford-Binet）量表。

他们设计了一些跟儿童年龄匹配的问题，看儿童是否能够回答正确。任何年龄阶段的儿童都可以进行测验，其得分会跟某一年龄儿童的平均成绩进行比较，如果能够达到这一年龄儿童的平均成绩，则说明该儿童达到这样水平的心理年龄（mental age，MA）。例如，小明的得分与 10 岁儿童群体的平均得分相当，则他的心理年龄是 10 岁。而与心理年龄对应的则是生理年龄（chronological age，CA），即个体实际的年龄。

斯坦福 – 比奈量表还提出了智商（intelligence quotient，IQ）的概念，其计算公式为

① 申继亮，陈勃，王大华．成人期基本认知能力的发展状况研究 [J]．心理学报，2000(1)：54–58.

$$智商 = 心理年龄 \div 生理年龄 \times 100$$

即 $$IQ=MA \div CA \times 100$$

例如，一个 8 岁的儿童在智力测验中得分达到了 10 岁儿童的水平，即其心理年龄（MA）是 10 岁，生理年龄（CA）是 8 岁，那么他的智商（IQ）=10 ÷ 8 × 100=125。

用比率智商衡量人的智力发展水平，是假定智力年龄随实际年龄一起增长的，但实际情况并非完全如此。人大约在 15 岁就出现了智力年龄不再随年龄增长的现象，此时如果继续用不再增长的智力年龄与继续增长的实际年龄相比，求得的 IQ 就会下降。因此，斯坦福 – 比奈量表仅适用于 2 ~ 15 岁。

（二）韦氏智力测验量表

美国心理学家大卫 · 韦克斯勒（David Wechsler）编写了《韦氏成人智力量表》《韦氏儿童智力量表》《韦氏学前儿童智力量表》。这三种量表项目类别相似，适合不同年龄的对象。其中《韦氏儿童智力量表》的影响最大，最早在 1949 年出版，1974 年有修订版（WISC），1991 年出版第 3 版，2003 年出版第 4 版，2014 年出版第 5 版。我国学者从 20 世纪 80 年代初开始将《韦氏儿童智力量表》引入国内，在医学界和教育界广泛应用。目前，国内使用最多的是张厚璨主持修订的《韦氏儿童智力量表》第 4 版。

《韦氏儿童智力量表》第 4 版的测试对象为 6 ~ 16 岁的中小学生，由 14 个分测验组成，可以导出一个总智商和四个合成分数，这四个合成分数分别代表个体在言语理解、知觉推理、工作记忆和加工速度四个领域的认知能力。

韦氏智力测验量表的重要特点之一是废除了智力年龄的概念，保留了智商的概念。但韦氏所说的智商已不再是传统的比率智商，而是离差智商。

离差智商是基于某个特定年龄段内全体人群的智力分布呈现出正态分布的特点，选取这个年龄组的平均智商作为参照基准，然后以标准差作为计量单位，用来衡量个体在智力测验中所处的标准位置得分。

人群的 IQ 分数呈正态分布，即大部分人的 IQ 都处于中等水平，少部分人的 IQ 特别低或特别高，IQ 分数离中间的平均分越远，其比例也越小（图 4–5）。标准差可以用来衡量分数分布的离散程度，标准差越大，分数分布越分散；标准差越小，分数分布越集中。

IQ 的计算方法是通过计算一个人的测验得分与平均分相差多少个标准差来衡量的。例如，8 岁的小天在智力测验中得了 88 分，该测验 8 岁段的平均分为 80 分，标准差为 4，那么小天的得分就是比平均分高 2 个标准差，计算方法为（88–80）÷ 4=2 个标准差。在计算 IQ 时，一般会把 IQ 分布的平均分定为 100 分，把标准差定为 15（不同的量表可能设定的标准差有所差异），因此小天的智商分数为 100+2×15=130。

根据一个人在智力测验上的 IQ 得分，就能推算出他的智力水平处于人群中的位置。

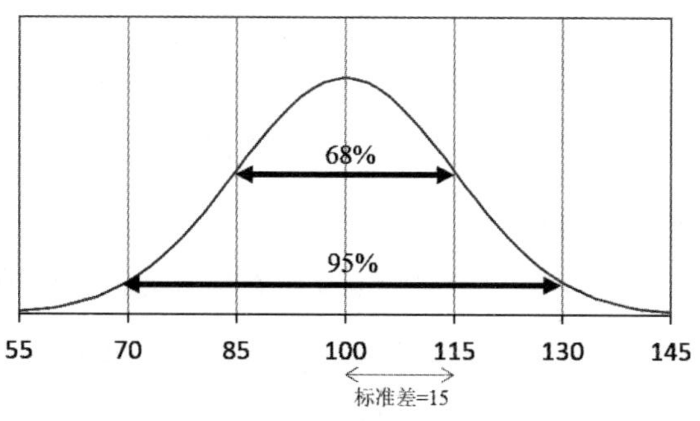

图 4-5 智商分布图

可见，离差智商仅是测量个人智力在同年龄群体中的相对位置，智商大小不受实际年龄的影响。韦氏智力量表的另一特点是，不仅能测出一个人的总体智商，还能测出语言、操作等分测验的离差智商，这就有可能对一个人的智力结构进行比较和分析。

五、智力的个体差异与因材施教

（一）智力的差异

1. 智力的水平差异

儿童的智力存在差异，从总体上看，两头小，中间大，即智力特别高和智力特别低的人都很少，智力中等的人占人群的大多数。对大规模样本进行智力测验后，智商（IQ）分布如表 4–2 所示（朱智贤，1981）。

表 4-2 智商分布图

IQ 等 级	分布状况
70 分以下	1%（智力低下）
70 ~ 89 分	19%（智力偏低）
90 ~ 109 分	60%（智力中常）
110 ~ 129 分	19%（智力偏高）
130 分以上	1%（智力超常）

2. 智力的性别差异

人们在日常生活中常有这样的感觉：男孩和女孩的智力发展不同，女孩的语言能力比男孩好，男孩的数学能力比女孩好，男孩的发育晚于女孩。事实是否真的如此？

研究发现，男女的智力结构有差别，发展的速度也不同。例如，女孩在阅读测验上比男孩更好，这种优势在小学三年级的时候最明显，随后差距有所缩小。在词汇测验上，女生在小学三、四年级占优势，到五年级开始转换，到高三男生超过女生。在数学能力上，西方的研究发现，小学和中学阶段女生在计算方面占优势，男生在问题解决方面比较擅长。但我国的研究发现，在数学能力上并没有显著的男女差异。这样的研究结果差异可能是不同社会的教育体制和环境因素导致的（张厚璨，1996）。西方和我国的研究都显示，男生的空间能力好于女生，这种优势在小学四年级之后开始出现。研究者认为空间能力受到儿童空间活动的影响，且与青春期的发展有关。

（二）智力差异与因材施教

根据智力发展水平的不同，可以将儿童分为智力超常儿童、智力正常儿童、智力落后儿童。

1. 智力超常儿童

智力超常儿童是指智商分数超过 130 分的儿童。这类儿童学习能力强，记忆力好，观察力敏锐，思维敏捷，对自己感兴趣的领域有浓厚的学习热情和强烈的求知欲，较早就能发展出较高水平的抽象思维能力。在个性特征上，他们往往十分自信，有时候会显得固执、孤僻。

智力超常儿童在普通班上往往会遇到一些问题。由于所学知识对他们来说过于简单，缺乏挑战，导致智力超常儿童感觉没意思，上课注意力不集中。许多教师没有针对智力超常儿童的培养接受过专业训练，无暇顾及这些学生，甚至会因为他们在课堂上注意力不集中而批评、惩罚他们。这些学生可能与教师产生对立情绪，出现学业成绩下降，甚至变成差生。因此，有人提出应该将智力超常儿童抽离到专门的班级进行培养，即常见的“超常班”或大学中的“少年班”。但超常班也存在一些问题，由于超常班的学生都是智力超常儿童，竞争压力大，学生的自我概念可能会降低，对儿童的成长不利。

不管是在普通班还是超常班，教师对智力超常儿童的正确认识和积极引导都是非常重要的。除了学业上的帮助，特别要注意他们的全面发展，包括情感、社交和道德品质的培养，确保智力超常儿童的智力在快速发展的同时，也能拥有良好的心理素质和社会适应能力。

2. 智力正常儿童

在教学中最常见的还是常态范围内的学生，但是在这些学生之间，也会存在一些能力上的差异。面对这些差异，教师也应该采用适当的方法，促进所有学生的发展。对于常态范围内学习有困难的学生，应重点辅导，个别帮助，注意预防其产生自卑心理，培养其学习兴趣，增强其自信心；对于常态范围内的优等生，应注意帮助他们端正学习态度，踏踏实实，戒骄戒躁。

要注意的一点是，在学校不能把学习成绩差与智力落后混为一谈。智力落后儿童虽然表现为学习、生活上的障碍和困难，但学习成绩差的儿童并不都是智力落后。学习成绩差的儿童中很多是由于缺乏学习兴趣、注意力易分散、情绪不稳定、学习不认真、缺乏坚持性、怕困难等造成的，而不是智力落后，不能随便冠以“弱智”“低能”之名。还有一些儿童有偏科的问题，这是由于儿童的智力发展结构有差异，有些学生的数理逻辑能力强，但语言能力较弱，有些则正好相反，这会体现在不同的科目上有强有弱。教师应了解儿童智力发展在水平、结构上的差异，认可学生有强有弱，肯定和鼓励儿童在弱项科目上的进步。

3. 智力落后儿童

智商在 70 分以下属于智力落后，具体又可以细分为不同的水平。根据我国残疾评定的标准，7 岁及以上 IQ 分数为 50 ~ 69 分属于智力轻度落后，35 ~ 49 分属于智力中度落后，低于 35 分属于智力重度或极重度落后。[①] 目前，我国特殊学校的教学对象主要是轻度、中度智力落后的儿童。这些儿童在适应学校生活上落后于正常儿童，但他们也具备一定的语言沟通能力和学习能力，在生活中可以部分自理，在一定指导下可以从事简单的劳动或学习任务。

对智力落后儿童的教育应当是一个全面、细致且充满关爱的过程，需要综合考虑孩子的个体差异、认知发展阶段以及他们的特殊需求。例如，在教学中根据每个孩子的认知水平和学习速度制订个别化的教育方案，教学设计注重实用性和生活化；针对儿童的具体行为问题实施恰当的行为干预策略，如应用行为分析技术；营造一个无歧视、接纳和鼓励成长的环境，鼓励孩子的每一个进步，使其在愉悦的状态中得到发展。在整个教育过程中需要教师和家长极大的耐心和持久的努力，允许孩子按自己的节奏学习，帮助他们发掘潜力，实现最大可能的发展。

---

① 中华人民共和国国家标准《残疾人残疾分类和分级》（GB/T 26341—2010）.

第三节 性格的个体差异

性格是指人对现实的态度和行为方式中比较稳定的、具有核心意义的心理特征。例如：在一个班上，有些学生活泼，有些学生内向。活泼的学生在大多数场合都会表现积极，愿意发言，愿意与同学交往；内向的学生则在大多数场合表现得安静、退缩，在人际交往中处于被动的位置。这些不同性格的学生，他们的行为方式是比较稳定的，这种稳定的心理特征就是性格。

一、性格的类型及差异

（一）婴幼儿的气质差异

性格是随着年龄的增长而逐渐稳定下来的。在婴、幼儿期，儿童的性格差异主要表现为气质的差异，即在情绪反应、活动水平、注意和情绪控制方面表现出来的稳定的个体差异。

如果仔细观察新生儿，会发现婴儿从一开始就已经表现出了显著的个体差异。有的婴儿很安静，即使有点不舒服，也很容易被安抚；有的婴儿则非常活泼，总是不断地哭闹。婴儿的这些不同就是气质的差异。婴儿带着自身的气质特点与环境相互作用，为日后形成稳定的性格奠定了基础。

根据气质不同，托马斯（Thomas）和凯斯（Chess）将婴儿分为三种类型。

（1）容易型婴儿。这类婴儿的情绪处于中低强度，作息时间很有规律，对环境的适应能力强，对新情景表现出好奇心，对于父母的抚养需求相对较低，容易形成良好的亲子互动。

（2）困难型婴儿。这类婴儿的消极情绪较多，对新环境的适应能力较差，经常表现出烦躁不安，对新环境和新事物的适应速度较慢，难以安抚，抚养者需要付出较大的努力才能满足他们的需求。

（3）慢热型婴儿。这类婴儿不太活跃，对环境的变化适应比较慢，刚开始显得比较消极退缩，但适应之后可以慢慢接纳新的体验。

除以上三种类型外，还有一类属于混合型婴儿，结合了各种类型的特点。混合型包括中间近困难型与中间近容易型。托马斯等人的研究发现，容易型大约占 40%，慢热型约占 15%，困难型约占 10%，混合型占 35%。我国的一项研究得到了类似的结果，容易型和中间近容易型婴儿共占了近 80%（黄春香，2009），如图 4–6 所示。

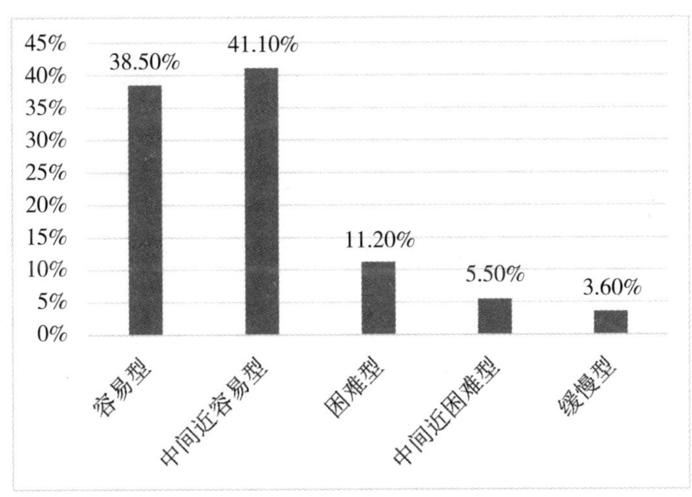

图 4-6　我国 1～4 个月婴儿气质类型（黄春香，2009）①

（二）大五人格

大五人格是目前被广泛接受的一种人格特质分类方法。人们通常会用一些词来描述一个人的人格特点，如友好的、谨慎的、爽快的、争强好胜的、慷慨大方的、吝啬的等。大五人格模型用五种基本的人格特质来描述一个人的人格，这五种特质分别是内外向性、随和性、尽责性、神经质和开放性。

五个维度下面还有更具体的子维度。这些子维度之间高度相关，所以才被认为是一个更高层次的人格特质，不过这并不意味着各个子维度就是同一回事，各个子维度之间还是会有区别的。例如外向性中，健谈和好交际之间有较高的相关，一个健谈的人很可能也爱交际，但两者还是有一定区别的。

（1）内外向性。内外向维度上得分高的就是人们常说的“外向型”人格，他们喜欢社交活动，具有健谈、好交际、爱冒险、坦率等特点。相反，内外向维度上得分低的

1　黄春香，马静，李介民，等. 1 ~ 4 个月婴儿的气质特征研究 [J]. 中国临床心理学杂志，2009，17(3)：300–302.

人偏内向型人格，他们在社交场合中更安静、谨慎，更倾向于独处。需要注意的是，内向型的人并不意味着他们不友好，他们只是在人群中更沉默，更愿意交少数几个知心好友，倾向于一个人独立思考。

（2）随和性。又称为宜人性。随和性高的人具有合作性好，对他人态度友好，愿意听取他人意见，信任他人等特点。随和性低的人通常攻击性高，容易与别人发生冲突，缺乏信任和合作精神，人际关系紧张。在学校里，老师可能更喜欢随和性高的孩子，但需要注意的是，随和性过高也有不利的一面，会显得比较软弱，有时候不能维护自己的利益。

（3）尽责性。尽责的人努力工作、细心、坚忍、整洁。尽责性高的人在学习和工作中都可能表现得更好。而尽责性低的人马虎大意，容易见异思迁，不可靠。这个维度跟工作的关系很大，有的将其称为工作维度。

（4）神经质。神经质的人焦虑、易兴奋、过分担心、紧张。这是一个关于情绪特征的维度，尤其反映了一个人的负面情绪体验。

（5）开放性。开放性的意思是对陌生经验持开放的态度、探索的态度，简单说就是有好奇心。在这一项上得分低的人更喜欢熟悉的事物。一般创新的科学家和艺术家在这个维度上的得分比较高。需要注意的是，这个特质跟另外几个特质相比，可重复验证性没有那么好，在不同的文化中存在差异。

二、性格的发展

对于婴儿和儿童，我们一般用气质来描述个体差异，因为他们还没有发展出稳定的人格。直到童年后期，孩子的人格逐渐开始表现出大五人格模型的结构，到青春期开始发展出较为清晰的大五人格模型。从青春期后期开始，个体的人格结构就趋于稳定，直到中年后期，而且年龄越大，稳定系数越高。也就是说，一个人从儿童期到中年期，人格特质的稳定性越来越高，直到 50 岁左右，人格特质的稳定性达到顶峰。

（一）气质和人格的发展

婴儿气质的个体差异则在发展过程中呈现出一定程度的时间稳定性。例如，儿童在 3 岁左右表现出攻击性的显著差异，在随后的时间里，孩子的攻击性在很大程度上保持等级顺序稳定性。等级顺序稳定性是指在群体中保持个体的相对位置。另一个稳定性较高的气质为活动性，活动性是婴儿期间就表现出的一种个体差异，在婴儿期间主要指婴儿的胳膊和腿的运动，在儿童期间则包括三个方面：身体活动多、精力充沛、个人节奏快。

孩子的气质与成年后的人格有密切的关系。研究者调查了儿童期、青少年期、成年早期不同时期的人格和行为发展特点，发现适应良好的儿童长大后大多成为相对健康、适应良好的成人，难以控制的儿童和抑制型儿童则更多遇到问题。难以控制的儿童更多打架、说谎、不守纪律等，抑制型儿童则更容易出现烦恼和忧虑。这项研究表明气质在人格发展中起着重要作用。

但是气质并不是决定人格的唯一因素，人格的形成还会受到成长经历中多种因素的影响。比如，一个情绪水平高的孩子比情绪水平低的孩子更可能成为一个有攻击性的成年人，但如果父母能够鼓励他学会解决问题的技巧，就可以帮助他把愤怒情绪转化，变成一个合作的、不那么具有攻击性的成年人。一个不爱交际的孩子可能不会变成一个开朗的、喜欢参加聚会的成年人，但他可以掌握社交技巧，交少数几个知心朋友，成为一个好的团队领导。

（二）环境对人格发展的作用

每个孩子一出生就带着各自的气质，而气质的不同，会影响养育者对孩子的反应。比如，贝贝是个活泼的婴儿，胆子很大，不容易受到惊吓，相反她会觉得一些危险的事情很有趣，很愿意再次尝试。贝贝的养育者就会发现，贝贝很愿意跟别人打成一片，逗贝贝开心很容易，但也要随时防止贝贝陷入危险中，比如她可能迫不及待地要从台阶上往下跳。而天天是一个爱哭的孩子，动不动就哭，很容易生气，脾气比较急躁。这样可以让养育者很快发现他的需求，及时给予回应，但时间长了养育者会很疲惫，天天要慢慢学会关注周围人的情绪，提高他的社会交往能力。

这两个孩子的气质不同，养育者相应的采取了不同的行为模式去应对。养育者会用什么样的行为反应，跟养育者自身的气质特点也有关系。比如，一个比较慢热的孩子，就需要一个有耐心的养育者；而一个活泼好动的孩子，则需要一个精力充沛、能够快速积极给予反应的养育者。

总之，人格受到遗传的气质所影响，也受环境的作用。而且气质还会影响环境，环境又反过来影响气质。孩子不是张白纸，气质决定了他的性格不是被动地受到父母的塑造。但父母和社会也并非对此无计可施，环境仍然会影响气质最终发展成为哪一种人格。

三、性格的个体差异与因材施教

根据学生的性格特点，教师进行因材施教时应做好以下几个方面工作。

（一）了解性格的差异

很多家长的心目中有这么一个性格标准，比如“我希望孩子是活泼外向的”“我希望孩子以后不要太散漫了”或者“我希望孩子胆子大一点”。但实际上，这个世界上每个人的性格都不一样，每种性格也都有它适合的环境。活泼外向的人可能适合跟人打交道，从事销售、社会服务之类的工作，但有一些工作特别适合内向安静的人去做，比如在图书馆中整理古籍。

胆子大和胆子小也各有自己适合的工作。胆子大的人乐于接受挑战，爱冒险，适合做一些挑战性强的工作；胆小的人更谨慎、更小心，对安全更重视。在有些情景下，需要胆小的人拉住胆大的人，避免前者因为过于冒险而造成灾难性的后果。

有些人非常严谨，那么就适合做一些技术性的工作；而有些人天马行空、自由浪漫，那更适合做一些需要艺术创造力的工作。

不管是父母还是教师，都不知道孩子以后会从事什么样的工作。如果按照自己的想法给孩子划定了一个性格发展的框架，就很容易出问题。“性格规划”之所以难以实现，是因为孩子并不是一张白纸，可以随意画。每个人的性格是建立在先天气质的基础之上，与环境综合作用的结果。

（二）正确了解学生的性格特征

由于性格的复杂性，教师需要用多种方法来了解学生的性格特征。例如，调查（含家庭生活情况、个人生活经历）、作品分析、个案研究等同时进行。有不少中学教师在担任班主任之前，对本班学生的家庭情况、生活史以及在小学学习时的基本情况进行调查和了解。平时，班主任应细心观察本班学生在各项活动中的表现，并把学生在各项活动中表现的特点记录下来。同时还要和任课教师联系，对学生在各科学习中的特点进行了解。在掌握情况的基础上，教师对学生经常出现的特征进行分析，做出性格特征的准确鉴定，这对于因材施教是不可缺少的依据。

在使用多种方式进行鉴定的同时，应该坚持评定的统一性、真实性、客观性、发展性等原则，以便全面地把握学生的性格特征。

（三）教育要有针对性

1. 摸清特征中的优劣，扬长补短

摸清学生性格中的优点、缺点，区分学生性格中的积极方面和消极方面，采取正面的教育措施，巩固和发展其性格中的积极特征，改变其消极特征。例如，学生表现在对集体的态度方面的性格特征，有的人关心集体，有的人对集体漠不关心。班主任为了发扬学生关心集体的良好性格特征，可以让具有这种良好性格特征的学生担任班干部，协助自己做好班级工作，对于不关心集体的学生，可分配他去做力所能及的事，使他逐渐养成关心集体的习惯。

2. 采用灵活多样的教育方式

根据不同的性格特点，采取灵活而有原则的方法进行教育。一般来说，教师对自卑的学生，要多表扬，以增强其信心；而对于骄傲的学生，恰当使用夸奖，批评时注意保护其自尊心。对于自以为是、影响教学有序开展的学生，可以当面引导，但一定要坚持以理服人、平等待人；对头脑灵活但容易骄傲，批评几句就哭的学生，可多问几个为什么，启发思考，帮他想得周到些。

3. 认真分析原因，对症下药

一些学生在学习或纪律上往往会出现问题。造成学生学习后进或不守纪律的原因是多方面的。没有明确的学习目的，基础知识差，学习不得法，对学习不感兴趣，智力上有缺陷，懒惰，信心不足，缺乏自制性、坚持性等，都可以造成学习成绩一时或长期落后。教师必须认真分析，寻找主要原因。如果不良性格是主要原因，教师就要进行有针对性的性格教育。例如，有的学生热爱学习，但独立性较差，容易受暗示，人云亦云，因而影响了掌握知识技能的质量。对这类学生，要加强独立性的培养，引导他们独立思考、独立解决问题，提高他们的学习质量。

同时，要注意家庭、学校、社会环境对于性格形成的作用。家庭对儿童性格的形成有很大的影响。儿童在家庭中的地位、家庭成员尤其是父母对子女的态度和教育，都是影响儿童性格形成的重要的因素。因此，教师要想针对学生的性格特征进行教育，发展学生良好的性格，就必须和家长密切联系，与家长密切配合。

4. 教师以身作则，树立榜样

榜样是学生学习的“样子”，是学生自我评价的标准。特别是教师的影响，对学生起的是“润物细无声”的作用。教师的工作态度、作风仪表、言谈举止等，都对学生产生直接影响。因此，教师要规范自己的言谈举止，起到榜样的作用。

第四节　认知风格的个体差异

当我们看一幅画时，需要经过感觉系统将光线转换为神经活动，然后在头脑中进行整合，识别出这张画画的是什么，这就是认知过程。人们在加工环境信息时，即使是对基本的声音、图像进行最基础的感知觉，也会有个体差异；在对感觉信息进行整合加工的时候以及在对环境信息或生活中的事件进行认知解释的时候，也会产生个体差异。个体在认知过程中所经常采用的、习惯化的方式，具体说就是在感知、记忆、思维和问题解决过程中个体所偏爱的习惯化了的态度和方式，称为认知风格（杨治良，2001）。

一、认知风格的类型

（一）场独立型认知与场依存型认知

美国心理学家赫尔曼·威特金（Herman Witkin）认为，个体对环境的感知差异能揭示人格。他在 1962 年提出了场独立型（field independence）和场依存型（field dependence）两种不同的认知风格。“场”可以理解为个体所处的环境，包含了周围的各种人、物和事。威特金认为，场独立 / 场依存主要涉及了人对外界环境的一种依赖程度，即个体的知觉是否会受到背景的影响。场独立，顾名思义，就是独立于背景，也就是知觉不依赖背景；场依存，就是知觉依赖于背景，会受到背景的影响。

威特金使用棒框测验来测量场独立 / 场依存的大小。这个测验是让被试坐在一个全黑的房间里，注视一个发光方框包围着的一根直棒，要求被试将直棒调到垂直于地面（图 4-7）。在完成任务的过程中，被试的判断可能会受到后面的方框倾斜程度的影响。如果被试受方框的影响大，那就是依赖于视觉线索的，即场依存性高，认知风格为场依存型；如果被试受方框的影响小，则场独立性高，认知风格为场独立型。

后来，威特金又开发了镶嵌图形测验来进行测量。镶嵌图形测验就是要求被试从一幅复杂的图形中找到一个简单图形。场依存型的人完成这个任务比较困难，因为他们受到背景的干扰；场独立型的人则能很快完成任务，他们受背景干扰小。看看图 4-8，你能从中看到一个人的侧脸吗？有些人立刻就能指出人脸的位置，有些人则要花费很长时间才能看出来，他们在场独立 / 场依存认知风格上存在差异。

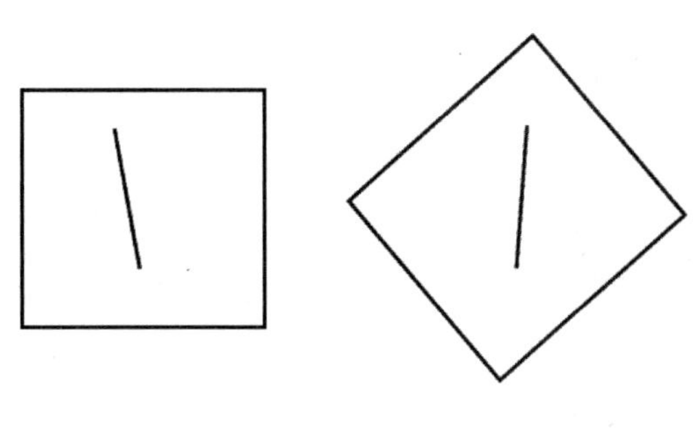

图 4-7　棒框测验

图 4-8　镶嵌图形测验

场独立型的人在认知活动中不太依赖外界环境，他们在对信息进行加工处理时，依据内在标准或内在参照，与人交往时也很少能体察入微。他们的优点是对物体和事件有很强的独立辨识和分析能力，不容易受外界环境或他人观点的影响，适合独立思考和解决问题，尤其在自然科学领域表现出色。但由于对人际线索关注不够，他们可能缺少一些社交技巧。

场依存型的人在认知活动中倾向于依赖外部环境或他人提供的信息，他们更容易受到背景信息或他人意见的影响，在处理社会关系和团队协作中往往有更大的优势，在理解和解释信息时可能更多地参考他人的意见，在与别人交往时也能考虑对方的感受。

一般认为，场独立 / 场依存认知风格与大学生的专业选择有关，场独立型的学生偏爱自然科学、数学和工程学，场依存型的学生偏爱社会科学和教育学。有研究表明，在多媒体教育环境下，场独立型的学生的学习效果更好。这是因为这种环境中的信息非常多，学生需要在各种视频、图片、声音中去选择他们需要的信息。而场独立型的学生能更好地发现重要的信息。

近年来，对场独立 / 场依存认知风格也有一些新的认识。有研究者认为，认知风格应该反映在学习过程中，而不是学习能力或结果，因此，在测量认知风格的时候应该注重被测者是如何完成任务，而不是完成任务的正确率（如镶嵌图形测验）。此外，也有研究者认为，场独立和场依存并不是一个维度的两端，而是两种特性，存在两种认知方式都具备的人，他们会根据不同的情景采用不同的认知策略。

（二）沉思型认知与冲动型认知

卡根等人在 1964 年提出沉思性和冲动性认知风格，用来描述在不确定条件下个体作出决定的速度上的差异。

沉思型认知方式 (reflective cognitive style) 的特点是反应慢，但精确性高。这种学生总是把问题考虑周全以后再作反应，他们看重的是解决问题的质量，而不是速度。但是当他们回答熟悉的、比较简单的问题时，反应也是比较快的。在回答比较复杂的问题时，沉思型认知的特点表现得更为明显。沉思型认知的学生的信息加工策略多采用细节性加工方式，所以他们在完成需要对细节作分析的学习任务时，学习成绩会更好些。但是，那些反应既慢准确性又差的学生，则不属于沉思型，而属于慢—非正确型。所以，这一认知方式的差异主要反映了人们对自己回答问题有效性的思考程度。

冲动型认知方式（impulsivity cognitive style）的特点是反应快，但精确性差。冲动型认知的学生面对问题时总是急于求成，不能全面细致地分析问题的各种可能性，不管正确与否就急于表达出来，甚至有时还没弄清问题的要求，就开始对问题进行解答。他们的信息加工策略使用的多是整体加工方式，在完成需要做整体性解释的学习任务时，学习成绩会更好些。但是有些学生反应既快又准，则不属于冲动型认知方式，而属于快—正确型认知方式。

在学习上，这两种认知方式也存在着差异。沉思型认知的学生阅读能力、记忆能力、推理能力、创造力等方面都表现比较好。而冲动型认知的学生会出现阅读困难，常伴有学习能力缺失、学习成绩不太好。因为阅读、推理需要细心分辨，粗心大意的学生会处于不利的地位。

（三）系列型认知与同时型认知

达斯等人 (1975) 在脑神经研究的基础上，提出了系列型与同时型认知风格。他们认为，左优势脑的个体在对信息进行加工时，表现出系列型加工风格；而右优势脑的个体表现出同时型加工风格。系列型认知风格的特点是：在解决问题的过程中，一步一步地分析问题，每一个步骤只考虑一种假设或一种属性，第一种假设成立后再进一步考虑第二种假设，一环一环地推导出问题的结果。每一种假设都有其时间上的前后顺序，他们解决问题的过程如链状。言语操作、记忆等都要依赖这种系列型加工方式。

同时型认知风格的特点是：在解决问题的过程中，采取宽视野的方式，同时考虑多种假设，并兼顾到各种可能性，才能解决好问题。许多数学操作、空间问题的操作都要依赖这种同时型加工方式。

这两种认知方式不存在加工水平上的差异，仅仅是方式上的差异。但是，如果学习方式与认知方式相匹配时，各自认知方式的优势就能显示出来。

二、认知风格的个体差异与因材施教

（一）了解学习者的认知风格差异

学习者的认知风格是个体在理解、储存、转换和利用信息过程中所偏好的相对稳定的态度和方式。即使在相似的学习时间和地点、相同的教材及师资条件下，学习者的学习成效仍可能存在显著差异，这在很大程度上可以归因于场独立性和场依存性两种认知风格带来的个体差异。例如，在人际互动和学习表现上，两类学习者有鲜明的区别：场独立性认知的学习者倾向于较少受外部环境影响，更倾向于独自学习并在无涉他人的环境中表现得更为自在，他们在社交技能上可能稍显不足；相反，场依存性认知的学习者则易于受到周围环境的影响，他们倾向于利用外部的社会线索指导自己的思想和行动，展现出较强的社交兴趣和交际能力。

在学习内容的选择上，场独立性认知的学习者往往偏好那些偏向独立分析和逻辑推理的学科，如自然科学，他们在学习过程中更善于独立钻研，能从复杂的环境中剥离出关键信息，通常具有较高的内在驱动力以及卓越的理解力、分析能力和推理技巧。而场依存性认知的学习者可能更喜欢那些强调人际关系和情感连接的学科，如人文社科，他们在学习过程中对环境反馈非常敏感，更乐意在团队协作和集体学习氛围中成长，展现出良好的共情能力和社会顺应性学习风格。

因此，作为学习者个性特征核心组成部分的认知风格在教学实践中扮演着至关重要的角色。为了确保教学的成功，教师应该掌握心理学分析及行为观察技能，深入了解各类学习者独特的认知风格及其对应的学习习惯。教师需评估不同教学方法与各类学习风格的契合度，从而创造出符合每位学习者特性、有利于他们发挥优势的学习环境和条件，使学习者能够在适当的学习节奏和恰当的方法引导下，与教师共同合作，以达成既定的教学目标。

（二）创设适应学生认知差异的教学组织形式

教学可以是学习者认知风格形成和完善的催化剂，却绝不可以改变它的本质特征。

也就是说，教学不能改变认知风格，认知风格没有好坏之分。建构主义教学观认为，在教育教学过程中，每一个人都是独立的主体，以自己的方式建构世界。只有当教学策略和方法与学习者思考或学习风格相匹配时，学习者才可能获得更大的成功。所以，教师应遵循个体心理发展的顺序，在教学设计中根据学习者的学习方式、学习倾向，对教学目标、教学内容、教学手段等进行选择、组合、管理，因材施教，给每个人显露自己特长提供条件，发挥各层次学习者的学习积极性和个体素质优势，让每个学习者都处于教育优势中。

现代教育技术的应用使得教师能够根据不同情况进行多模式教学。场独立性认知的学习者善单独学习、喜求异创新，应放手让他们对自己关注的问题，用自己喜好的方式在现代技术创设的自由探索的空间深入探究；或设计情境、创造条件开展创新教育。通过数字网络系统，集体授课和自主学习可以结合起来，在课堂教学中，允许风格、动机、兴趣、能力各异的学习者脱离整体教学框架，利用他们的自主权做他们想做的事情，并随时回到课堂状态；信息技术还提供了一个高度交互的学习环境，师生在活动中广泛交流、及时反馈信息，并随时调整课堂中心，实现角色互换，让学习者变被动接受为主动参与和探索。同时，信息技术还有利于教师实施情感教育，有研究显示，在积极强化的条件下，场独立性认知的学习者和场依存性认知的学习者的学习效率没有明显的区别，但在消极强化的条件下，场依存性认知的学习者的学习效率明显降低。个体不按常规进行的与众不同的思维探索，往往不能顺利进行，并经常遭遇失败，教师及时给予激励和引导，可以帮助学习者增强信心、少走弯路。在信息技术支持的教育中，教师对学生的尊重和爱是成功的重要因素。

（三）引导和促进学习者的个性全面、和谐发展

学习者的认知风格又是一个可变的维度。在一个领域显示出高度自主性的学习者，在另一领域却可能依赖性很强。多数学习者的认知风格并非非此即彼的极端化，有些学习者还可以变换自己的风格，去适应不同的学习任务。

教师应重视学习者认知风格的整体、协调发展，着力于：①帮助学习者了解自己的认知风格，对自己认知风格不足之处有清醒的认识。②鼓励两种认知风格学习者的竞争。例如，基于网络和计算机进行的“合作学习”是眼下备受关注的学习模式，它采取异质编组、任务驱动、适当分工，各成员遵循一定的合作原则，协作互助，能帮助学习者完成复杂的智力任务和提高学生积极的学习动机，还可以促进成员之间、教师与学习者之间积极的相互作用，有利于综合能力的培养。③培养学习者的元认知策略。“授人

以鱼”不如“授之以渔”，引导学习者将元认知知识、元认知体验运用到学习中，掌握学习策略，主动调整自己的方式去适应不同的学习任务。④培养学习者丰富多彩的人格和协同精神，促进个体与社会的和谐统一。

总之，教师分析学习者的认知风格，不是为了寻求哪类学习者更具学习优势，更容易获得学业成就的答案，而是要借此更好地贯彻现代教育理念，了解各类教学对象，充分利用现代科技，创设各种氛围以适应不同风格的学习者，发挥个体所具备的个性优势。同时基于“全人教育”思想，引导学习者自我分析、自我激励、自我导正、取长补短、全面发展，促进个体的社会化。

【扩展活动】

想想你是一个什么样的学习者。使用个体差异变量分析框架来分析自己的特点。

【课后习题】

一、选择题

1. 世界上最早的智力量表是（　　），最初于 1905 年编制。

A. 比奈－西蒙量表　　B. 斯坦福－比奈量表

C. 比推孟量表　　D. 韦克斯勒量表

2. 个体倾向于利用自己身体或内部参照作为信息加工依据的学习风格是（　　）。

A. 场依存型　　B. 场独立型　　C. 冲动型　　D. 沉思型

3. 在有几种可能解答的问题情境中，小红倾向于深思熟虑且错误较少，则她的认知方式是（　　）。

A. 场依存型　　B. 发散型　　C. 冲动型　　D. 沉思型

4. 某学生的智商为 110 分表示（　　）。

A. 较低智力　　B. 中等智力　　C. 较高智力　　D. 非凡智力

5. 随着人的经验积累而增长，较少受年龄老化影响的智力是（　　）。

A. 空间智力　　B. 流体智力　　C. 晶体智力　　D. 特殊智力

二、讨论题

1. 试述智力发展的一般规律。

2. 婴儿的气质可以分为哪几种类型？

3. 王老师在教学中发现，在几种可能解答的问题情境中，有的学生倾向于深思熟虑且错误较少，有的学生则倾向于很快地检验假设且常常出错，请分析这种现象并谈谈如何根据学生的认知方式差异进行教育。

第五章

行为主义学习理论

本章提要

当孩子表现好的时候，老师奖励小红花，这种做法有用吗？学生在课堂上打闹，教师应该怎样做？对于这些问题，行为主义学习理论给出了回答。行为主义学习理论重点研究人如何学会新的行为模式，但是对于思想观念通过学习而发生的变化并不关注。在研究方法上，行为主义学习理论强调动物与人的行为类比的客观研究，着重于客观的观察和实验。本章首先介绍学习的概念和分类，然后介绍行为主义学习理论的核心观点，包括经典条件反射和操作性条件反射，最后介绍班杜拉的社会学习理论，以及观察学习在实际教学工作中的应用。

第一节　学习概述

一、学习的概念

（一）学习的定义和特征

一提到学习，人们往往会想到学习知识和技能等内容，想到学校、教室和图书馆等场所，想到上课、做作业等形式。其实，学习包含的内容很广泛，人从出生起就开始了学习，并且在生活中的每一天都在学习。关于学习，目前被广泛接受的定义为：学习是由于个体经验的获得而引起的行为或行为潜能的相对持久的变化。从定义来看，学习具有以下特征。

1. 学习的发生是由经验引起的

从哲学上来说，经验是指人们在同客观事物直接接触的过程中通过感觉器官获得的关于客观事物的现象和外部联系的认识。通俗地说，就是指一个人经历了某些事情之后，在头脑中留下的“映象”。比如一个人看了一幅画、听了一首歌或几句话、坐了一次公交车或者阅读了一篇文章，会在头脑中留下一些“映象”，这些都是“经验”。一个人通过参与社会活动，不断积累各种经验，这是学习的开端。

2. 由学习引起的变化可能体现在行为上，也可能体现在行为潜能上

在获得经验之后，需要有行为或行为潜能的变化，才可以说发生了学习。引起的变化不一定是学习之后立即发生的，有些需要很长时间之后才能体现在行为上，可以看作是行为潜能的变化，也就是看作是思维的变化，即掌握的知识、思考方式、态度发生变化。

3. 行为的变化并不等同于学习

学习可以引起行为的变化，但行为的变化不一定是因为学习。个体的行为变化可能由多种因素引起，如本能、疲劳、药物、成熟等。比如进入青春期后，由于荷尔蒙的影响，青少年会出现某些行为的变化，这种由于成熟引起的行为变化就不能称为学习。

4. 行为或思维的变化是相对持久的

学习引起的行为或思维变化都是相对持久的，而不是一瞬即逝的。例如，教师念了一句诗，学生也跟着念了这句诗，但学生后面无法再把这句诗念出来，这时就不能说学生发生了学习。

5. 动物也存在学习

学习并不是人类特有的现象，动物身上也存在学习的过程。例如，小狗经过训练可以按指令完成“坐下”的动作。早期关于学习的很多研究就是以动物为被试来完成的。

（二）学习改变了知识还是行为

在学习的讨论中，人们经常争论的问题是：学习之后发生的“变化”究竟是什么？是学习者的行为变化还是学习者的知识（即思维）发生变化？

在20世纪早期，行为主义学习理论认为，对学习的研究应该关注行为的变化，因为行为是可以从外界观察到的，是客观的。例如，一个孩子学习关于红绿灯的规则，如果出现以下行为变化，就可以说学习确实在他身上发生了：他在过马路的时候会正确地按照红绿灯的指示行走；他能够说出红绿灯的规则；他编了一个小狗过红绿灯的故事；等等。请注意，这些行为，不管是动作还是说话，都是孩子表现出来的，其他人可以观察到的。

行为主义学习理论之所以在20世纪前半期非常流行，是因为以客观外在的行为为研究对象，可以精确地记录并进行研究。在行为主义学习理论之前，心理学在研究人的“意识经验”时，由于“意识经验”是主观的，难以进行客观的观察和测量，使得心理学的研究很难被科学界认可。行为主义学习理论提出，心理学不应该研究意识，而应该研究行为，才能真正成为一门科学。因此行为主义在研究学习时，也强调关注可以观察

的行为，而不是“知识”这样不可观察的事件。行为主义学习理论认为，学习者的行为之所以发生变化，是因为学习者所处的环境中发生的事件，引发了学习者的行为变化。例如，儿童发现在红灯时停下来，绿灯时走，可以很顺利地通过马路（获得奖励），这个事件使得儿童的行为发生了变化，即学会了“红灯停，绿灯走”。

学习的行为观点在当时的心理学界曾经盛行一时，行为主义的研究者们做了很多实验，提出了很多学习的理论，对教育非常有启示。在后面的行为主义学习理论中，会重点介绍行为主义的学习理论。

20 世纪后半叶之后，研究者对学习的看法发生了很大的变化，他们认为学习的研究不能仅停留在行为上，还应该关注学习引起学习者头脑中的思维所发生的变化。研究者吸收了行为主义学习观的研究成果，认为可以通过观察学习者的行为变化来推断其头脑中的思维变化，从此开始关注学习引起的内部变化，这就是认知主义的学习观，我们会在后面的章节重点介绍。

二、学习的分类

（一）加涅的学习结果分类

加涅（Gagne，1916—2002）是美国著名的教育心理学家，也是教育技术学、教学设计理论的主要奠基人之一。

加涅认为，根据学习的结果，人类的学习可以分为五类，即言语信息、智力技能、认知策略、动作技能、态度，如表 5-1 所示。

表 5-1　加涅的学习结果分类

学习结果	解　　释	行为表现举例
言语信息	有关事物的名称、时间、地点、定义以及特征等方面的事实性信息	知道“北京是中国的首都”
智力技能	运用符号或概念与环境交互作用的能力	把分数转换成小数
认知策略	调控自己注意、学习、记忆和思维等内部心理过程的技能	画出知识结构图来帮助自己记忆
动作技能	一系列身体动作以合理、完善的程序构成的操作活动方式	打字、做广播体操
态度	影响个人对人、事和物采取行动的内部状态	愿意去听古典音乐会

（二）加涅按照学习的繁简程度分类

智力技能是学校教育中的重点内容之一。加涅对智力技能进行了研究，认为人类智力技能的学习是有层次的，是从简单的低级学习发展到复杂的高级学习，构成了一个依次递进的层次结构，低级学习是高级学习的基础。1968 年，加涅把人类的学习分为八个层次，后来又改成六个层次（1971 年）。六个层次分别如下。

1. 连锁学习

连锁学习包括信号学习（经典条件反射）、刺激—反应学习、连锁学习、言语联想学习四个层次的学习。例如，妈妈指着杯子里的牛奶告诉孩子，这个是“牛奶”，孩子看到杯子里装着白色的液体（刺激），能够说出“牛奶”（反应），这就是发生了连锁学习。

加涅的学习理论来自于行为主义的经典性条件反射理论，这个层次的学习在行为主义中讨论较多。在行为主义学习理论中，我们会重点学习经典性条件反射以及刺激—反应的含义。

2. 辨别学习

辨别学习是指识别多种刺激的异同并对之做出不同的反应。例如，看见马路上的红绿灯，知道红灯亮就要停，绿灯亮则可以走，这就是辨别学习。

3. 具体概念学习

具体概念学习是指学会对具体事物的抽象特征做出反应。比如，儿童通过观察不同的狗，学会了“狗”的概念，见到小区里各种各样的狗时，都会将它们称为“狗”。

4. 定义概念学习

有些概念是需要用语言来对事物进行分类、归纳、总结的，对这些概念的学习就是定义概念学习。比如，什么叫“工业”？研究者们对此总结了一个比较普遍认可的定义，用语言表达出来，学生学习了“工业”的概念，就是定义概念学习。

5. 规则学习

规则学习即学习两个或者两个以上的概念之间的关系。例如，学生学习牛顿运动第二定律“物体加速度的大小跟作用力成正比，跟物体的质量成反比，且与物体质量的倒数成正比；加速度的方向跟作用力的方向相同”，就是需要掌握加速度、作用力、质量之间的关系。

6. 解决问题的学习

解决问题的学习就是在各种情况下使用所学规则去解决问题。例如，运用牛顿运动第二定律，解决小车制动的问题。

（三）学习的意识水平分类

根据学习者在学习时是否受意识支配、是否付出努力、是否按规则反应，可以将学习分为外显学习和内隐学习。

1. 外显学习

外显学习是指受意识支配、需要付出心理努力并需按照规则做出反应的学习。在学校的课堂上，大多数学习都是外显学习。例如，数学课上学生要学习分数，就需要知道分数是什么意思，分数如何加减，也就是要掌握分数的规则，再根据概念和规则，在相应的情景下应用，如解应用题。在这个过程中，学生的学习是受意识支配的，且需要付出心理努力。再如，某同学很喜欢古诗，他在某个场合背给其他人听，或者在考试的时候写在卷子上，或者在写文章的时候引用了古诗中的句子，这也属于外显学习。

2. 内隐学习

内隐学习是指有机体在与环境接触的过程中不知不觉地获得了一些经验并因之改变其事后某些行为的学习。在内隐学习中，学习者并没有有意地去总结、掌握规律，也没有付出心理努力。孩子们最早在学习语言的时候多是内隐学习，他们并没有学习“狗”的准确定义，但是他们通过大量接触不同的“狗”，能够准确地区分出狗和其他动物的差别。

一般认为，外显学习适合规则明确的简单领域，内隐学习则适合没有明确规则的复杂领域。在语言学习中，内隐学习很重要，但是在数学、物理学习中，主要以外显学习为主。

第二节　行为主义学习理论

行为主义学习理论是教育心理学的一个重要理论流派，主要强调环境对个体行为的影响，认为学习是通过刺激（Stimulus, S）与反应（Response, R）之间的联结形成的（即刺激—反应，S–R）。行为主义学习理论主要关注可观察到的行为变化，而不太关注内部心理过程。该派理论的代表人物有巴甫洛夫、桑代克、华生、斯金纳等。本节将介绍行为主义学习理论的主要人物和他们的观点，以及这些理论观点在实际教学工作中的作用。

一、经典性条件反射

巴甫洛夫（Ivan Petrovich Pavlov，1849—1936）是俄国著名的生理学家。在研究狗的消化过程的过程中，他提出了条件反射的理论，研究者将其称为经典性条件反射（classical conditioning），区别于后面研究者提出的操作性条件反射理论。

条件反射是指后天习得的对一个中性刺激（原本不会让有机体产生条件反应的刺激）的反射行为。研究者用条件反射来解释人和动物的学习，认为学习就是形成新的刺激—反应的过程。

（一）经典性条件反射的形成过程

巴甫洛夫认为，经典条件反射的形成过程如下（图 5–1）。

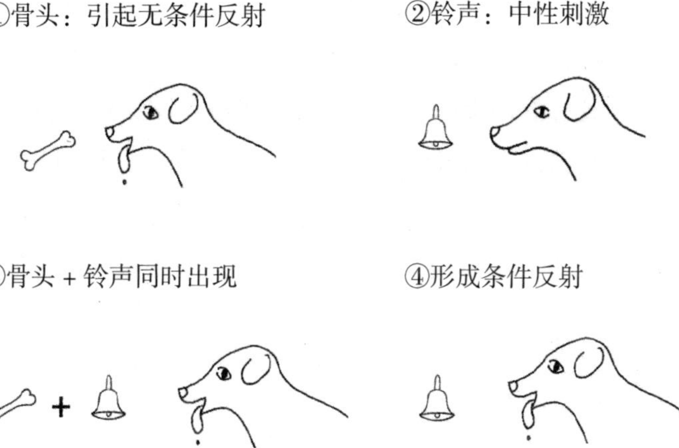

图 5-1　经典条件反射的形成过程

（1）有机体先天存在无条件反射。一个刺激不需要学习就能够引起有机体产生某种生理或情绪上的反应，这被称为无条件反射或无条件反应。在巴甫洛夫的实验中，如果把骨头放在狗的嘴里，狗就会流唾液，这是天生的，不用学习就会的，被称为无条件反射。骨头被称为无条件刺激（unconditioned stimulus，US），流唾液被称为无条件反射或者无条件反应（unconditioned response，UR）。

（2）环境中出现一个中性刺激。中性刺激是指不会引起有机体某种特定反应的刺激，但在形成经典条件反射以后能引发这种反应。在巴甫洛夫的实验中，铃声是中性刺激，铃声本来不会让狗产生流唾液的反应，但在形成经典性条件反射以后铃声能够引发流唾液的反应。

（3）中性刺激与无条件刺激配对出现多次，两者之间建立联系。巴甫洛夫在给狗喂骨头之前，先摇铃铛，铃声和骨头总是同时出现，反复几次之后，当铃声出现，狗就会产生分泌唾液的反应。

（4）单独出现的条件刺激会引起条件反应。在巴甫洛夫的实验中，最后当铃声出现，尽管狗的嘴里并没有骨头，狗也会产生分泌唾液的反应，这种由铃声引起的反应就是条件反应（conditioned response，CR），而铃声就称为条件刺激（conditioned stimulus，CS）。

（二）经典性条件反射的消退和自发恢复

通过经典性条件反射发生的学习，称为习得（acquisition）。如果喂养者不断给狗铃声，但没有骨头，那么会发生什么事情呢？随着时间的推移，狗的唾液分泌会越来越少，直至没有，即条件反射很快就消退了。这个学习阶段叫作消退（extinction）阶段。

你可能认为当 CR（分泌唾液）最终消失时，学习就再也不发生了，但实际上不是这样，如果让有机体在消退实验（只有 CS，没有 US）后休息一下，然后再继续实验，你会发现有机体的反应水平比休息前提高了，这种现象叫作自发恢复（spontaneous recovery）。这样看来，即使消退实验已将 CR 消除了，但一些最初的条件作用很可能还被有机体保持着。换句话说，消退仅仅是削弱了行为操作，而没有将其从最初的学习中抹掉。

消退和自发恢复现象在下一节谈到的操作性条件反射中也存在，但其发生的条件略有不同。

（三）经典性条件反射的分化和泛化

俗话说，“一朝被蛇咬，十年怕井绳”。这个谚语很明确地告诉我们，当人们对某个刺激形成了条件反射，他们对其他相似的刺激也会形成相同的条件反射。在巴甫洛夫的实验中，假设狗对节拍器每分钟发出 70 次的嘀嗒声建立条件反射后，有时当节拍器变快或变慢，甚至钟表发出滴答声时，狗也会产生条件反应。也就是说，经典性条件反射一旦形成，有机体对条件刺激相似的刺激做出条件反应，这就叫作条件反射的泛化（generalization）。如果只强化条件刺激，不强化与其相似的其他刺激，就可以导致条件作用的分化（discrimination），即对不同的刺激做出不同的反应。例如，如果在节拍器每分钟 70 次的嘀嗒声时给食物，其他节奏的嘀嗒声不给食物，狗就能学会只对条件刺激（每分钟 70 次的嘀嗒声）做出条件反应，而对其他相似的刺激不做出条件反应，即出现了条件反射的分化。

对于有机体来说，正确的分化和泛化是必要的，因为需要通过分化和泛化来适应环境，而不恰当的分化和泛化会造成行为问题。巴甫洛夫提到一个实验，给狗分别呈现一个圆形和一个椭圆形，当圆形出现的时候给狗喂食，当椭圆形出现的时候没有食物。刚开始圆形和椭圆形的差别很大，狗很快就能够区分两种图形并分别作出反应。但后来椭圆形越来越接近圆形，当变得难以区分的时候，狗无法作出正确的反应，于是不停地动和叫，处于高度的兴奋状态，巴甫洛夫将其称为“狗精神病”。

一个孩子在成长过程中，也要不断地学会对环境刺激进行恰当的分化和泛化，分化让孩子的认知更加精确和有针对性，泛化则增强了他们应用知识的灵活性和广泛性，两者结合，有助于孩子建立全面、深刻且实用的认知体系，更好地适应复杂多变的世界。

（四）经典性条件反射对情绪习得的解释

美国心理学家约翰·华生（John B.Watson，1878—1958）是行为主义心理学的创始人。他受到巴甫洛夫的启发，加上对当时心理学的深入反思，认为心理学应该转变成为一门客观的、实证的科学。他认为，无法直接观察和测量的“心理”不是科学研究的对象，“行为”才是，因为只有行为才是客观存在的、可以公开观察到的。

华生用经典性条件反射来解释人类是如何习得情绪反应的。他根据经典性条件作用

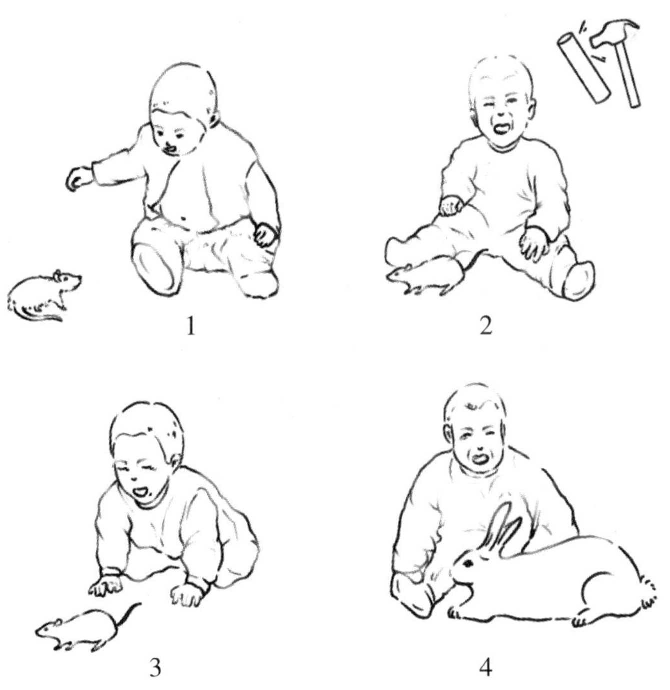

图 5-2　华生的恐惧习得实验

的原理做了一个著名的恐惧习得实验[①]（图 5–2）。华生让一个叫小阿尔伯特的小婴儿接触一个中性刺激小白鼠，小阿尔伯特面对小白鼠，毫无害怕的表现，甚至想用手去触摸它。当小阿尔伯特靠近小白鼠时，实验者会在他身后用铁锤敲击一段钢轨发出一声巨响（无条件刺激），小阿尔伯特猛地吓了一跳（无条件反应）；经过 3 次结合，单独出现小白鼠（条件刺激）也会引起小阿尔伯特害怕与防御的行为反应（条件反应）；6 次结合后，小阿尔伯特的反应更加强烈，并且还泛化到相似的刺激。小阿尔伯特对任何有毛的东西都感到害怕，如兔子、狗、海豹皮大衣、棉绒、制成标本的动物、圣诞老人戴的面具，甚至有胡子的人。

在教育中，许多学生的态度就是通过经典性条件反射而习得的。如果处理不当，学生可能将这种条件作用泛化为对其他课程乃至对学校的恐惧，从而造成厌学。例如，有个学生不喜欢数学，是因为老师严厉批评他的错误答案，或者要求他在黑板上演算难题，引起了他的焦虑。学生将数学与这种不愉快的体验联系起来，形成了对数学的恐惧反应。有些家长辅导孩子的时候产生生气、着急的情绪，甚至打骂孩子，也容易让孩子形成学习和焦虑情绪之间的联结，久而久之对学习就产生了焦虑的条件反射。

（五）经典性条件反射在课堂教学中的应用

1. 避免学生形成消极情绪的经典性条件反射

有经验的教师能够预期在某些情境中，消极情绪可能通过经典性条件反射而习得，并能尽量避免这种情境。如果学生有一次成绩不好，而不是一直都不好，那么教师可以告诉学生，期望他 / 她下一次考好。

2. 将学习与积极的情绪建立联系

避免形成消极情绪的经典性条件反射的一种方法，就是反复将积极情绪与某种学习，尤其是那些容易引起焦虑的科目配对出现。比如，让学生在群体竞争与合作中学习；创造一个舒适的读书角，吸引学生主动阅读；提供温暖、舒适的课堂环境，使学生产生温馨的感觉，并将这种感觉泛化到学习活动中。

3. 教会学生恰当地泛化和分化

教师需要帮助学生分辨哪些刺激应该与哪些反应建立联系，避免过度泛化。例如，在学习语言时，孩子要通过分化识别不同词汇的发音，对应不同的含义；在学习时，孩

---

① 该实验进行于 20 世纪 20 年代，当时科学家对伦理问题的认识有限。在科学史上，这一实验因对未成年人心理造成伤害而引起争议，违背了道德性原则。今日，心理学和教育工作者尤其应重视实验与儿童活动中的伦理问题（编者注）。

子要通过泛化将一个概念或技能扩展到多个场景，提高学习效率；在生活中，分化让孩子学会分辨安全与危险的信号，有利于自我保护，泛化则可以让孩子将在家里学会的礼貌用语在公共场合或学校使用，提高其社会适应能力。

4. 采用放松训练帮助学生摆脱考试焦虑

焦虑总是会伴随生理反应，如呼吸急促、心跳加速、手心出汗等。放松训练主要是让学生学会调整呼吸，达到放松紧张的肌肉的目的。平时多加训练，熟练掌握之后，当学生在考场上感到焦虑时，有意识地进行自我放松，可以降低考试焦虑。

二、操作性条件反射

操作性条件反射（operant conditioning）是指如果有机体的一个行为受到一个强化刺激的强化，那么这个行为在以后出现的频率就会增加。

经典性条件反射主要关注的是类似分泌唾液、形成恐惧等非自愿的生理与情绪反应，而且这些反应是由外界的刺激引发的。但是，人类的学习并非都是自动的或无意的，相反，人的绝大多数行为都是自发的或自愿产生的，经典条件反射难以解释这类行为的习得。后来，心理学家们提出了操作性条件反射理论，用于解释人的行为形成。

（一）桑代克的联结主义

桑代克（Thorndike，1874—1949）是一位行为主义心理学家，他创立了联结主义学习理论，并提出了一系列学习的定律。桑代克也被看作教育心理学的奠基人。在桑代克提出教育心理学这个名称之前，已经有许多学者把心理学的研究成果应用于教育，对教育心理学的形成作出了杰出的贡献。但在桑代克之前没有教育心理学这个学名。1903 年，桑代克的《教育心理学》出版，使教育心理学从教育学和儿童心理学中分化出来，成为一门独立的学科，这也被看作教育心理学成立的标志。

1. 桑代克的联结主义学习理论

桑代克主要通过动物实验来研究学习心理，这是当时行为主义心理学的主要研究方法。在经典的迷笼实验中，桑代克将一只饥饿的猫放在一个笼子里，将小鱼放在笼外猫能看到的地方。想看看猫怎么逃出笼子。猫只有用前爪碰到开门的机关，才能打开笼子吃到食物。在经过一系列盲目的尝试之后，猫终于碰到了机关，逃了出来（图 5-3）。研究者把猫多次放回笼中，猫几经尝试，逃出笼子的速度越来越快，犯错次数越来越少。经过反复尝试，猫学会了做出成功的反应，而抛弃不成功的反应，自动形成了迷笼刺激情境与触动机关反应之间的联结。

桑代克根据他的实验结果提出联结主义学习理论。这种理论认为，学习的实质在于形成刺激—反应（S–R）联结，这种联结是通过尝试错误的过程而自动形成的，不需要以观念为中介。在这个过程中，无关的错误的反应逐渐减少，而正确的反应最终形成。根据他的这一理论，人们把他的关于学习的论述称为“试误说”。

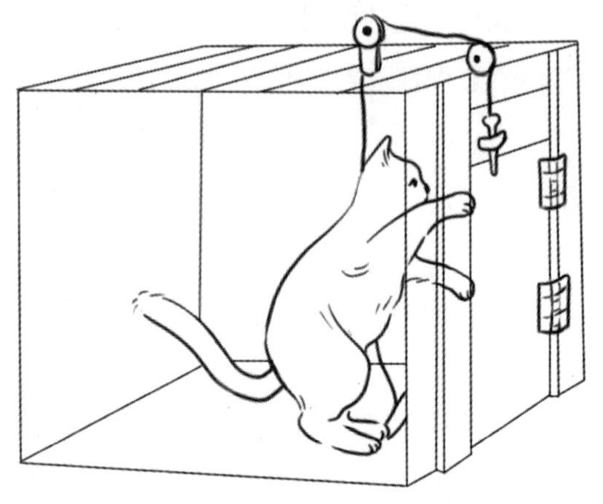

图 5-3　桑代克的迷笼实验

由于对动物和人的研究结果存在相似性，桑代克坚持用这一基本的学习原理来解释各种复杂的学习。桑代克的联结主义学习理论指导了大量的教育实践。学校教育其实就是让学生形成大量的刺激—反应联结（如乘法运算、字词学习等），反复练习这些联结，并奖励这些联结的形成。

2. 桑代克的三大学习定律

桑代克提出了三条学习的规律。

效果律：是指刺激与反应之间联结加强或减弱受到反应结果的影响。例如，猫逃出笼子之后，没有吃到食物就被扔回笼子里，次数多了，对刺激—反应的联结强度就有影响。效果律表明，当学习者表现出正确行为时，教育者要及时给予奖励或反馈。

准备律：是指在有机体进入某种学习活动之前，学习者需要做好相应的生理或心理的准备。例如，在迷笼实验中，猫如果并不饥饿，没有进食的需要，就不会努力采取行动想办法逃出去。对于学生来说，也要有相应的生理、心理准备，才能取得更好的学习效果。

练习律：认为联结的强度决定于使用联结的频次，也就是练习的次数。桑代克认为，学习者反复地练习有助于加强联结，因此学生需要进行大量的重复练习和操作。同时，桑代克也强调在练习中要给予反馈，让学习者不断纠正自己的反应。

（二）操作性条件反射

美国心理学家斯金纳（Skinner，1904—1990）在桑代克的理论上进一步提出了操作性条件反射的概念，对教育实践产生了巨大影响。

1. 应答性行为和操作性行为

斯金纳提出，行为可以分为两种：应答性行为和操作性行为。应答性行为是由已知的刺激引起的，比如看到一个球朝自己飞过来就躲避，看见红灯亮了就停下来，听见旁边有人说自己的名字就转过头去看看，这些都是应答性行为，经典性条件反射就是解释这类行为的学习。但有机体（包括人和动物）还会产生一种行为，就是在没有任何能观察到的外部刺激情景下的自发行为。比如，一个孩子走在路上突然跳起来，或者捡起一根木棍敲打路边的石头，等等。如果自发行为能够被强化，有机体就会学会一种在特定情境下的行为，因此被称作操作性行为。斯金纳的学习理论主要解释了操作性行为的过程和规律。

2. 操作性条件反射的基本过程

操作性条件反射理论认为，如果有机体的一个操作发生后，接着给有机体呈现一个强化刺激，那么以后这个操作的强度（即发生的概率）就会增加。这里的“操作”，英文是 operant，原意为自发性行为。

斯金纳发明了一种学习装置，叫作“斯金纳箱”（图 5-4）。箱内有一个操纵杆，操纵杆连接着一个供应食物的装置。实验时，把饥饿的白鼠放在箱子里面，这种环境缺少明显的无条件刺激——食物。但是白鼠会在箱子里面乱蹦乱跳（这是一种自发行为），偶然白鼠触到了操纵杆，供应食物的装置就会自动落下一粒食丸。白鼠经过几次尝试之后，就更有可能去触摸那个杠杆，不断按压，直到吃饱为止。这时我们可以说，白鼠学

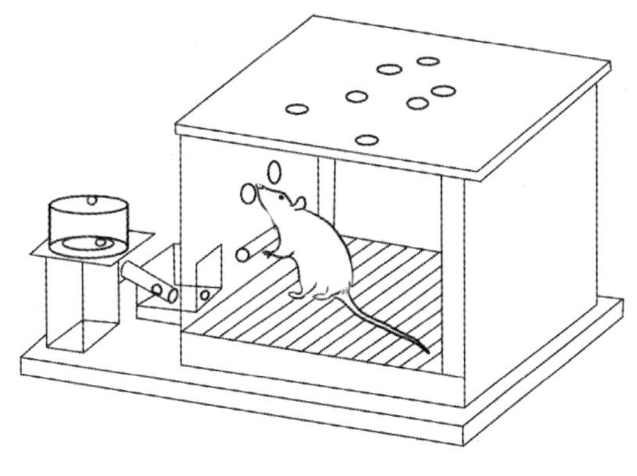

图 5-4　斯金纳箱

会了按压杠杆以取得食物的反应，把强化（食物）与操作性反应联系起来，形成了操作性条件反射。

与经典性条件作用的 S–R 过程相比，操作性条件作用的是 R–S 过程，如图 5–5 所示。这一过程中重要的是跟随反应之后的刺激，也被称为强化。

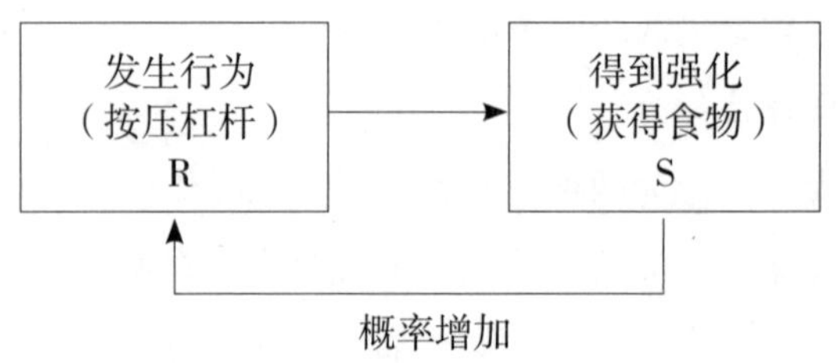

图 5-5　操作性条件反射的过程

有的情况下也会先出现一个刺激，再出现行为，之后才能出现强化。比如白鼠在红灯亮起（S'）的时候按压杠杆才能获得食物（S），如果是绿灯亮起按压杠杆则不会获得食物。此时操作性条件反射是（S'）–R–S 的过程（图 5–6），白鼠学会了在不同颜色的灯光下做出不同的行为。

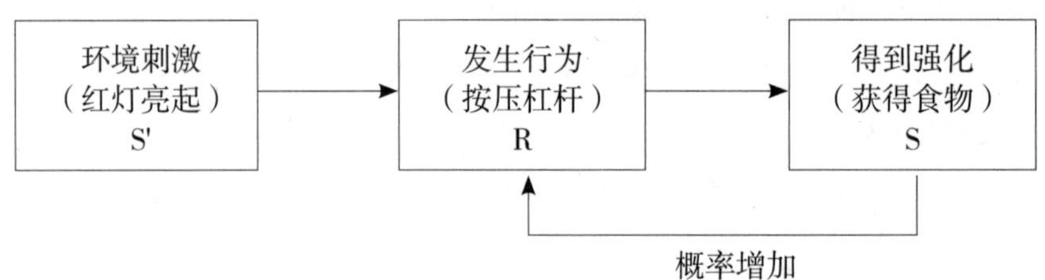

图 5-6　操作性条件反射的过程

操作性条件反射在教育中的应用非常广泛。例如，刚进学校的孩子可能会有很多行为（R），如上课听老师讲课、跟其他同学交流、在教室里乱走、打扰其他同学等。如果老师强化其中的某些行为，比如对认真听课、对同学有礼貌等行为报以微笑或鼓励，或者奖励小红花（S），那么孩子就会更为频繁地表现出这些行为。

3. 强化和惩罚的类型

在操作性条件作用下，行为之所以发生变化就是因为强化作用。斯金纳认为，强化物是指能够增加反应的概率或维持某种反应水平的任何刺激，而利用强化物诱使某一操作反应的概率增加的过程就叫作强化（reinforcement）。与强化截然不同的一个概念是惩罚，惩罚是导致某一操作反应概率降低的过程（图 5–7）。

和日常概念不同，从行为主义学习理论的角度来看，惩罚本质上并没有“好”或“坏”的含义。惩罚只是意味着一种行为后果降低了某一种行为未来再次发生的可能性。惩罚可能是自然产生的结果，也可能是其他人给予的结果。一个孩子光着脚在地上跑，被石子扎破了脚，结果孩子就不再光脚了；或者他光脚跑被父亲责骂了，结果就不再光脚了。这都是有效的惩罚。

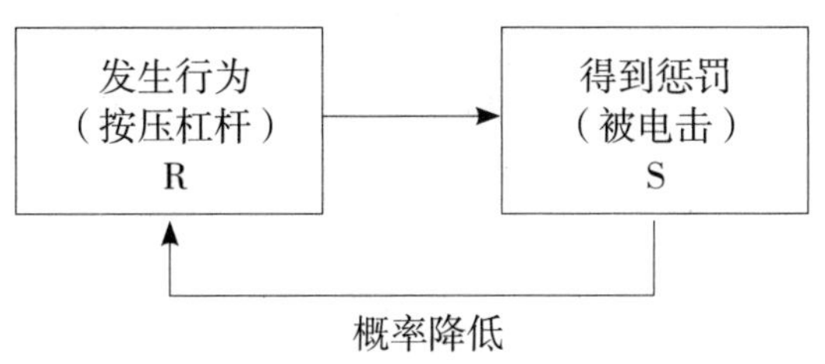

图 5-7　惩罚降低行为发生概率的过程

强化分为正强化和负强化两种类型，惩罚也可以分为正惩罚和负惩罚（表 5–2）。

正强化：就是在操作行为出现后给予奖励，以增加该行为再次出现的概率。

负强化：就是在操作行为出现后停止或者消除不愉快的刺激，以增加该行为再次出现的概率。

正惩罚：就是通过呈现厌恶刺激来降低反应概率。

负惩罚：就是通过消除愉快刺激来降低反应概率。

表 5-2　强化与惩罚的类型

反应概率	给予刺激	消除刺激
反应增加	正强化 （呈现愉快刺激，如给予高分）	负强化 （消除厌恶刺激，如不用干家务）
反应降低	正惩罚 （呈现厌恶刺激，如给予批评）	负惩罚 （消除愉快刺激，如不准看电视）

正强化和负强化在人类学习中都是经常被应用的方法。比如给予微笑、赞扬、奖品，让学生做自己喜欢的活动等都可以对某种行为进行正强化，而收回批评、停止打骂、取消学生不感兴趣的活动等都可以对某种行为进行负强化。

4. 一级强化物和二级强化物

斯金纳按照强化物的来源将其分为一级强化物和二级强化物。一级强化物是指那些不需要学习就具有强化作用的刺激，如食物、水、安全、温暖等能满足人和动物基本生理需要的刺激。二级强化物是指那些一开始不起作用，但后来由于经常与一级强化物或其他强化物联系在一起而具有了强化作用的刺激，如金钱、特权、名声、地位等。以金钱为例，对于小孩来说，它本来不是强化物，但当小孩知道钱能买来糖果或其他东西时，它就能对小孩的行为产生效果。二级强化物可以分为实物（如小星星、玩具、钱等）、社会强化（社会接纳、微笑、表扬等）和活动（自由地玩、听音乐、旅游等）。

在实际教育中，每个学生可能对不同的强化做出反应，教师要针对不同的学生提供不同的强化物系列。教师可以先了解每个学生对不同强化物的看法（表 5–3），然后针对每个学生的喜好，选择适合的强化物。

表 5-3　关于学生对不同强化物的看法的调查

你喜欢什么？
姓名：　　　　　　年级：　　　　　　日期：
请你尽可能地回答所有问题。
我最喜欢的课程或科目是：
在学校，我最喜欢做的三件事是：
假如每天在学校我都有半个小时的自由时间，我喜欢做：
我喜欢吃的两种点心是：
在课间休息的时候，我最喜欢做的三件事是：
如果我有 5 元零花钱，我会买：
在课堂上，我喜欢做的三件事是：
在学校，我最喜欢和谁一起学习：
在家里，我最喜欢做的三件事是：
…………

在选择强化物时，可以遵循普雷马克原理，即用高频的活动作为低频活动的有效强化物，或者用个体喜爱的活动去强化他 / 她参与不喜爱的活动。例如，一个学生喜欢玩电脑而不喜欢背诵，老师可以先让他背完一段再去玩电脑。这一原理有时也叫作祖母的法则：首先做我要你做的事情，然后才可以做你想做的事情。很多祖母在日常生活中经常使用这一原理，如对孩子说："你先吃完这些蔬菜，才可以吃甜点。"

5. 强化的程序

在前面的讨论中，我们一直假设的是连续强化，即每次期望行为出现之后都跟随强化。例如，斯金纳早期的实验中，白鼠每次按压杠杆都会吃到食丸。但是在日常生活中，我们遇到的情况更多是部分强化，也叫作间隔强化，是指在期望行为出现后，并不是每次都得到强化，而是有时得到强化，有时得不到强化。

一般来说，存在两种基本的间隔强化类型：时间程序和比率程序。时间程序和比率程序还各有两种类型：固定的和可变的。

不同的强化程序会对行为产生不同的影响，如表 5–4 所示。连续强化能使行为出现得更快，但是一旦停止强化，行为将迅速减少。而对于间隔强化，比率程序比时间程序能产生更多的期望行为，但固定比率程序会使个体在得到强化后暂时停止做出行为，所以可变比率的强化程序要比固定比率的强化程序更能促使个体持续地做出行为。

表 5-4　强化程序表

程序	定　义	举　例	反应建立的方式	强化停止后的反应
连续强化	每次行为出现都给予强化	每次交作业都给一颗星星	反应迅速增加，只要有强化物，反应稳定不断	反应几乎没有持续性，迅速消失
固定时距	在固定的时间间隔后给予强化	每周五交作业就给一颗星星	随着强化时间的临近，反应迅速增加，强化后反应迅速减少	反应具有很短的持续性，反应速度迅速降低
可变时距	在不定的时间间隔后给予强化	对交作业的行为不定期地给星星	反应建立缓慢、稳定，得到强化后反应不会暂停	反应具有更长的持续性，反应降低的速度缓慢
固定比率	在固定数量的反应后给予强化	每交四次作业给一颗星星	反应建立迅速，得到强化物后反应会暂停	反应具有很短的持续性。当达到预期的反应数量而没有出现强化时，反应速度迅速降低
可变比率	在不定数量的反应后给予强化	按照不同的上交作业数量给星星	反应建立的速度很快，强化后几乎不会暂停	反应具有最长的持续性，而且保持在很高的水平上，难以消失

6. 操作性条件反射作用的规律

（1）消退

消退是指消除强化从而消除或降低某一个行为水平。例如，课堂上有些学生太过着急不举手就直接回答教师的问题，教师决定不理会他们，即不对这种行为进行强化，让学生不举手就直接回答问题的行为自行消失，这就是消退。

但是，在实际教学过程中，教师会发现使用消退比较困难。因为教师必须学会忽视某些不良行为，且不良行为减弱后，有可能突然重新出现（自发恢复）。因此，消退往往需要结合其他措施一起使用，比如在消退不良行为的同时也强化学生其他的适当行为。

（2）维持

维持就是行为的保持。操作性条件反射作用形成后，为了保持获得的行为，应当逐渐减少强化的频次。例如，学生每次举手老师都给予表扬，根据消退原则，一旦停止表扬，学生可能再不举手了。因此，根据维持原则，可以学生举了几次手以后才给予表扬，或者随机给予表扬，那么学生就有可能在没有老师强化或强化很少的情况下，仍然能够积极举手发言。此外，学生还可能通过其他方式的强化，来维持他们的行为，比如学生在举手回答问题时会体验到成就感、获得同伴的关注、体验到知识的增长等，而这些回报可以作为自然强化物来强化学生的良性行为。

（三）操作性条件反射在教育中的应用

操作性条件反射学习理论强调行为结果对行为发生概率的影响，如教师可以通过操纵环境和使用强化策略来影响学生的学习过程和行为结果。这在教育教学中有广泛的应用。

1. 课堂行为管理

在教育实践中，操作性条件反射常用于课堂管理，尤其是低幼儿童的课堂管理。我们经常会看到幼儿园和小学低年级的老师会给孩子发一些奖贴、印章，或是一些橡皮、铅笔、尺子等文具，学期末班级或是学校还会评选一些光荣称号，发一些小的奖状，这些都是对学生在校良好行为表现的奖励，鼓励他们继续做出更多的良好行为。

很多低年级老师还会使用班级代币系统来帮助学生养成良好行为的习惯和学习习惯。例如，按时做作业、积极回答问题、桌面整洁都可以获得一枚奖贴，攒够奖贴就可以换取奖励物品、奖励活动或是小奖状。学生因为好的行为得到奖励，行为受到了强化，从而在以后的学习生活中会做出更多的好行为。

2. 个别学生行为矫正

在操作性条件反射理论的基础上发展起来的行为矫正技术已经广泛地用于个别学生的教育干预，特别是在特殊教育领域尤为重要。行为矫正技术通过系统的干预改变个体的行为模式，减少或消除问题行为，同时增强或建立新的适应性行为。

小明是一名小学二年级的学生，他经常在老师讲课的时候与同学说话，或者摆弄自己的文具盒弄出很大的声响，影响了课堂秩序和自己的学习。老师决定采用行为矫正技术帮助小明改善这一问题行为。

第一步是评估。老师通过观察和访谈发现，小明的讲小话或摆弄文具可能是为了吸引同学的注意或是对课程内容感到无聊。当老师关注他时，他受到了全班同学的关注，无聊感也减少了，对他而言是一种强化。

第二步是设置具体目标。观察结果显示，目前小明平均每节课干扰课堂纪律的行为达到 4～5 次。老师将干预目标定为小明干扰课堂纪律的行为减少到每节课 2 次。

第三步是采取正强化。当小明在课堂上保持安静、不打断他人时，老师立即给予正强化，比如口头表扬、贴纸奖励等。

第四步是替代行为训练。让小明用适当的方式来表达他的需要，比如使用"悄悄话卡"写下他当时想说的话，或者用画画来表达他当时的情绪。

第五步是自我管理训练。每天让小明总结自己安静听课的时间，增强自我意识和自我控制能力。

接下来的几周，老师持续记录小明在课堂上的行为表现，并定期评估进展。通过实施上述策略，小明在课堂上的干扰行为显著减少，能够更多地参与到课堂活动中，同时他的自我管理能力也得到了提升。于是，老师将目标提高到每天干扰课堂纪律的行为不超过 2 次，继续对小明进行行为干预，直到小明的问题行为基本消失。

3. 程序教学

程序教学的主要思想是将教学内容分成一个个小的部分，编制成程序，由学生自己学习，这个过程可以通过计算机实现，也可以通过程序课本实现。程序教学允许学习者按照自己的情况来确定掌握材料的速度，是一种个别化教学方法。

1953 年的一天，斯金纳以家长的身份到小女儿就读的小学四年级的一个班级听算术课的时候，发现许多孩子都很希望回答问题，但是并不是每个孩子都有机会表现，而且即使回答，老师的反馈也不及时，整个教学情景效率非常低下。他感叹道："糟糕得很，他们正在毁灭心灵，而我们可以干得好得多。"斯金纳认为，在学校的课程教学中，教师提供的强化不当而且间隔时间太长，使得大部分的强化效果遭到破坏。很多儿童在学校里学习不是为了获得正确答案，而是为了逃避一系列令他们反感的事，如老师的批评、同学的嘲笑、家长的训斥等。尤其儿童在早期的学校学习中，需要大量的强化才能保障教学行为的有效性。但由于教师不可能处理每个学生的所有反应，所以很难在每一步给予每个学生强化。从此，斯金纳开始致力于教育改革并提出了程序教学。

一位教师要实施程序教学，必须考虑哪些问题呢？首先，教师要仔细地考虑在特定的时间里计划教的内容是什么，这些教学内容最终是要通过学生行为的获得来表明的。其次，要考虑有哪些可以利用的强化物。这种强化物包括两种：一种是学习者在学习过程中对所操纵的材料具有强烈的兴趣；另一种是在学习过程中给予学生奖励，比如教师的一个善意的微笑、一句肯定的赞语、一种奖品等。最后，要考虑强化的最有效的安排，即教师要把非常复杂的行为模式逐渐细化为小的单位或步骤，也就是把教学目标进行具体分解，确定每个步骤所保持行为的强度，以使强化的效果能提高到最大限度。

程序教学是在计算机刚刚发展起来的时候提出的，当时计算机的性能有限，程序教学也显得比较机械。随着信息技术的进步，程序教学的核心理念得到了现代化技术的支持。现在市面上出现的智能教学平台和学习管理系统，能够将课程内容细化为一系列小单元，学生通过互动式练习和测试，可以随时查看自己的学习进度和成果，系统会根据学生的答题情况提供实时反馈和有针对性的学习资源。近年来随着人工智能的发展，计算机能够提供的实时反馈更加丰富，甚至能实现对学生学习行为和能力的动态追踪与分析，进而提供个性化的学习路径和内容。现代信息技术极大拓展了程序教学的内涵与外延，使得教育更加适应时代的发展需求，提升了教学质量和学习效果。

4. 行为强化教育应用中的问题

（1）慎用惩罚，多用积极强化

二年级学生小李有纪律问题。上课铃响了，他还在外面溜达；集体活动需要集合的时候，他拖拖拉拉；站在队伍里，他会跟其他同学打闹。老师提醒了他多次，但没有什么改善。老师认为应该对小李的行为使用更严厉的惩罚措施，比如罚站或者请家长协助，扣除小李回家玩游戏的时间。这样做是否能够帮助小李呢？

在教育实践中，惩罚是一种常见的教育手段。但心理学家并不提倡依赖惩罚来教导孩子养成良好的习惯，因为惩罚存在很多问题。

惩罚可能引起反效果：行为主义认为，惩罚虽然能够暂时消除一些不好的行为，但从长远来看，并不能教会学生正确的行为，还可能让学生学会逃避惩罚而不是真正改正错误。在某些情况下，惩罚还可能激发学生的逆反心理，加剧问题行为。

惩罚可能损害师生关系或亲子关系：过度依赖惩罚或不当的惩罚容易造成师生关系、亲子关系紧张，学生感觉到被排斥和不尊重，影响教育效果。

惩罚可能损害内部动机：不当的惩罚可能降低学生的学习兴趣和内在动机。学生可能因害怕犯错和受罚而变得保守，不敢尝试新事物或表达自己的想法，这不利于创新思维和积极学习态度的培养。

教育的核心目的是培养全面发展的人才，而非简单地纠正错误行为。我国 2020 年颁布的《中小学教育惩戒规则（试行）》对教育惩戒做了明确的规定。适度的惩罚可以作为教育手段之一，对违规违纪的学生进行管理、训导或者以规定方式予以矫治。教师也应该认识到，在教育中，惩罚应当处于辅助地位，教育本身应以激励、引导、示范和正面反馈为主。当孩子犯错误时，应首选积极强化策略来改变其行为。积极强化是通过提供奖励或强化结果来促进所期望的行为，对行为的持久改变更加有效，也有利于良好师生关系的建立；积极强化策略还可以用来加强亲社会行为，如合作、同理心和善良，通过强调和强化所期望的行为，学生更有可能参与积极的社会互动；积极强化的使用创造了一个积极和支持性的学习环境，它培养了内在的动机、自信和成就感，这对有效的教学和学习至关重要。

如何给孩子定规则？

慎用惩罚并不意味着没有规则，有了规则才能保证稳定安全的学习氛围。那么，应该如何向学生表达规则呢？研究者让小学一、二年级的学生在房间里画画，但是要求保持整洁，有两种向学生表达规则的方式（Koestner 等，1984）。

第一种方式是告知孩子整洁对任务的重要性，对孩子说："在你开始之前，我想告诉你一些关于在这里画画的方式。我知道有时候拿颜料涂抹很有趣，但是这里的房间和材料还有其他孩子会使用，需要保持整洁。你在这张小画布上画，其他地方需要保持清洁。颜料也需要保持整洁，你在更换颜色之前，要将刷子清洗干净。我知道有些孩子不喜欢一直整洁，但现在是需要整洁的时候。"

第二种方式是用控制性的语言告诉孩子："在你开始之前，我要告诉你一些必须遵守的规则。你必须保持颜料的清洁。你只能在这张小画布上作画，所以不要把颜料洒在大纸上。你必须清洗刷子，这样你就不会把所有的颜色都混在一起。总的来说，我希望你成为一个好孩子，不要把颜料混在一起。"

研究结果发现，第二种使用控制语言告知规则时，孩子们在自由选择的时候，表现出对绘画不那么感兴趣，他们的绘画也不具有创造性，使用更少的颜色和笔绘画；而使用第一种方式告知规则时，孩子们的绘画兴趣和创造性和无规则的组没有差别。

请仔细比较两种语言的区别，想一想，对于同样的规则，为什么表达方式不同会造成不同的效果。

（2）从外在强化到自我管理

行为强化确实能够增加一些特定行为的发生，但是强化物不是始终都要出现的，当行为塑造养成后要将强化逐渐撤离，最终让行为发生在自然情景中。在校园中常见到一、二年级会用到贴纸、小红花这些强化物，但是伴随着这些物质的奖励老师也会给予口头赞美、奖状等，并逐渐将强化物从实际物品向鼓励、赞扬、自豪感等转化。到高年级就会将个体评价转换为小组评价，强化物也会变为活动类、荣誉类，最终达到学生自我强化、自我管理的目的。

教师引导学生进行自我管理，可以通过“日常任务完成挑战”活动来进行。以下是实施该活动的步骤。

第一，设置目标。老师可以与学生一起确定几个简单而具体的目标，这些目标围绕自我管理能力的提升，比如每天按时完成作业、整理好个人书桌、保持教室个人区域的清洁、积极参与课堂讨论等。设定目标时，确保它们既有挑战性也能实际达成，以激发学生的积极性。

第二，记录和评价行为。学生通过画表格、写日记或列清单等方式来跟踪自己任务的完成情况，学生在完成每项任务后自行打钩或贴上代表完成的小贴纸，可以用不同表情的贴纸代表学生对自己完成该项任务的评价。

第三，自我反思。每天结束前，让学生进行简短的自我反思，回顾一天中哪些任务完成得比较好，哪些需要改进。

第四，强化和自我强化。一段时间后，学生根据自己累积的自我评价和实际表现进行总结，教师根据学生的完成情况给予奖励，也鼓励学生进行自我奖励，引导学生形成自我强化。

第三节　社会学习理论

自 20 世纪 40 年代以来，行为主义心理学家对儿童如何获得社会行为这一问题很感兴趣，这些行为包括合作、攻击、竞争等，他们认为社会行为主要通过观察和模仿他人而获得，但强化理论不能很好地解释人类的模仿学习。针对这一课题，美国心理学家班杜拉（Bandura，1925—2021）进行了深入研究，并提出社会学习理论。该理论是在行为学习理论的基础上，结合了认知主义的观点又有所发展。

一、交互作用理论

班杜拉认为，儿童的大多数学习都发生在社会环境中，儿童通过观察生活中重要人物的行为而学习社会行为，这些观察以心理表象或其他符号表征的形式储存在大脑中，来帮助他们模仿行为。儿童没有必要在学习的过程中立刻表现这些行为，外在强化也不是绝对必要的。这些观点在行为派和认知派之间架起了一座桥梁。

与行为主义只强调环境和行为的关系不同，在社会学习理论看来，人类的行为既不是只受内部因素驱动，也不是仅由外部环境刺激自动塑造和控制。个人的行为可以由交互决定论来解释。交互决定论认为，个人（P）、环境（E）和行为（B）是相互影响、彼此联系的，每两者之间都具有双向的互动和决定关系，如图 5–8 所示。

班杜拉认为，儿童获取社会行为的主要途径是通过观察并效仿现实生活中关键人物的行为模式。这一观察学习过程是在个体、环境及行为三要素相互作用下进行的，这三者对儿童行为的形成所产生的具体影响程度，会根据当时所处的环境特性和行为特征的不同而有所变化。

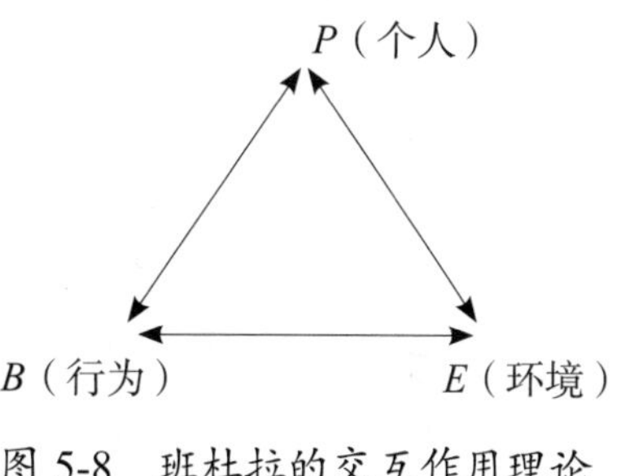

图 5-8　班杜拉的交互作用理论

二、观察学习

（一）班杜拉的波波娃娃实验[①]

为了研究儿童的观察学习，班杜拉设计了一个波波娃娃实验（图 5–9）。实验邀请了一群 3 ~ 6 岁的儿童，将他们分为三组，两组儿童观看了成年男性或女性对波波娃娃（一种充气玩具）实施攻击行为的视频或现场演示。成人会敲打、踢击，甚至用工具“攻击”波波娃娃，并且有时候还会伴随言语上的攻击，之后其中一组（a 组）看到这个成人得到了奖赏，即实验者称赞他是英雄；另一组（b 组）儿童看到这个成人受到了实验者的批评。随后，这些儿童被带到一个有波波娃娃和其他玩具的环境中，实验者告诉他们可以自由玩耍。观察员在单向玻璃后面记录儿童是否会模仿他们在榜样那里看到的行为。第三组（c 组）儿童没有观看成人的攻击视频。

实验结果显示，观看了攻击视频的儿童在后续自由玩耍时，那些看到攻击行为被称赞的儿童（a 组），比看到攻击行为被批评的儿童（b 组）和没有观看攻击视频的儿童（c 组），出现攻击波波娃娃的行为明显更多。

① 该实验进行于 20 世纪 60 年代，当时科学家对伦理问题的认识有限。在科学史上，这一实验因向未成年人播放暴力视频而引起争议，违背了道德性原则。今日，心理学和教育工作者尤其应重视实验与儿童活动中的伦理问题（编者注）。

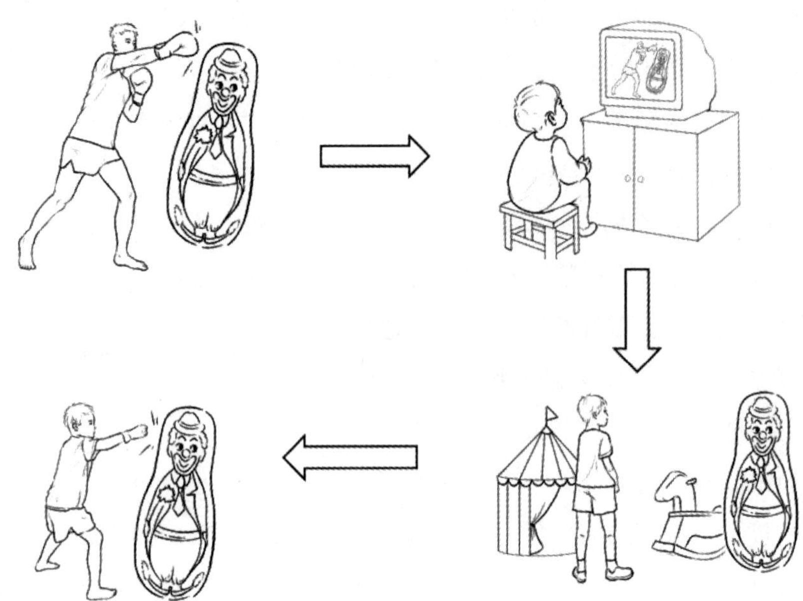

图 5-9　波波娃娃实验

（二）观察学习的要素

班杜拉的社会学习理论非常强调观察在学习中的作用。在波波娃娃实验中可以发现，儿童通过观察，不仅学会了某种行为，而且知道这一行为在特定情境下带来的后果。班杜拉据此提出了观察学习的概念，指通过观察并模仿他人而进行的学习。观察学习是一种替代性学习。比如，小孩模仿大人学会用筷子吃饭；看到其他同学向老师问好，也学会向老师问好等。

观察学习是如何产生的呢？就过程而言，观察学习包括四个要素：注意、保持、复制和动机。

1. 注意

当学习发生时，个体需要注意正在学习的行为。学生会选择观察学习的对象，模仿他们的行为，这里的观察对象也就是人们常说的“榜样”。学生的榜样可能是身边的人，如父母、同伴、老师，也可能是影视角色或其他任何能引起其注意的人。一般来说，学生更关注那些有吸引力的、成功的、有趣的榜样。

图 5-10 中，儿童注意到大人将垃圾扔进垃圾桶的行为，站在一旁认真观察。

2. 保持

个体必须记住自己所观察到的东西，然后才能按照同样的方式做出反应。儿童会记住榜样情境中的行为，以表象和言语形式将它们进行表征、编码和存储。如果教师为了帮助学生更好地保持积极行为，可以鼓励学生运用主动记忆的技巧。学生越能清晰地描述他们观察到的行为，这种行为就越可能保持在他们的记忆中。比如，学生要学习的行为是废物回收，那么教师就可以让学生复述他们看到家长、教师是如何处理废纸、电池的，教师还可以问学生，那些废纸或电池最后会被怎样处理。

图 5-10　儿童注意大人的行为

3. 复制

观察者要将头脑中有关榜样情境的表象和符号概念转化为外显行为。比如，学生通过观察家长或教师如何处理废纸、电池，自己学会了如何对废物进行回收。

图 5–11 中，儿童复制了之前观察到的行为，也将一件东西扔进了垃圾桶。

4. 动机

个体必须要有动机去模仿他们观察到的行为。观察者的模仿动机有三种来源：直接强化、替代强化、自我强化。

（1）直接强化：是指个体通过自己的行为直接获得外部环境的奖赏或惩罚，从而影响该行为未来是否重复发生。直接强化是让个体通过直接经验而获得行为反应模式，即通常所说的直接经验的学习。比如，桑代克的尝试错误学习、巴甫洛夫的条件反射性学习和传统行为主义的刺激与反应的联结学习都属于这一类。

在图 5–12 中，儿童因为将垃圾扔进垃圾桶的行为而受到妈妈的表扬，这是一种直接强化。

图 5-11　儿童复制榜样的行为

图 5-12　儿童的行为受到奖赏

（2）替代强化：是指个体无须亲身实施特定行为，便可通过观察他人的行为及其伴随的结果，间接感受到强化效果，并从中认识到该行为的价值，从而产生在未来效仿该行为的可能性。例如，在课堂教学的情境下，教师表扬了一位专心听讲的学生，尽管其他同学没有直接体验到奖赏，但他们通过目睹这一过程，了解到认真听讲可以获得积极回报，于是很可能效仿这位同学，提高自己的听课投入程度。

（3）自我强化：是指个体做出期望的行为时给予自己奖励。这种奖励可以是内在的心理满足感（如成就感、自豪感），也可以是外在的物质奖励（如购买心仪已久的物品）。当个体体验到这种奖励后，会增加其再次执行类似行为的动机，形成一种正向反馈循环，促使该行为得到持续巩固和强化。例如，一名学生决定在接下来的一周每天阅读一篇文章并写读书笔记，当他做到之后，对自己说"我真棒"（心理满足），或者奖励自己一顿大餐（物质奖励）。

三、观察学习在教育中的应用

1. 教师要树立榜样

教师应成为学生积极学习的榜样，展示出对学科的热情、解决问题的技巧、对待学习的认真态度，这些都会感染学生。学生会加以模仿，并从中体验学习的乐趣，获得内在的学习动力。

2. 示范将要学习的行为和态度

教师在教授新概念或技能时，要详细演示每一个步骤，并解释背后的原因和逻辑，让学生清楚地看到每个行为模式及其结果。比如，当给学生读课文时，可以借机示范某些阅读技能。比如，时不时地停下来说，"这个句子比较难，我再读一遍""现在让我们看看是不是记住了刚才发生的事情"。

3. 鼓励同伴示范

鼓励学生之间的互动和合作，让他们互相观察学习。当一个学生成功完成任务时，可以让其向其他同学展示过程，这样既增强了展示者的自信心，也为其他学生提供了现实的学习样本。

4. 观看视频案例或专家演示

利用视频资源或邀请领域专家到课堂上，让学生观察专业人士的操作演示，并展开讨论，让学生向多个榜样学习。

5. 分享反馈和讨论

组织学生分享他们观察到的关键点、自己对知识和技能的理解以及反思，引导学生理解榜样行为的核心价值。

6. 进行情景模拟

让学生在安全的环境中观察和实践特定的社交、决策或专业技能。这种模拟可以是角色扮演、案例研究或虚拟现实体验。

7. 及时给予反馈

向学生指出良好行为与积极结果之间的关系。在奖赏中要坚持公平原则，只要达到奖惩标准，不管学生之前的表现如何，都要依照约定好的标准进行奖励或惩罚。

【扩展活动：我最喜欢的强化】

活动目的：虽然强化不是万能的，但学习和生活都需要适当的强化。了解自己喜欢的强化物，有助于我们更好地在生活和工作中应用强化理论。

活动步骤：

1. 同学们每两人组成一组，两人互相询问对方最喜欢的 10 个日常物品和 10 件日常事情。

2. 两人挑选对方给出的列表中，自己力所能及，能够给予对方的一个强化物。

3. 两人各自设定一个生活中的行为目标（如 10 点之前入睡，或完成两页单词学习等）。

4. 在接下来的一周，努力达到设定的行为目标，如果达到，对方将会给予之前选定的强化物。

5. 在课堂上分享这次活动的经历、收获和感想。

【课后习题】

一、选择题

1. 程序性教学实际上是（　　）理论在实践中的运用。

A. 操作性条件反射　　B. 观察学习　　C. 认知学习　　D. 认知同化

2. 孩子哭闹着要买玩具，母亲对其不予理睬，这是（　　）。

A. 正强化　　B. 负强化　　C. 惩罚　　D. 消退

3. 根据经典条件反射理论，食物引起的狗的唾液分泌反应是（　　）。

A. 中性反应　　B. 条件反应　　C. 无条件反应　　D. 操作反应

4. 要求学生分辨勇敢和鲁莽、谦让和退缩是刺激的（　　）。

A. 获得　　B. 消退　　C. 泛化　　D. 分化

5. 班杜拉的波波娃娃实验中，孩子发现攻击娃娃的大人被批评了，于是后面没有模仿大人的攻击行为，这是观察学习中的哪个要素？（　　）

A. 注意　　B. 保持　　C. 复制　　D. 动机

二、讨论题

1. 试述经典条件反射和操作条件反射的异同。

2. 试述班杜拉的社会学习理论。

3. 试分析下列案例中体现的行为主义原理。

（1）小东今天按时完成了作业，妈妈奖励他一个冰淇淋。

（2）妈妈经常唠叨小兵的房间太乱，当小兵把房间收拾整齐，妈妈停止了唠叨。

（3）小天在商场里拿着一把玩具剑，跑来跑去，妈妈为了不让他乱跑，把他的玩具剑拿走了，并告诉他如果继续乱跑，就不会把玩具剑还给他。

（4）在游乐场，小明抢了一个小朋友手里的玩具，妈妈严厉地批评了他，并让他把玩具还给别人。

第六章

人的信息加工与学习

本章提要

第一节　感觉和知觉

- 人的信息加工模型
- 感觉及其规律
- 知觉及其特性

第二节　注意

- 注意概述
- 注意的种类及其影响因素
- 注意的品质和培养

第三节　记忆

- 记忆概述
- 记忆的分类
- 记忆的影响因素

第四节　思维和问题解决

- 思维
- 问题解决

第五节　加涅的教学设计理论

- 加涅学习理论的基本思想
- 九个教学事件

你是否有过这样的经历，为了学习英语，拼命地想通过不断地重复来背单词："abandon，抛弃，abandon，抛弃，abandon，抛弃，……"然而，前一天记得清清楚楚的单词，第二天就忘得干干净净。但有时候，有些单词很快就记住了，而且过了很长时间也不会忘记。为什么我们有时候记不住，有时候却能轻松地完成记忆任务？这涉及在你的头脑中发生的认知过程。本章将从信息加工的角度来了解学习是如何发生的。

第一节　感觉和知觉

一、人的信息加工模型

学生的学习是一种认知活动，遵循一般认知的规律。在心理学中，认知心理学提出了多种模型来解释人的认知过程，其中最基础的认知模型是信息加工模型。信息加工模型将人的认知过程类比于计算机的信息加工过程，包括输入、编码、存储、检索、输出等阶段。根据信息加工模型，人对信息的加工主要包括感觉、知觉、记忆、思维这几个过程，如图 6-1 所示。

首先，来自环境的刺激（如声音、光）进入我们的眼睛、耳朵、舌头等感觉器官，继而作用于感受器。感受器就是位于感觉器官上的感觉细胞，这些感受器将外界的刺激转换成神经系统可以传导和加工的信息，大脑通过分析这些信息，使我们能够形成特定的感觉。人对感觉信息的加工会受到记忆（也就是知识经验）的影响，人利用知识经验对输入的感觉信息进行解释，这就成了知觉。

感觉记忆的信息只有一小部分得到了个体的注意，进入下一个阶段，即短时记忆。短时记忆中的信息如果能够得到复述，那么将进入长时记忆被存储起来。长时记忆储存的信息同样可以重新提取出来到短时记忆中进行加工。短时记忆中的信息处理完成之后，信息将传递给反应器去做出反应。在各个心理过程中"注意"几乎都可以发挥作用。如果感觉信息没有被注意就会损失，从而不能进入短时记忆。如果短时记忆中的信

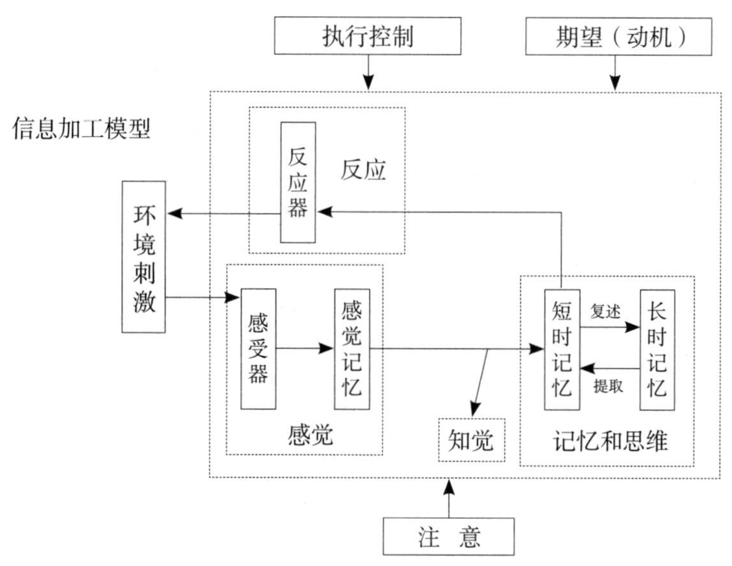

图 6-1　信息加工模型

息加工过程没有复述也会损失。并且，注意在做出反应的过程中也可以起到作用。

在整个过程中至少还有两个心理过程影响着人们的反应：其一是人自己的期望，也就是动机；其二是执行控制，它包括一系列的子心理过程，例如抑制与任务无关的想法、计划和组织等。结合自身的期望和执行控制，个体恰当地加工信息、做出反应。

本章将分别介绍感觉、知觉、注意、记忆和思维活动，从信息加工的角度揭示学生的学习过程，并探讨教师如何根据信息加工各个阶段的特点和规律，组织有效教学，有力地促进学生的学习。

二、感觉及其规律

（一）感觉的含义和分类

感觉是最简单、最基本的心理活动，通过感觉，人可以分辨事物的颜色、明度、气味、软硬等外界特征，而且通过感觉也能反映人体各部分（眼、耳、鼻、舌、身、四肢）的运动和人体内部五脏六腑的情况。感觉是人全部心理现象的基础，也是认知的第一步。

人体的感觉可以分为外部感觉和内部感觉两大类。

外部感觉是个体对外部刺激的觉察，主要包括视觉、听觉、味觉、嗅觉和肤觉。

内部感觉是个体对内部刺激的觉察，主要包括平衡觉、动觉和机体觉。

对于一般人的学习活动来说，视觉和听觉是最重要的感觉，分别通过眼睛和耳朵来将外界的环境刺激转换为心理活动。

（二）感觉的形成

无论是什么类型的感觉，都通过三个步骤形成：转换、传递、分析。第一步，感受器要能够加工适宜的刺激（如光线），产生神经冲动。第二步，通过传导通路将神经冲动传导至大脑皮层。第三步，大脑皮层对神经冲动进行解码分析，形成主观的感觉。每一种感觉的产生，都是人体将物理刺激或化学刺激转换成神经电信号的过程，因此每种感觉都会有对应的感受器，也就是将刺激转换成神经电信号的器官。感受器产生的神经电信号，还需要传递到大脑，每种感觉都会有一个传递通路，感觉信号通过这个通路传递到大脑的特定部位。

以视觉为例，视觉是可见光波刺激视网膜上的感受器而产生的。当外界可见光波作用于人的视网膜，便在视网膜上成像并引起化学反应，然后转换成神经冲动，经视神经传到大脑皮层枕叶的视觉中枢，产生视觉。

（三）感觉的规律

1. 感觉后像

当刺激对感官的作用停止以后，感觉并不立即消失，而是继续维持一段很短的时间。这种在刺激作用停止后暂时保留的感觉印象，叫感觉后像。例如，如果你长时间盯着一个明亮的灯泡，然后突然将灯关闭，你短时间可能会感觉眼前还有一个灯泡在亮着，这就是感觉后像。

由于感觉后像的存在，当一系列静态图像以足够快的速度连续展示时，人脑会将这些图像融合为连续流畅的动作，而不是单独的图片。这就是电影制作和观看的基本心理学原理。

2. 感觉适应律

感觉适应律是指由于刺激物对感觉器官的持续作用从而使感受性发生了变化的现象。研究感觉适应现象对于创设良好的学习环境具有积极的意义。生活中，感觉适应现象在视觉（明适应和暗适应）、嗅觉、肤觉中很普遍。

暗适应，即指从亮处进入暗处，开始什么也看不见，经过相当的时间后视觉恢复的现象。明适应则相反，是从暗处到明处，需要一段时间适应。一般明适应很快就能完成，而暗适应需要更长的时间。

3. 感觉对比律

感觉对比律是指同一感觉器官接受不同的刺激而使感受性发生变化的现象。感觉对比律包括以下两种。

同时对比：几个刺激物同时作用于同一感受器时产生的对比现象。比如白色放在黑色布景上，就会显得更白。

继时对比：几个刺激物先后作用于同一感受器时产生的对比现象。大家应该都有这样的生活体验，吃了糖以后接着吃橘子，就会觉得橘子异常的酸，这实际上就是一种味觉的对比效果。

4. 感觉的相互作用律

感觉的相互作用律是指对某种刺激物的感受性因其他感觉器官受到刺激而发生变化的现象。比如，看到红色便会产生温暖的感觉，看到蓝色、绿色便会产生清凉的感觉，这种由一种感觉引起或者加强另一种感觉的现象，在心理学上被称作联觉。

三、知觉及其特性

（一）知觉的含义

知觉是大脑对感觉信息进一步组织、解释和理解，形成整体认知的过程，比感觉更加复杂和完整。例如，我们在看到一只猫时，感觉将它的颜色、轮廓、气味、声音等信息传进大脑，大脑对这些信息进行汇总，结合以往的经验，从整体上识别出这是一只猫，就是知觉。

（二）知觉的特性

1. 选择性

人在知觉客观事物时，总是有选择地把少数事物当作知觉的对象，把它们感知得格外清楚，而将其余的事物作为知觉的背景，反应比较模糊，知觉的这种特性叫作知觉的选择性。从这个意义上说，知觉就是将对象从背景中区分出来的过程。

在图 6-2 中，你能看到什么？有人说看到了一个花瓶，有人说看到了两个人的侧脸，究竟哪个答案正确呢？其实，两种说法都有道理，看到花瓶的人把图中的白色部分当作知觉的对象，把黑色部分当作知觉的背景；相反，看到两张人脸的人则把黑色部分当作了知觉的对象，把白色部分当作了知觉的背景，这就是知觉的选择性。

图 6-2　花瓶还是人脸？

2. 理解性

在知觉过程中，人们力图对知觉对象做出某种解释，使它具有一定的意义，这就是知觉的理解性。

黄山风景区中有很多怪石，人们给这些石头都取了名字，比如“仙桃石”“猴子观海”“天狗望月”。其实这些石头的形状离真正的仙桃、猴子、天狗相差甚远，但人们倾向于根据已有的经验给知觉对象命名，这是知觉理解性的体现。

3. 整体性

知觉的整体性是指人在过去经验的基础上把由多种属性构成的事物知觉为一个统一整体的特性。图 6–3 中并不是完整的图形，但是我们会将其知觉为一个整体，这就是知觉的整体性。

图 6-3　知觉的整体性

知觉的整体性提高了人们迅速知觉事物的能力。整体与部分是互相依存的，知觉的整合离不开组成整体的各个成分的特点，对个别成分（或部分）的知觉，又依赖于事物的整体特性。知觉的整体性与过去的知识经验有关系，还与知觉对象的特性有关。一般而言，刺激物具有闭合、相似、连续和在时间或空间上的接近性时，更容易形成整体的知觉。

4. 恒常性

知觉系统能在一定范围内保持对客观事物的稳定的认识，而不随知觉条件或感觉影响模式的改变而改变，知觉的这一特性叫作知觉的恒常性。例如，一件白色的衣服，在阳光下和白炽灯下，反射的光线并不相同，但是人们仍然会将其知觉为白色，这就是颜色的恒常性。

第二节　注　意

一、注意概述

（一）什么是注意

注意（attention）就是心理活动对一定对象的指向和集中。注意有两个特点：指向性和集中性。

注意的指向性表示人的心理活动有选择地朝向注意的对象，而对各种干扰刺激进行抑制。指向性反映了心理活动的对象和范围。

注意的集中性是人们把心理活动贯注并维持在某一对象上，使心理活动不断地深入下去。集中性反映了心理活动的持续性和强度。

注意的机制可以用探照灯隐喻来理解。灯光会朝着一个方向打出，聚焦到某个特定的范围，这就是注意的指向性；被灯光照射到的地方会得到关注，没有被照射到的地方可能就会被忽略，是因为注意具有集中性。

（二）注意的外部表现

人在注意某种事物时，总是会伴随特定的生理变化和外部表现。教师在课堂上能够分辨出哪些学生正在注意课堂学习内容，哪些学生则在开小差，就是因为注意的外部表现给老师提供了线索。人在注意时，最显著的外部表现有以下三种。

第一，适应性动作。当一个人要注意听的时候，会朝向那个声音；要注意看的时候，也会转向那个对象，这些动作就是适应性动作。

第二，无关动作的停止。当人在注意状态时，与注意对象无关的动作会被抑制而暂时停止。当两个人谈话时，如果其中一人一边左顾右盼一边谈话，就表明他当时并没有将注意放在谈话内容上。我们在教室中也能观察到，当学生在课堂上被教师的讲课内容吸引，投入注意认真听讲的时候，他本来在玩铅笔的动作就会暂时停止。

第三，呼吸和动作的变化。人在集中注意时，呼吸变得轻微而缓慢，呼与吸的时间比例也改变了，吸的时间更短促，呼的时间延长，有时甚至出现呼吸暂停的现象。我们在看电影的时候会有这样的体会，当剧情发展到关键时，我们瞪大眼睛集中注意，这时候会感到特别紧张，呼吸似乎都停止了。在紧张注意时，还会出现心跳加速、牙关紧闭、握紧拳头等动作。

根据注意的外部表现可以判断一个人的注意指向和集中的程度，在课堂上，教师可以根据学生的外部表现，包括表情和动作来判断学生当前的注意状态。不过，注意的外部表现有时与人的内部状态也会不一致，即外部表现似乎指向某一事物，而实际心理活动却指向并集中于另一事物。在课堂上，经常能看到一个学生盯着教师，似乎在认真听讲，实际上他可能在想昨天看过的电影，这时候他的注意指向另一件事，脑子里并没有留意教师讲的内容。

二、注意的种类及其影响因素

根据有无目的和意志努力的程度，可以把注意分为无意注意、有意注意和有意后注意。

（一）无意注意及其影响因素

无意注意也称不随意注意（involuntary attention），是没有预定目的，也不需要意志努力，不由自主地对一定事物所发生的注意。这是一种被动的注意，这种注意一般在环境出现变化的时候产生。在课堂上教师突然提高声音，或者拿出一个新的教具，都会引起学生的无意注意。例如，同学们正在上课的时候，有一个迟到的学生推门进来，老师和所有的学生，都不由自主地把注意力转向这个学生。这个迟到学生所引起全班学生和老师的注意就是无意注意。

无意注意可以让人们更好地意识到周围环境的变化。在原始人的生活中，运动的物体要么意味着威胁，要么意味着食物，都是需要他们密切关注的内容。经过几十万年的进化，人们保留了对变化的物体产生自然而然注意的心理特征。这种无意注意让人们能够正确地认识世界和改造世界，但是也容易使人分心。

引起无意注意的原因包括客观和主观两个方面，客观因素主要是指客观刺激物的特点，主观因素是指人的主观状态。

1. 引起无意注意的客观因素

（1）刺激物的新异性

刺激物的新异性是相对于个人的经验而言的，新奇的刺激容易吸引人的注意，而千篇一律、多次重复的刺激不易引起无意注意。

新异性是引起无意注意的刺激物最重要的特点之一，教师在教学中要注意利用这一规律，每次都可以增加新内容或者变更讲述的方式，同时又与学生已有的知识联系起来，以激发并维持学生的注意。

（2）刺激的变化和活动状况

刺激物在运动或者发生变化时也能引起人的无意注意。例如变化的霓虹灯、演讲者抑扬顿挫的声调、皮球的运动轨迹突然改变等。在教学中，如果在教学 PPT 中出现一个动态图，就很容易把学生的注意力吸引过去，所以教师要精心设计教学内容，合理利用动态图。

（3）刺激的强度

强烈刺激会让人不由自主地注意，例如，强烈的光线、巨大的声响、浓郁的气味，都容易引起人的无意注意。不过对无意注意来说，更重要的是刺激物的相对强度，即与这个刺激物同时出现的其他刺激物在强度上的对比关系。如果一个强烈的刺激在其他强烈刺激背景上出现，可能不会引起人的注意。例如，在喧嚣的工地上，很大的声音也不会使人们注意；相反，一个弱的刺激出现在没有其他刺激的背景上，则会引起人的注意，例如在寂静的夜晚，轻声细语，也能引起人们的注意。

（4）刺激间的对比

除了刺激物在强度上的对比关系外，刺激物之间在形状、大小、颜色、持续时间以及活动和静止等方面的对比关系，都是吸引无意注意的重要因素。如果刺激物之间在上述方面的对比关系特别明显，就很容易引起人的无意注意。例如，许多圆形中的一个三角形、孩子群中站一个大人、万绿丛中一点红、一系列短促的声音中的一个长音等，都容易引起人的无意注意。

2. 引起无意刺激的主观因素

（1）当时的需要和兴趣

凡能满足人的需要（不论是机体的、物质的需要还是精神的需要）、符合人的兴趣的刺激物容易成为无意注意的对象。

阅读中国的章回小说，会发现作者常常在描写关键而紧张的情节时，突然有意停止写道："欲知后事如何，且听下回分解。"对后事的兴趣引起了人们对小说的持久注意。

（2）当时的特殊情绪状态

回想一下，你最近喜悦或闷闷不乐的情绪是怎样影响你对周围事物或他人的注意的。当你心情愉快时，你满眼看到的都是冲你微笑的朋友；当你心情低落的时候，则觉得路边的小狗都朝你翻白眼。其实，这正是情绪影响了你的注意的选择方向，使你对世界的观察增添了情绪的色彩。

（3）知识经验

由于学生的知识经验不同，在阅读时所注意的信息也各不相同。在中小学课堂上，学生更愿意关注与自己知识经验有联系的事物。例如，当语文老师讲一篇关于黄山的文章时，去过黄山的同学就会对这节课格外关注。

结合无意注意的特点，在教学中可以采取以下策略：教学内容丰富、新颖，又要和学生已有的知识经验有联系；教学方法要灵活多样；教学语言要生动、形象，有适当的变化。

无意注意因为无须意志努力，所以可以减少工作和学习中脑力的消耗，避免身心过度疲劳。但由于这种注意是自发产生的，人们不可能仅通过无意注意获得系统知识和完成艰巨的工作任务。要想让学生的注意一直保持在课堂内容上，不能只依靠无意注意，还需要激发、维持学生的有意注意。

（二）有意注意及其影响因素

有意注意也称随意注意（voluntary attention），是有预定目的、必要时需要意志努力、主动地对一定事物所发生的注意。

当我们确定做某件事（如写作、做作业）之后，在做这件事的过程中有意地把注意集中在要做的事情上，这时，我们所注意的那个刺激物的特点，不论是否强烈、是否新异、是否有趣，我们都必须集中注意，同时排除各种无关刺激的干扰。因此，要投入有意注意，个体必须付出意志努力，具有主动性和积极性。

有意注意不仅取决于客观事物本身的特点，也与主体的需要、兴趣、情感、知识经验有关，具体来说，保持有意注意的因素包括以下几个。

（1）活动的目的和任务的明确性

有意注意是一种有预定目的的注意。目的越明确、越具体，对完成这项活动所必需的一切越容易引起和维持。只有在明确了活动的意义，有了实现活动任务的决心和愿望后，才能组织自己的行为将自己的注意集中于所要完成的活动。因此教师在上课之前，一般都要先让学生了解本节课的目标和意义，让学生能够对学习内容产生学习的愿望，进而产生有意注意。

（2）对活动结果的兴趣

兴趣是引起有意的主观条件之一。兴趣可以分为两种：直接兴趣和间接兴趣。直接兴趣是对事物本身和活动过程的兴趣，在无意注意的产生中有重要作用。间接兴趣是对活动目的和结果的兴趣，与有意注意有关，对于人的积极活动具有重要意义。在学生的学习活动中，可能有许多活动是枯燥乏味的，学生对这些活动本身并不感兴趣。但是，由于对活动结果的意义有明确认识，学生才会去克服学习活动中的许多困难，对活动内容投入持续的有意注意。

（3）合理组织活动

活动组织是否合理，也影响有意注意的投入。如果教师组织课堂活动时没有规律，整节课都处于忙乱状态，就很难吸引学生的有意注意。教师在组织教学时，要重视不同性质的活动搭配得是否合适。如果学生刚在室外上完体育课，马上到教室学习数学，就很容易走神，这时需要安排一个缓冲的活动，例如让学生在座位上做一套眼保健操。

（4）与已有知识经验的关系

新刺激与已有知识经验的关系会影响无意注意，其实两者的关系对有意注意也有重要影响。新刺激与已有知识经验差异太小，人们无须特别进行智力加工就能把握它，因而也不需要集中注意；反之，差异太大，人们即使积极开动脑筋运用已有知识经验也无法理解它，有意注意也就很难维持下去。中等差异的新刺激最适合维持有意注意。

（5）良好的意志品质

有意注意是需要意志努力来维持的，因此，它依赖于人的意志品质。意志坚强的人能主动调节自己的注意，使之服从活动的目的和任务；意志薄弱者则很难排除干扰，因而也不可能有良好的有意注意。

（三）有意后注意及其影响因素

有意后注意（post voluntary attention）是指有明确的目的，但是又不需要付出意志努力的注意。它同时具有有意注意和无意注意的某些特征。有意后注意既服从于当前的任务要求，又可以节省意志的努力，因此有利于完成长期的、持续性的任务。在教学中，学生应该尽早养成良好的课堂习惯，专注于学习内容，尽快让“专心听课”这个任务从需要有意注意过渡到有意后注意。

如何培养学生对学习内容的有意后注意呢？有意后注意的核心在于学生能够从活动的内容中获得乐趣。例如，解决一道数学难题需要投入有意注意，但学生如果将解题看作一个有趣的挑战，有信心完成这个任务，并且感受到成功解题之后的骄傲和自豪感，那么就容易进入有意后注意的状态。因此，教师要帮助学生掌握学习、思考问题的方法，鼓励学生勇于尝试困难的任务，并及时给予积极反馈，让学生能够体验到学习的乐趣。

三、注意的品质和培养

注意在人的学习、工作、生活中占有十分重要的地位，它往往是一个人能否取得成功的关键。在教学中，教师除了要利用学生注意的影响因素，有效引导学生的注意，还需要有意识地培养学生良好的注意品质。

（一）注意的品质

注意的品质就是指注意活动的特征，主要有四种，即注意的范围、注意的稳定性、注意的分配、注意的转移。

1. 注意的范围

注意的范围，也称注意的广度，是指在同一时间内，人们能够清楚地知觉出来的对象的数目。成人的平均注意广度是成人 0.1 秒内能知觉到的客体数量。一般成人的注意广度如下：黑色圆点，8~9 个；外文字母，4~6 个；几何图形，3~4 个；汉字，3~4 个。图 6–4 为注意广度的测试。

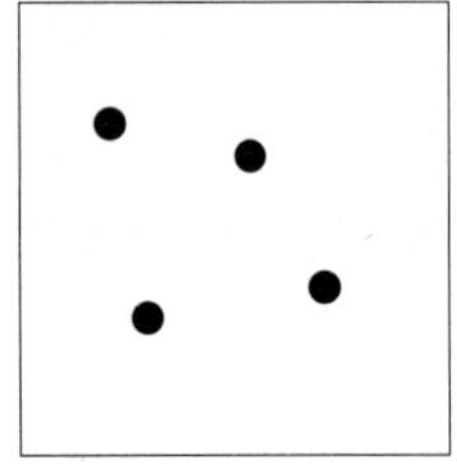
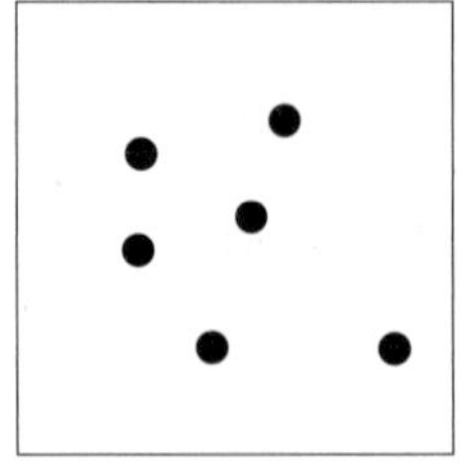
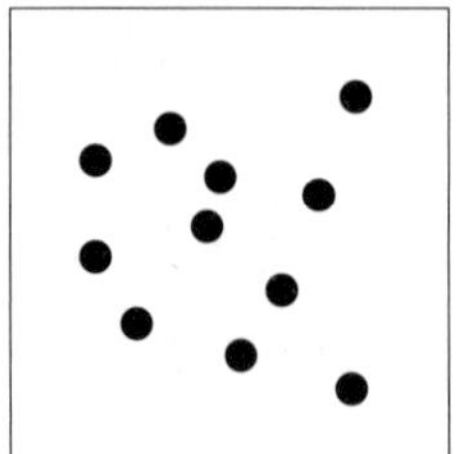

图 6-4　注意广度的测试

现实生活中，某些职业和工作要求有较大的注意范围，如印刷排字工人、报务员、警察、宇航员、驾驶员等。对学生来说，在学习中注意范围越大，阅读速度就越快，所谓“一目十行”就是指在同样的时间内输入大脑的信息更多。因而，训练学生扩大注意的范围，是使他们较多、较快地获得知识的有效方法。

2. 注意的稳定性

注意的稳定性，是指注意能够集中在一定对象上的持续时间。持续时间愈长，注意就愈稳定；反之，稳定性就愈差。注意的稳定性是一种很可贵的品质，尤其在学习活动中，注意的稳定性是进行学习和做好工作的必要条件。与稳定的注意相对的就是我们常说的注意力分散、分心、思想开小差。

需要注意的是，注意力常常会出现一种“起伏”现象：当人专注于某一对象时，视觉、听觉等感觉器官会产生周期性的加强和减弱的变化，即注意的起伏。如当我们看着图 6–5 的时候，视觉就会出现周期性浮动的现象。注意的起伏不是注意分散。注意起伏是不随意的，很难由意识直接控制。注意起伏是正常的注意现象，它具有防止疲劳，提高注意稳定性的作用。

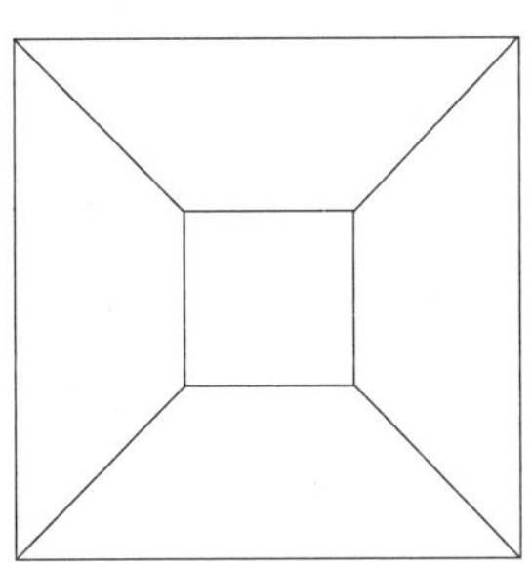

图 6-5　注意的起伏

3. 注意的分配

注意的分配是指在同一时间内把注意指向不同的对象和活动。俗话说“一心不能二用”，就是指人的注意力只能集中在一个事物上，不能分配。但事实证明，注意的分配是可行的，例如骑车的人边骑边与别人聊天、妈妈一边织毛衣一边看电视等。

小学低年级学生在同一时间的注意只能集中在一个对象上，不善于对注意进行有效的分配，常常出现“顾此失彼”的现象。如果要求小学一年级的学生一边抄数学题一边思考，将是非常困难的。随着年级的升高，学生的心智技能和操作技能都得到了发展，他们熟练掌握了一些基本的活动，发展起注意分配的能力，能够在同一时间内把注意分配在几个对象上。

注意的分配是有条件的，一般来说包括以下几个。

第一，同时进行的几种活动至少有一种应是高度熟练的。当一种活动达到自动化的熟练程度时，个体就可以集中大部分精力去关注比较生疏的活动，从而保证几种活动同时进行。

学生可以做到边听课边记笔记，是由于写字已经达到熟练甚至自动化的程度；骑车的人可以一边骑一边与旁边的人聊天，这也是因为他骑车的技术很熟练，如果是刚刚学会骑车的人，则无法完成这样的注意分配任务。

第二，同时进行的几种活动有内在联系。有联系的活动才便于注意分配。这是因为活动间的内在联系有利于形成固定的反应系统，使得人们经过训练可以掌握这种反应模式。歌手有时自弹自唱，是因为弹和唱之间有关联，可以让歌手将注意分配在这两种活动上。

注意的分配在学校教育中有重要的现实意义，例如学生需要一边听课一边记笔记；教师则需要一边讲课一边注意学生的课堂反应，还要思考如何根据学生的反应调整授课的内容和节奏。

4. 注意的转移

注意的转移是指根据活动任务的要求，主动地把注意从一个对象转移到另一个对象。比如，上完语文课后，再上数学课，学生就需要主动、及时地把注意从一门课程转移到另一门课程。

注意的转移与分心不同。注意的转移是根据任务需要，有目的地、主动地转换注意对象，为的是提高活动效率，保证活动的顺利完成。分心则是由于外部刺激或主体内部因素的干扰引起的，是消极被动的，它违背了活动任务的要求，偏离了正确的注意对象，降低了活动效率。例如，学生在课堂上交头接耳、互相说笑，而没有关注老师所讲的内容，就是注意分散的表现。

主动而迅速地进行注意的转移，对各种工作和学习过程都十分重要。对于学生来说，每天要学习几门不同的课程，还要完成其他活动，这就要求有灵活的注意转移能力。教师在培养学生注意转移能力时，要注意教学内容的系统性和连贯性。可以利用复习提问的方式，由旧课自然地引入新课，学生的注意也就顺利地随着转移了。同时，要教育学生加强学习的计划性。要求他们按照计划，迅速地转移注意力，以免浪费时间，提高学习效率。

（二）注意品质的培养

教师在培养学生注意的品质时，可以从以下几个方面出发。

1. 注重个体差异

人们在注意的品质上存在着个别差异，注意品质的综合表现构成了各具特色的注意能力。教师要留心每个学生注意品质的特点，进行有针对性的教学。对于那些注意难以转移的学生、稳定性不够的学生，要给他们更多的时间和更强的提示，否则这些学生会因为跟不上教师讲课内容转移的速度而产生挫折感，影响学习的效果和学习的积极性。如果孩子注意力不能集中、很容易被无关事物吸引、不分场合都特别好动、行为表现非常冲动、经常跟小朋友打架，可能是患有注意缺陷多动障碍（Attention Deficit Hyperactivity Disorder，ADHD）。注意缺陷多动障碍俗称多动症，成因非常复杂。

注意缺陷多动障碍的干预主要有药物治疗和行为矫正两种。药物治疗是通过药物增进或提高中枢神经系统的唤醒或“警觉”能力，改善大脑的生理功能，减少多动和冲动症状。行为矫正主要包括一系列个性化的行为矫正和教育方案，如建立明确的规则和期望、使用行为强化系统、进行社交技能训练和身体动作协调性训练，等等。

需要注意的是，在实际的教育情境中，并不是学生所有注意力不集中的问题都是注意力障碍，老师要避免随意给孩子贴上多动症的标签。多动症的诊断和治疗需要由专业的医疗和心理健康专家进行，以确保多动症的孩子获得最适合自身条件的支持和干预。

2. 培养学生坚强的意志品质

有意注意与意志的作用密切相关，人们必须经过一定的意志努力，才能在必要的情况下，抵制其他刺激的干扰，集中注意力；而注意的稳定和转移也都离不开意志的作用。只有意志坚强的人，才会成为注意的主人，因此锻炼坚强的意志力，对于培养良好的注意力来说十分重要。

为达到这一要求，需要从以下两点出发。

（1）明确学习和工作的意义

当一个人对自己学习和工作的重大意义认识得越清楚，完成任务的愿望越强烈和决心越大时，他的注意就越能集中和稳定。教师应在日常的教学中根据学生的年龄特点，有意识地引导学生树立学习目标，了解学习的意义。

（2）培养学生的责任心

学生的责任心越强，越容易坚持有意注意。教师在日常的教学中要注意对学生责任心的培养。例如，一位学生平时上课容易开小差，老师交给他一个任务——每天负责给教室里的三盆花浇水，以此来培养他的责任心。一个多月以后，这位学生在课堂上的表现改善了很多，开小差的情况也减少了。

3. 培养学生对学习和工作的浓厚兴趣

一个对某种事物产生了浓厚兴趣的人，就会注意力高度集中，并且长期坚持下去。

如果没有兴趣，学生的注意就很难坚持。

教师在教学中要注意开展丰富多彩的教学活动，理论联系实际，培养学生广泛而稳定的兴趣。例如物理课上，老师先给大家演示一个非常有趣的物理实验，引发学生的兴趣和好奇心，再引入本课要学的知识点，学生们上课时的注意力就会提高。

4. 引导学生掌握与分心现象作斗争的方法

（1）自我提醒。让学生尝试在活动的进程中经常提醒自己，特别是在要求加强注意的紧要关头，这种自我提醒和自我命令对学生组织注意起着重要的作用。

（2）与外部动作相结合。让学生在进行智力活动时把智力活动和外部的实际动作结合起来，有助于学生保持注意，更稳定地选择注意的对象。例如，在看书的时候用笔在书上勾画或者做笔记，都是让自己保持注意的办法。

（3）创造良好的学习环境。学生要学会有意识地调整适合自己的学习环境，例如保持环境的安静，降低干扰声音的强度；预先将桌面上的无关物品清理干净，布置好适当的照明条件，这些都有助于注意的集中和维持。

5. 利用教学活动，锻炼学生的注意

学生的注意力不是一朝一夕练成的，教师可以通过一些活动训练学生的注意品质。如弹古筝、练书法、绘画、阅读、做手工等都是训练注意稳定性的好方法。在训练注意的分配、扩大注意的范围时，可以让学生边看教师呈现的图片边听教师的讲解、边读课文边表演课文中描述的动作等。不过在训练学生“一心二用”的同时，教师必须认识到并非所有活动或工作都是可以同时进行或同时操作的，如果两件事情都需要学生花费比较大的注意力，“一心二用”就可能引发副作用，变成分心。

第三节 记 忆

一、记忆概述

记忆（memory）是指人脑对个体经验的识记、保持和提取的心理过程。

记忆包括“记”和“忆”两个方面，“记”是对经验的识记和保持，“忆”则是经验的提取。记忆的过程包括三个子过程。

识记是记忆的初始阶段，是个体获得知识经验的记忆过程。从信息加工的观点来看，识记是信息的输入和编码过程。识记具有选择性，环境中的各种刺激只有被个体注意到才有可能进入记忆。

保持是识记过的经验在头脑中的巩固过程。从信息加工的观点来看，保持就是信息的储存。储存是一个积极的过程，储存的信息在内容和数量上都会发生变化。保持是信息提取的前提，它好像一个大型数据库，我们在回忆时需要从这个大型数据库中搜索信息。

提取包括回忆和再认再种形式，是在不同的情况下从记忆中提取信息的过程。当经验过的事物不在面前，个体能从记忆储存中重新提取，称为回忆。例如，回忆一下昨天看过的电影，或者回忆前天晚餐吃了什么，这是回忆。当经验过的事物再度出现时，能把它认出来的过程，称为再认。例如，从很多风景照片中找出自己去过的地方的照片，或者从一堆衣服中找到自己的那一件，都是再认。回忆和再认的区别在于回忆需要从记忆中主动检索信息，而再认则是在有线索的情况下确认信息是否熟悉。

二、记忆的分类

（一）根据信息在头脑中保持时间的长短分类

根据信息在头脑中保持时间的长短，记忆可以分为感觉记忆、短时记忆和长时记忆。这是从信息加工论的角度对记忆进行的分类。

1. 感觉记忆

个体通过感知觉器官获得某些信息后，感知觉信息不会立刻消失，而是会保留极短的时间，就是感觉记忆。视觉感觉记忆保持的时间是 0.25 ~ 0.5 秒，听觉感觉记忆要长一点，为 4 秒。

感觉记忆是记忆的初始阶段，在感觉记忆中登记的刺激信息如果没有受到个体的注意，就会很快消失；如果刺激信息受到个体的注意，就会转入短时记忆。

2. 短时记忆

短时记忆是个体对刺激信息的保持时间在 5 秒 ~ 2 分钟的记忆，是信息从感觉记忆通往长时记忆的中间环节或过渡阶段。短时记忆俗称“电话号码式记忆”，例如在打电话时，你在电话号码簿上查到号码后，能够马上输入号码，这就是短时记忆在起作用，它使得号码在你头脑中能够保存短暂的时间。如果没有打通，隔了一段时间再拨，就会发现刚才明明记住的号码突然变得模糊了，这是因为短时记忆储存的信息消失了，你需要重查并记忆。

短时记忆的容量有限，一般为 7 ± 2 个组块。组块就是将有关系的内容放在一起记忆，从而使需要记忆的内容变少。通过适当的组块，可以扩大短时记忆的容量。例如 8720344120945 和 194920081127，都有 12 个数字，但后者可以分成 1949/2008/1127，变成三个组块，这样记忆起来就容易得多。短时记忆的组块需要以先前知识经验作为基础。上面的例子中，如果学习者对历史不了解，1127 就是 4 个毫无关联的数字，难以组块，但如果知道 1127 是北宋灭亡即“靖康之耻”的年份，这 4 个数字就可以作为一个组块来记忆。

通过复述（多次重复识记），短时记忆的信息可以进入长时记忆系统，得到长久的记忆。

3. 长时记忆

信息经过一定程度的加工或精细复述以后，在头脑中得到长时间的保持，就是长时记忆。

长时记忆的保持时间很长，从 1 分钟到数年，甚至终生。长时记忆的容量没有限度，是一个真正的大型信息储存数据库。它可以储存一个人关于世界的一切知识，为个体所有的活动提供必要的知识信息储备。

长时记忆的信息主要来自对短时记忆内容的复述。例如，通过对一个单词的多次复述，再经过练习、复习等，最后这个单词就被记住了，进入长时记忆。

有一些在感知过程中印象特别深刻的内容也可以一次性进入长时记忆，尤其是那些激动人心、引起个体强烈情绪体验的事件。例如，我们可能会永远记得某个印象深刻的场合，如第一次上台表演、第一次获得奖状时的情景等。这被称为“闪光灯记忆”。

感觉记忆、短时记忆和长时记忆之间是相互联系、相互影响的。一般而言，环境中的信息需要经过感觉记忆和短时记忆才能进入长时记忆，没有感觉记忆的登记和短时记忆的加工，这些信息不可能进入长时记忆，得到永久性的保持（图 6–6）。

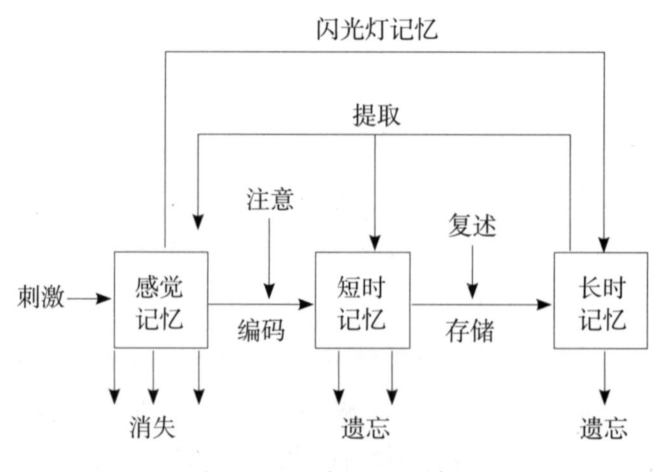

图 6-6　三种记忆的模型

（二）根据长时记忆的内容分类

小天跟妈妈去动物园玩了一天，关于这次游玩，小天会记得什么呢？

对于这次出游，小天的长时记忆里存储了不同的内容，比如知道了河马的形象、记住了指示牌上关于长颈鹿的描述、记得自己在猴山差点摔一跤、自己在看到大熊猫时快乐的心情，这些是不同类型的记忆（图 6–7）。

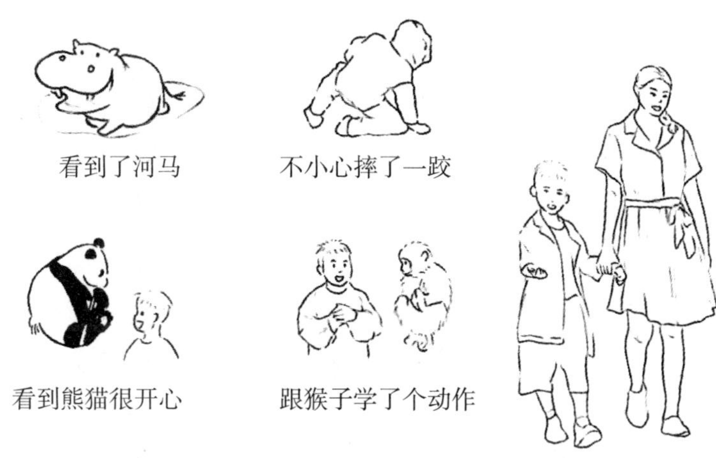

图 6-7　小天在动物园的一天

根据长时记忆的内容，记忆可以分为形象记忆、语义记忆、情景记忆、情绪记忆和运动记忆。

1. 形象记忆

形象记忆是指以感知过的事物的具体形象为内容的记忆。它储存的是事物的感性特征，具有直观鲜明的特性。例如，我记得今天去植物园看到各种鲜花盛开的样子、记得沁人心脾的香味、记得广播里播放的音乐。

形象记忆存储的是事物的具体形象，直观鲜明。形象记忆包括视觉、听觉、嗅觉等形式。艺术家通常有丰富的形象记忆经验。

2. 语义记忆

语义记忆（semantic memory）又叫语词逻辑记忆（word–logical memory），是指对各种有组织的知识的记忆，通常以语词所概括的逻辑思维结果为记忆内容，包括字词、概念、定理、公式、推理、思想观点、科学规则等。

语义记忆是抽象的，是有组织的知识网络。比如，提到人关于动物的语义记忆，头脑中会将相关的知识组织起来，形成一个知识网络，见图 6–8。

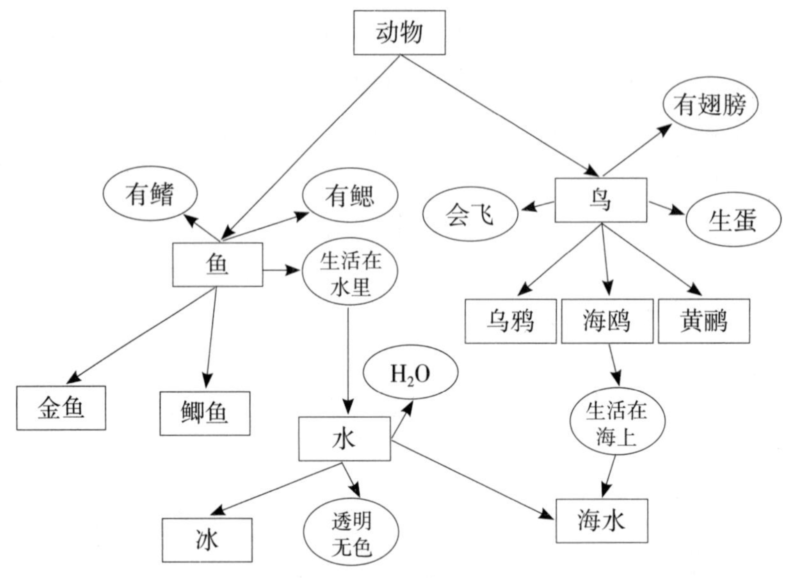

图 6-8　动物的语义网络图

学校里的学习所需要形成的记忆主要是语义记忆。在后面的章节中我们会讲到知识的学习，届时我们将更详细地讨论概念的形成、知识网络的建立。

3. 情景记忆

情景记忆是指对个人亲身经历过的，在一定时间和地点发生的事件的记忆。情景记忆带有一定的情境性。例如，我还记得毕业典礼时的画面、当天发生的事情，以及我当时所坐的位置，等等。

4. 情绪记忆

情绪记忆是指以体验过的情绪或情感为内容的记忆。它与一定的情绪体验相联系，引起情绪、情感的事件虽然已经过去，但深刻的体验和感受保留在记忆中。例如，夫妻对于婚礼上温馨、幸福的浪漫情绪体验，快乐心情的记忆；人们对于失去亲人的痛苦、压抑、哀伤心情的记忆等。

5. 运动记忆

运动记忆又叫作动作记忆，是指以个体操作过的运动状态或动作形象为内容的记忆。运动记忆是形成操作技能的基础，其特点是易保持和恢复，不易遗忘，运动记忆的提取可以自动化。

（三）根据是否需要意识参与分类

根据记忆过程中有无意识的参与，可以将记忆划分为内隐记忆和外显记忆。

1. 内隐记忆

内隐记忆（implicit memory）是指在不需要意识参与的情况下，个体的先前经验自动对当前作业任务产生影响而表现出来的记忆。内隐记忆的特点是：个体并没有觉察到自己拥有这种记忆，也未曾有意识地提取相关的记忆内容，但它会在特定任务的操作中自动表现出来。例如，一个学生曾经见过“TOT”这个品牌，不过他没有记住，于是再次见到“TOT”的标志时无法辨认，但当向他呈现一系列品牌的标志，他会认为自己更喜欢 TOT 这个品牌。这时他就是具有内隐记忆，但是没有外显记忆。

2. 外显记忆

外显记忆（explicit memory）是指个体有意识地、主动地利用某些经验以完成当前任务所表现出来的记忆。外显记忆是在个体有意识的条件下完成的，并且具有明确的目标，运用一定的策略。在学习活动中，我们通常理解的记忆，一般是指外显记忆。

内隐记忆对我们的学习具有一定意义，它是我们在学习中没有明确意识到的所获得的知识信息，有助于我们解决问题、完成特定任务。因此我们应在有意识的外显记忆的基础上，充分发挥内隐记忆的作用，尽可能多地积累各种知识信息和经验，使先前学习中所获得的信息对后继任务产生正面影响，最终提高记忆与学习效率。

三、记忆的影响因素

记忆的过程包括识记、保持、提取三个子过程，在记忆的每个过程中，记忆都受到不同因素的影响和制约，从而表现出不同的记忆规律。当然，有些影响因素，在记忆的不同阶段都会在一定程度上起作用。

（一）识记过程的影响因素

1. 识记的目的

识记时，在其他条件相同的情况下，记忆目的越明确、越具体，识记效果越好；反之，目的模糊、抽象，则识记效果较差。

2. 材料的数量和性质

随着识记材料数量的增加，识记需要的时间也不断延长，数量增加越多，时间延长越多，遗忘率也随之大大增加。俗话说“贪多嚼不烂”，就是指识记数量对记忆效果的影响。

识记材料的意义对识记效果有促进作用。在其他条件相同的情况下，识记有意义材料要比识记无意义的材料更快更容易，保持效果也更好。

识记材料的外部特征对识记效果有影响。识记时的选择性告诉我们，只有引起个体注意的刺激才会引起个体去记忆。材料的外部特征越显著，与其他材料的差异越明显，则越容易被个体记住。

3. 觉醒状态

觉醒状态就是大脑皮层的兴奋水平，它直接影响识记时的编码效果。一般来说，学生在上午的记忆效率比较高，18：00—20：00之间记忆效率较低，不过这些情况也会因人而异。实践中，人们也会发现，不同的个体学习效率高的时间段有所不同，有的人早上效率高，有的人晚上效率高。

4. 先前知识经验

与个体先前知识经验相关越密切的材料，个体的识记效果越好；个体的先前知识经验越丰富，在识记一个具体项目时的速度越快，识记越容易，识记效果也越好。相反，对于自己不熟悉的领域，先前知识贫乏，则识记效果较差。总的来说，丰富的知识经验有助于提高记忆的效果。

记忆的本质就是在大脑皮层建立暂时联系，知识越丰富，越容易将新的信息与原有信息建立起联系。例如，掌握了英语的人，再学习西班牙语就比不懂英语的人容易得多。

由于先前知识经验不同，导致不同的人在观察同一现象时，各自根据自己的知识经验和兴趣注意不同的事物，从而记住不同的事物。

（二）保持过程的影响因素

识记的材料只有在头脑中得到保存，才有可能在一段时间后对其进行提取。信息保持的时间长度、数量以及准确性等，是反映记忆效果的重要指标，也是平常所说的记忆力水平的评价指标。

记忆保持的最大障碍就是遗忘，遗忘是指对于曾经识记过的事物，不能再认和回忆或再认和回忆时发生错误，造成信息提取失败的现象。一旦记忆信息没能成功保持，就会造成提取困难，发生遗忘。

保持能力越强，信息越不容易遗忘，在回忆时才越能顺：利地对其进行提取。否则，遗忘发生的频率就会增加，就会使以后的信息提取失败。

1. 时间因素

时间是影响记忆保持的一个关键因素。识记的信息历经一段时间之后，记忆痕迹容易模糊，提取时产生困难，即产生了遗忘。

德国心理学家艾宾浩斯通过实验研究发现，遗忘在学习之后立即开始，而且遗忘的进程并不是均匀的，最初遗忘速度很快，以后逐渐缓慢。艾宾浩斯认为，“保持和遗忘是时间的函数”，并根据他的实验结果绘成描述遗忘进程的曲线，即艾宾浩斯遗忘曲线，（见图 6–9）。

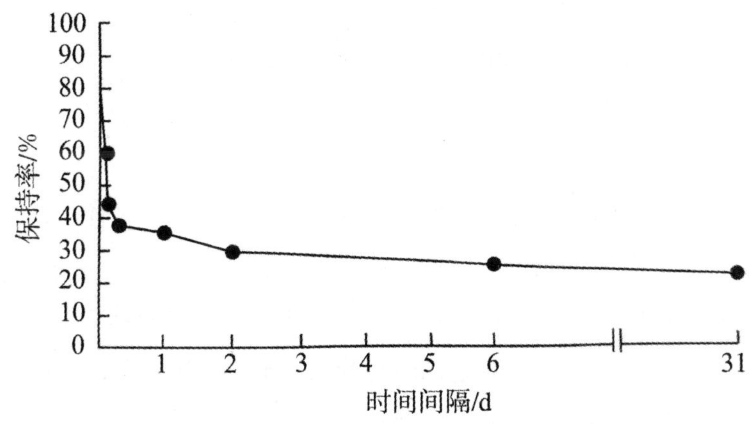

图 6-9　艾宾浩斯遗忘曲线示例

艾宾浩斯遗忘曲线给我们的启示是：在学习后，要及时复习，“趁热打铁”，在遗忘发生前对知识进行巩固，使知识得到长久保持。

人们并不是将记忆静态地存储在大脑中，随着每次回忆都可能对原有记忆的重新整合，导致记忆内容可能会发生改变，一些细节会丢失，核心的要素和重要情节会保持，有些内容可能会更加具体，等等。心理学家巴特莱特所做的记忆复述实验“印第安人的故事”详细地说明了记忆内容随着时间而发生的变化（Bartlett，1932）。

“印第安人的故事”记忆复述实验

在这个经典的实验中，巴特莱特给英国的实验参与者讲述了一个印第安民间故事，故事的大意是：部落中的一位年轻人跟着独木舟上的人逆流而上，参加了一场战斗，最终年轻人一人返回村庄，在太阳升起时发现自己早已死去。故事中包含一些对英国人来说难以理解的印第安文化元素，比如“幽灵”（ghosts）和特定的仪式行为，在情节上也比较突兀，难以理解。

巴特莱特要求参与者在不同的时间间隔（从几分钟到几周不等）后复述这个故事。

他发现，当人们复述故事时，他们倾向于按照自己的文化框架和个人经验来解释和重构故事，而非准确无误地回忆原始细节。随着复述次数的增加，故事变得越来越简化，某些部分被遗漏，而其他部分则可能被添加或修改，以适应个人的理解和记忆结构。这种现象表明记忆不是简单地记录和回放信息，而是一个主动的、建构性的过程，受个体的知识、信念和预期影响。

巴特莱特认为，人们在记忆过程中会利用已有的认知结构（即图式）来组织和解释新信息，这一理论对后续的认知心理学和记忆研究产生了深远影响。

2. 理解或加工深度

对识记材料的认知加工程度越深，即编码程度越高，识记越牢固，保持越持久；反之，对识记材料所做的认知加工越少，编码程度越低，识记效果越差，保持也短暂。

3. 学习程度

艾宾浩斯研究记忆时，用背诵标准来衡量学习程度。当学习者达到一次完全正确的再现之后，继续进行额外的学习，称为“过度学习”（over learning）。研究表明，适当的过度学习能够让材料的记忆保持时间更长。不过，这并不意味着学习的次数越多越好，超过一定数量的额外学习，对记忆的提升效果不再明显，而且花费的学习时间更长，付出的精力更多，造成时间与精力的浪费。一般来说，在正好学会的基础之上增加50% 学习效果最好。

4. 系列位置效应

系列位置效应，是指在多个识记项目连续呈现的情境下，各项目因其在序列中的位置不同而影响识记后的保持及回忆，见图 6-10。系列位置效应包括近因效应和首因效应。

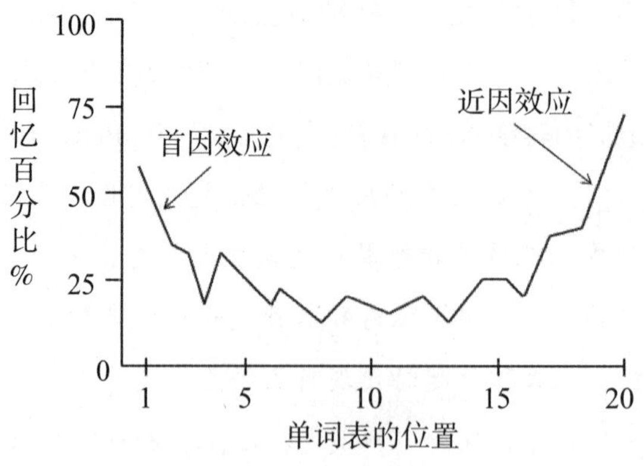

图 6-10　系列位置效应

近因效应是指对于识记的一段材料，最后识记的项目首先回忆起来，遗忘最少，保持效果最好；其次回忆起来的是最先识记的项目，遗忘较少，保持效果较好，叫作首因效应；最后回忆起来的则是中间部分的项目，遗忘最多，保持效果最差。

系列位置效应中的首因效应和近因效应可以用前摄抑制和倒摄抑制的干扰来解释。

前摄抑制是指先前学习和记忆的材料对后学习的材料的干扰作用；倒摄抑制是指后学习与记忆的材料对保持和回忆先学习材料的干扰作用（图 6–11）。

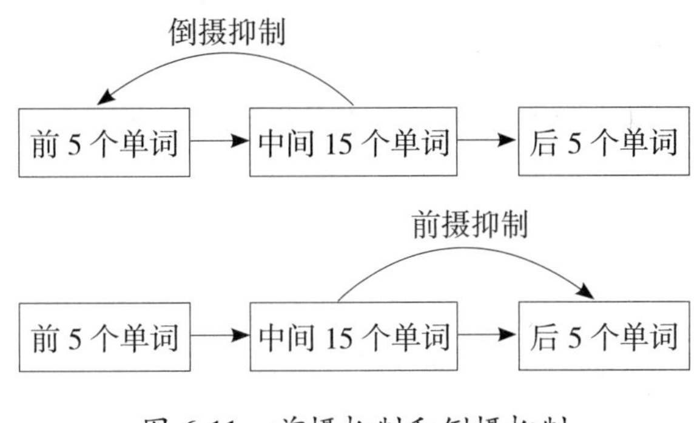

图 6-11　前摄抑制和倒摄抑制

这给我们的启示是：在记忆时，应将较重要的内容与项目放在开始和结尾时记忆；而对于中间部分的学习内容，要适当增加复习的次数。这样才能保证对所学材料较好的保持效果。

（三）提取的影响因素

即使我们已经将信息存储在记忆中，也可能在需要的时候无法成功提取。很多人都经历过这样的场景：当试图回忆某个特定词汇、人名、地名或事实时，感觉自己几乎就要想起来，但又差那么一点点。这种情况在心理学里被称为“舌尖现象”。这是由于在提取阶段，对记忆的检索出现问题，导致信息提取失败。

记忆的提取有以下影响因素。

1. 材料的相似性

如果材料中的项目彼此相似程度较高，其中一部分为当初识记的内容，而另一部分则为干扰项目，与实际项目相似但是并不是先前识记过的项目，那么，再认就容易发生混淆。这种现象在英语单词或英语短语的辨认方面较为明显。例如，有一道英语单选题：

It is quite necessary for a qualified teacher to have good manners and (　　) knowledge.

A. extensive　　B. expansive　　C. intensive　　D. expensive

译文：一个合格的教师必须具有良好的举止和广博的知识。

答案是 A。错误答案 B、C、D 与 A 的相似程度都比较高，容易混淆。

2. 相关线索

回忆时，与识记内容密切相关的线索会影响回忆效率与回忆质量。可以构成回忆线索的东西有很多，如识记时的背景、自己对原材料的创造性加工、识记时的天气等。通过与识记内容相关的线索，个体可以促进对记忆对象的提取。生活中这样的例子很多。例如当我们要回想某首歌曲中间的歌词时，怎么也回忆不起来，此时常常从开头哼起，哼到中间部分时，那句歌词很容易就脱口而出，这就是利用了前面熟悉的部分作为中间歌词的线索。

这给我们的启示是：在回忆有困难的时候，不要以为信息真的被遗忘了，也有可能是我们没有找到合适的线索，一旦线索出现，回忆内容也就随之而现了。

3. 情境因素相似性

记忆活动总是发生在一定的情境之中的，相似的情境有利于信息的提取与准确性，即能够促进回忆效果。人们识记了信息，并将其保存在记忆系统中，这些过程一定与特定的情境相联系，如在闷热的教室中背单词、观看 Flash 动画学习化学反应方程式等。而对这些信息进行回忆时，也会发生在某一情境下。此时，信息提取情境与当初学习情境相同或相似时，情境中的信息就可成为提示线索，帮助我们回忆先前在此环境下发生的事情以及学习的内容。

4. 情绪状态

情绪对于回忆的影响可能是积极的，也可能是消极的。积极的情绪（如轻松、愉悦的情绪状态）有利于再认和回忆；反之，消极的情绪（如紧张、焦虑的情绪状态）则对再认和回忆具有明显的抑制作用（图 6–12）。

图 6-12　消极情绪不利于提取记忆

总的来说，影响记忆的因素很多，每个阶段的影响因素并不是孤立的，其在各个阶段中常常都有所体现。总结起来，这些影响因素可以分为主观因素和客观因素两种。主观因素包括记忆的目的、生理状态、情绪状态、学习程度、加工深度等；客观因素包括材料的性质、时间间隔、外界环境相似性、外界干扰因素等。我们应该学会积极利用这些影响因素，提高自己的学习效率。

第四节　思维和问题解决

一、思维

（一）思维的定义

思维（thinking），是人脑对客观事物间接的和概括的反映，它需要借助语言、表象或动作来实现。思维是认识的高级形式，能够揭露事物的本质特征和内部联系，主要表现在概念形成和问题解决的活动中。

思维与感知觉不同。感觉、知觉只能反映事物的个别属性或个别的事物；思维则能反映一类事物的本质属性和事物之间的规律性联系。例如，通过感觉和知觉，我们只能感知形形色色的具体的笔（如铅笔、钢笔、毛笔、蜡笔等）；通过思维，我们就能把所有的笔的本质属性（如写字的工具）概括出来。通过感觉、知觉，我们只能感知到太阳和月亮每天从东方升起，从西方落下；通过思维，我们则能揭示这种现象的规律性是地球自转的结果。思维使人们对事物的认识更加深刻，能够反映事物的本质，发现普遍规律。

（二）思维的特征

思维具有以下特征。

1. 间接性

思维的间接性是个体通过一定的媒介及知识经验，对客观事物进行间接的认识。例如，牛顿看到苹果从树上落到地面，便推知苹果受到地心引力的作用。科学家们不能直接看到某些疾病与遗传基因的关系，但是他们可以通过医学实验来逐渐认识二者的关系。这些都是间接认识的例证。

2. 概括性

思维的概括性是个体在大量感性材料的基础上，建立事物之间的联系，把一类事物的共同特征和规律抽取出来并加以概括，得出对事物本质的认识。例如，在生活中，我们看到有各种各样的椅子，虽然这些椅子的形状和大小都不一样，但是它们都有一个共同的特征，即都能让人坐在上面，所以我们将其统称为椅子。

3. 重组性

思维是探索与发现新事物所必需的心理过程，它常常指向事物的新特征和客体间的新关系，这需要个体对头脑中原有的知识经验不断进行更新和重组，在先前知识经验的基础上发现新的知识经验。例如，个体小时候对于闪电的认识，只是一种可怕的天气现象；而随着知识的增加，知道了闪电是大气中雷雨云的一种放电现象。

（三）思维的分类

思维是非常复杂的认知过程，也是认知活动的高级形式。从不同的角度，可以将思维进行多种分类。

1. 动作思维、形象思维和逻辑思维

根据思维所要解决的问题的内容、性质和媒介物，可以将思维区分为动作思维、形象思维和逻辑思维。

（1）动作思维（action thinking），又称实践思维，是指依赖于动作的思维过程。它具有直观的外部形式，即通过动作来体现思维。例如，在中学的科学课上，半导体收音机不响了，学生拆开外壳，用电表检查电池是否有电；若电池有电，再检查线路是否接触不良、三极管是否出了故障等，直到最后找到收音机不响的原因。

动作思维是以实际操作来解决直观的、具体的问题。修理工人、工程师、象棋初学者等经常运用动作思维来促进问题的解决。

（2）形象思维（imaginal thinking），是指个体利用头脑中的具体形象（表象）进行思考、解决问题的思维过程。形象思维比动作思维更高级，可以脱离具体的刺激物而进行。例如，我们在布置房间时，会事先思考电视机应放在哪里、电脑放在哪里、书柜放在哪里，台灯选择什么样式比较好、如果配上一个鱼缸效果会不会更好等，之后我们才会实施。在具体实施之前所规划的房间布置蓝图，就是运用形象思维的结果。

画家、摄影师等经常运用形象思维，如画家在头脑中使用线条、阴影、色彩等要素进行构图，在正式创作前，头脑中已经有了一个作品的雏形，创作只是将这种形象思维外化的过程。

（3）逻辑思维（logical thinking），是指个体运用概念进行判断、推理，从而得出命题、规律以及问题解决方案的思维过程。逻辑思维具有高度的抽象性，是以语言为载体而进行的，逻辑思维通过语言将事物的共同特征以及本质属性概括出来，并储存到记忆系统或外部媒介（如书、笔记等）。

例如，当我们思考“什么是爱情”“生命的意义”“我如何进行个人生涯规划”等问题时，就是利用概念进行推理、判断的思维。思维过程离不开语言或文字，因此逻辑思维也称为语词逻辑思维。哲学家、数学家经常运用这种思维来解决实践中遇到的问题。

上述三种思维是互相联系的。从个体发育的角度来看，儿童的动作思维和形象思维先发展起来，逻辑思维出现较晚。而在成人的思维活动中，这三种思维往往是互相联系、互相渗透的，人们经常综合使用三种思维类型来解决问题。例如，司机用实际操作检查马达出故障的原因时，必然与马达正常运转时的形象相对照，同时运用已有的知识经验（如汽车运行的原理）进行逻辑推论，只有这样才能找出马达出故障的原因。

2. 辐合思维和发散思维

根据思维探索问题的方向特征，可以将思维分为辐合思维和发散思维。

（1）辐合思维（convergent thinking），是指个体根据已知的信息，利用熟悉的规则解决问题，是将各种信息聚合起来得出答案或解决方案的思维过程。辐合思维具有特定的方向、范围，具有条理。例如，利用已有的公式、定理去解决数学问题；利用一定的武术拳路向对手进攻等。尤其在问题存在唯一正确答案或解决方案时，辐合思维是唯一的解决手段。

辐合思维能够提高问题解决效率，避免思维漫无边际和精神浪费，能够使认知努力朝向问题的终点，从而提高问题解决效率。

（2）发散思维（divergent thinking），是指个体面对一个不确定的问题时，沿着不同的方向进行探索的思维过程。发散思维需要个体对当前已知信息和记忆系统存储的信息重新组织，追求思维的多样性，从而产生大量的、独特的新的思维产品。对于存在不同解决方案或答案的问题，发散思维是非常有效的解决手段。例如，当前流行的头脑风暴（brain-storming），就是利用发散思维，尽可能多地设想问题解决的方案。

发散思维会产生不同的解决方案，之后要通过试验或实践，来验证哪种方案最合理、最有效。另外，发散思维也体现了创造水平，发散思维越强，创造水平越高。

辐合思维与发散思维并不是截然分开的，两种思维在解决问题时常常紧密联系、互相促进。当我们分析火灾如何产生时，会发散出许多可能的原因并做出种种假设，这是在进行发散思维；而发现一定的线索，找到相关的目击者等，会逐渐缩小假设的范围，减少假设的数量，最终一步步发现真正的原因，而这是在进行辐合思维。所以在解决问题中，辐合思维与发散思维是相互依赖、相互促进的。

3. 常规思维和创造性思维

根据思维的独创性，可以将思维区分为常规思维和创造性思维。

（1）常规思维（conventional thinking），就是运用已获得的知识经验，按现成的方案解决问题的思维过程。例如，学生运用已学会的数学知识解同一类型的题目。这种思维缺乏独创性，是对记忆存储的知识应用的过程，不会产生新的思维成果。

（2）创造性思维（creative thinking），是指个体在原有知识经验的基础上，通过发现新事物、创造新方法等解决问题的思维过程，是思维活动的高级形式。创造性思维最显著的特征就是其创新性，产生不同于先前的思维形式或思维成果。例如，新理论的提出、新观点的产生、新问题解决方法的提出等。

心理学家认为，创造性思维是多种思维的综合表现，它与想象思维、发散思维密切相关。许多科学发明都是创造性思维的结果。例如，仿生学方面，根据蝙蝠的回声定位系统，科学家发明了雷达；根据青蛙眼睛的特殊构造研制了电子蛙眼，用于监视飞机的起落和跟踪人造卫星等。

创造性思维有三个特征，流畅性、变通性和独创性。

流畅性（fluency），就是在限定时间内产生观点数量的多少。在有限的时间内产生的观点数量越多，思维的流畅性越高；反之，思维的流畅性越低。流畅性是评价创造性思维水平的一个重要指标，创造性思维水平越高，个体在短时间内产生的观点数量越多。

变通性（flexibility），是指抛弃以往的思维习惯或方法，开创不同的问题解决方案的能力，反映了创造性思维的广度。变通的范围越广、维度越多，创造性思维的水平越高。变通性要求个体能够克服思维定势与功能固着的限制，尽可能向不同方向发散思考；能够充分利用已知条件，发现各已知条件之间的独特关系，产生不同的解决方案。

独创性（originality），是指产生不寻常的问题解决方案或观点，以及重新定义或按照新的方式对认知材料加以组织的能力。独创性是创造性思维最直接的反映，独创性越高，创造性思维的水平也越高。独创性要求提出的观点要新颖、独特，并能够克服思维定势带来的限制。

二、问题解决

（一）问题和问题解决

（1）问题（problem），是指这样一种情境：个体想做某件事，但不能马上知道完成这件事所需采取的一系列行动。在学习和工作中，当遇到不可能直接完成的任务时，问题就产生了，如解决考试难题、治疗流行性传染病、解答数学应用题、设计软件等。

（2）问题解决（problem solving），是指在一定情境下，个体按照一定的标准，应用各种认知活动、技能等，经过一系列的思维操作，使问题得以解决的过程。一般来说，问题解决的结果是形成一个新的解答，即超越过去所学规则的简单应用而产生一个解决方案。这意味着，问题解决者需要综合运用已经习得的概念、命题和规则，来达到一定的目的。例如，解决几何证明题、解决打印机的故障等。

（二）结构良好问题和结构不良问题

根据问题的组织程度，可以把问题分为结构良好问题和结构不良问题。

（1）结构良好问题（well-structured problem），是指初始状态、目标状态以及操作过程都明确的问题。对于这类问题，问题解决者只需将已有知识经验、解决方案应用于问题即可。目前学生在学习中遇到的大多数学科性问题，都属于结构良好问题。结构良好问题表征方式确定、一般有确定的答案或确定的答案形式。

例如，“解决计算机由于鼠标老化而带来的使用不便问题”，这个问题属于结构良好问题，其初始状态（鼠标老化）、目标状态（鼠标良好）和操作过程（维修或更换新的鼠标）都是具体明确的。一般学生在学校里进行的各种解题运算、解答考试题等，面对的都是结构良好问题。学生只需要确定问题的已知条件、问题要求以及目标状态，就可以利用所学的知识解决问题。

（2）结构不良问题（ill-structured problem），是指初始状态、目标状态以及操作过程中有一项或几项表述模糊的问题。这类问题并非指这个问题本身有错误或不合理，而是指它没有明确的结构或解决途径。结构不良问题，一般没有确定的答案或确定的答案形式。

例如，“如何适应新的工作环境？”，这个问题初始状态不明确，什么样的公司、个人的情况、工作环境的性质如何等，都没有清晰的界定，而且具体的适应策略也没有固定的标准；“调研人口群体老龄化对于社会经济建设发展的影响，并撰写研究报告”，这个问题初始状态、目标状态以及问题的解决过程都不明确，是典型的结构不良问题。

（三）影响问题解决的因素

问题的解决受多种因素的影响，除了问题解决策略的运用外，还包括问题解决主体，以及问题自身的一些因素。

1. 问题的呈现方式

在问题解决过程中，问题如何呈现会影响学生对问题的表征与理解，进而影响问题解决。当呈现方式直接提供了解题线索时，能促进对问题的表征与解决；当呈现方式造成解题线索的隐匿或不明显时，便阻碍对问题的表征，影响问题解决的速度及成功率，甚至会形成误导或干扰。对于这种现象，在考试中要加以注意，避免受到试题的干扰项或陷阱的误导。

2. 功能固着

功能固着（functional fixedness），是指一个人看到某一事物具有一种惯常的用途后，就很难看出它的其他新用途，即将此事物的功能局限在这种惯常用途上。初次认识的用途越重要，功能固着发生的可能性越大。功能固着会影响问题解决。

例如，在日常生活中经常碰到这种现象，假设某一个螺丝松了，手头没有螺丝刀，怎么办呢？这种功能固着使我们倾向于以习惯的方式运用物品，妨碍我们以新的方式去用它解决问题。是否想到用一把小刀或其他可以旋动螺丝的物品呢？

3. 反应定势

反应定势（response set），是指以最熟悉的方式做出反应的倾向。反应定势与思维定势关系密切，不同的是其更强调在习惯的驱动下做出的反应。

反应定势与问题解决关系密切。对于常规问题，条件充足，题目简单，此时反应定势能够由于经验而得到促进；而面对创造性较强的问题，可能会由于反应定势，使得思维活动刻板化，按照熟悉的方式去考虑和解决问题，抑制了其他解决方案的产生，最终导致问题解决失败。

4. 酝酿效应

酝酿效应（incubation effects），是指当个体反复探索一个问题而毫无结果时，先把问题暂时搁置几小时、几天或几星期，然后再回过头来解决，常常可以很快找到解决方法的现象。酝酿效应打破了问题解决思路的定式，从而促进了新思路的产生。

除了以上四点外，个体的知识经验、动机强度、情绪状态、人际关系也会影响问题解决。总之，影响问题解决的心理因素是多种多样的，它们不是孤立地在起作用，而是互相联系、互相影响，共同影响问题解决的效率。

（四）如何提高问题解决效率

在实际教学中，教师要把重点放在学科知识、特定学科问题解决的逻辑推理和策略、有效解决问题的一般原理和原则上，以提高学生解决问题的能力。而作为学生，本身也要进行相关的训练，提高问题解决策略的运用技巧，掌握问题解决的规律，进而提高问题解决效率。

1. 对问题正确表征

在问题解决过程中，不要急于实施问题解决方案或关注具体的解决方法，首先要对问题的特点或题目所考查的知识点进行总体的分析，注意问题中的各种条件、具体的细节。当问题与先前经历过的问题类型近似时，要尤其注意，此时容易因为受到过去经验的影响，而忽略新问题与先前问题的差异，导致解答失败。对于这点，在考试中要高度重视。

2. 避免反应定势

反应定势，有时会限制问题解决的思路，影响对问题的表征及解决。要避免反应定势，就要在平时多进行创造性思维的训练，在面对问题时要善于从不同角度对问题进行表征，力求对问题进行完整、全面的理解。

当利用惯常的解决思路不能有效解决问题时，要善于跳出原有解题思路，重新表征问题，努力发现新的线索或细节，提出新的解决方案。

3. 训练对问题解决过程的监控

对问题解决过程的监控，是一种元认知监控能力。我们在解决问题的过程中，要善于多问自己一些问题：这个问题我理解得对吗？我使用的解题策略是否有效？还有更好的解决方法吗？有没有其他的解决途径呢？我的注意力够集中吗？能够对问题解决过程进行反思，是一种高级思维能力的体现。在平时的练习中，应该注意培养这种能力，提高问题解决效率。

4. 提高问题解决的自我效能感

自我效能感，是对自己解决某种问题的能力的相信程度，与自信心相似。在问题解决过程中，较高的自我效能感，能够促进个体积极面对困难，广泛发散思维，寻求各种帮助来促使问题解决；反之，自我效能感较低，会抑制大脑的兴奋水平，面对困难容易放弃，降低问题解决效率。

第五节　加涅的教学设计理论

一、加涅学习理论的基本思想

加涅是美国著名的教育心理学家，他综合了行为主义、信息加工心理学的思想，提出了一个系统化的框架，用于理解和设计促进有效学习的教学策略。加涅的学习理论对教育实践，尤其是教学设计领域有着深远的影响。在“学习的分类”一节中，我们已经了解了加涅对学习结果的分类和学习过程的分类，本节主要介绍加涅基于信息加工学习理论提出的教学设计理论。

加涅认为，学习是一个累积过程，高级技能的学习建立在较低级技能掌握的基础上。教学应按照学习的层级顺序进行，确保学生掌握了学习新内容所需的基础。有效的教学设计需要考虑学习者内在条件（如认知结构、动机等）和外在条件（如教学环境、教学资源等）之间的相互作用。

二、九个教学事件

为了学习结果的达成，加涅根据信息加工学习理论，提出了教学设计的九个关键事件，这九个事件的顺序如图 6–13 所示。

1. 引起注意

引起注意是教学的第一步，即吸引学习者对将要进行的教学活动保持注意力。教师在日常教学中可以通过多种活动来吸引学习者的注意，比如口头提问，或使用听觉或视觉刺激的方式来吸引学习者的注意。

例如，教师呈现不同的几何图形，提问：这里只有一个是三角形，你们知道是哪一个吗？

2. 告知学生学习目标

告知学生学习目标是指在正式的教学活动开始前，明确地告知学习者将要学习的内

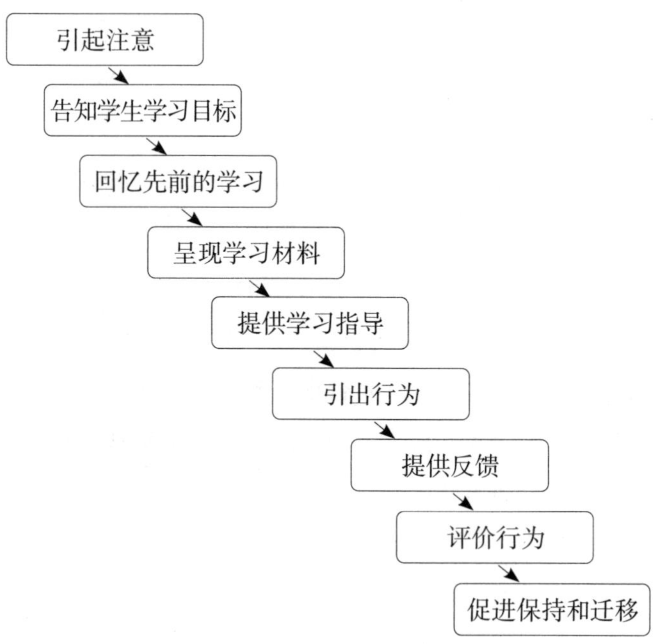

图 6-13　九个教学事件

容以及要达到的学习目标。制定并告知学习目标有两方面的作用：一方面，有助于教师把教学始终维持在教学目标上；另一方面，为学习者指明了学习的方向，有助于学习者知晓学习的预期成果。

例如，教师：这节课我们要学会辨认三角形，学完之后大家能够分辨三角形和其他图形，能在生活中找到各种三角形。

3. 回忆先前的学习

回忆先前的学习是指激活学习者头脑中与即将学习的内容相关的先前知识。回忆先前的学习有助于学习者将新知识与旧知识相联系，可以通过提问、讨论或展示相关材料等方式来实现。

例如，教师：请同学们辨别直线和曲线、闭合图形和非闭合图形。

4. 呈现学习材料

呈现学习材料是指向学习者展示新的学习内容。可以通过讲授、视觉辅助、多媒体演示等多种方式来呈现学习材料。呈现的学习材料应该是有组织、清晰的，适合学习者的认知水平。

例如，教师呈现四个不同的三角形，并指出这些都是三角形。

5. 提供学习指导

学习指导其实就是提供学习支架。即在学习者自主学习的过程中提供必要的认知支持和指导。提供学习指导包括提供示例、解释复杂概念或提供一些问题解决的策略等。

例如，教师出示更多的三角形，并比较三角形与非三角形的差异。

6. 引出行为

引出行为是指提供机会让学习者通过练习来应用新学到的知识。练习能够帮助学习者巩固所学的知识，也能验证学习者是否已经掌握所学知识，是非常必要的。

例如，出示一组图形，让学生辨认哪一个是三角形。

7. 提供反馈

提供反馈是指给学习者提供行为表现是否正确的信息。反馈应该是与学习目标紧密相关具体的、建设性的。对学习者的行为表现提供及时的反馈，一方面可以帮助学习者了解自己的掌握程度，另一方面可以指导学习者改进的方向。

例如，教师给出正确答案（哪些是三角形），让学生核对。

如果出现错误，再进行学习指导。

8. 评价行为

评价行为是指对预期学习结果的测量，具体来说就是通过测试或其他评估工具来评价学习者是否达到了设定的学习目标。评价应该是公正和有信效度的，能够准确反映学习者真实的学习成果。

例如，教师给出三组图形（每组 5 个），随意选出一组让学生辨认三角形。

如果学生辨认正确，本节课的教学目标达成。

如果没能达到，进一步指导。

9. 促进保持和迁移

促进保持和迁移是教学的最后一步，是指通过布置一定的学习任务帮助学习者将新知识长期记忆。教师可以通过采取帮助学习者总结、强化练习、应用新知识到新的情境中，或者使用记忆策略等方式帮助学习者长期保持已经习得的新知识。

例如，教师出示含有三角形的物体图片让学生辨认其中所含的三角形。

加涅的教学设计理论适合各种类型的学习，为教育者设计出结构清晰、目标明确、效果可见的教学设计提供了一个系统的参考。教育者按照这些教学事件的内容和顺序来进行教学设计可以确保教学过程的每个阶段都能最大限度地促进学习者的学习。

【扩展活动：设计一个知识点的教学过程】

按照加涅的九个教学事件，让学生选择自己专业课程中的一个知识点，设计一个完整的教学过程。

【课后习题】

一、选择题

1.“一手画方，一手画圆，始不能成”，这说明了（　　）。

A. 人的能力是有限的　　B. 注意分配的规律

C. 人不能同时干两件事情　　D. 动机定律

2.“心不在焉，则黑白在前而不见，擂鼓在侧而不闻”说明人的心理活动过程离不开（　　）。

A. 感知　　B. 记忆　　C. 注意　　D. 思维

3.“万绿丛中一点红”容易被注意到是利用刺激物的（　　）。

A. 强度　　B. 对比　　C. 变化　　D. 活动

4. 短时记忆的容量有限，为了使其包含更多的信息，可采用的方式是（　　）。

A. 感觉登记　　B. 注意　　C. 组块　　D. 复述

5. 在“尽可能地说出曲别针的用途”这个任务中，小李一口气说了很多，超过其他同学，这说明他创造性思维中的哪方面比较好？（　　）

A. 流畅性　　B. 变通性　　C. 独特性　　D. 实用性

二、问答题

1. 试述感觉和知觉的规律。

2. 试述注意的种类及其影响因素。

3. 李老师发现，班上的许多学生花了很多时间记忆英语单词，但在英语考试中还是出现了很多错误。请谈谈教师应如何根据遗忘规律，教给学生避免遗忘的复习方法。

第七章

认知学习理论

本章提要

第一节 格式塔学习理论

- 什么是格式塔
- 顿悟和试误学习

第二节 布鲁纳的认知结构学习理论

- 认知结构与学科结构
- 发现学习

第三节 奥苏贝尔的有意义学习理论

- 有意义学习和机械学习
- 有意义学习发生的条件
- 接受学习和发现学习
- 先行组织者

想想你如何学习这个知识点——“地幔（Mantle）介于莫霍面和古登堡面之间，厚度在 2800 km 以上，平均密度为 4.59 g/cm^3，体积约占地球体积的 82.26%，质量约占地球总质量的 67.0%，在很大程度上影响了地球物质的总组成。”

如果学生仅仅依靠死记硬背，或许能够在考试时把这段话回忆出来，但是很快就会忘记，也无法在实践中应用。要达到真正的理解，学生需要知道莫霍面和古登堡面的含义，还要能够将这段话与头脑中已有的知识联系起来，形成新的认知结构。这样才能够真正掌握所学知识。

认知学习理论主要讨论学习者头脑中的加工过程。对此，心理学的研究分为两个方向：前一章讨论了研究者如何从信息加工的角度理解人的认知过程，本章主要介绍其他认知学习理论，包括格式塔学习理论、布鲁纳的认知结构学习理论以及奥苏贝尔的有意义学习理论，这些理论都探讨了人们头脑中的认知结构如何发生改变。

第一节　格式塔学习理论

一、什么是格式塔

图 7–1 中的两张图，都是由带有白色线条的黑色圆圈组成，你从图中能看到什么？

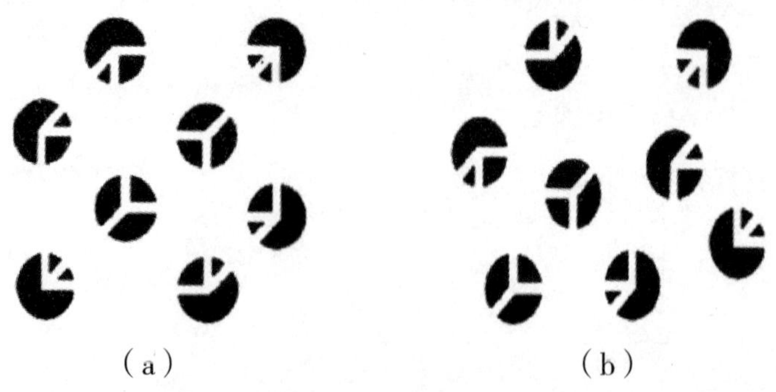

（a）　　　　　　（b）

图 7-1　元素之间的关系决定了整体

从图 7–1 中可以发现，当黑白圆圈以一定的关系排列在一起时，我们可以看到一个白色的立方体，如图 7–1（a）所示，但是当这些黑色圆圈之间的关系混乱时，就无法看到一个白色的立方体，如图 7–1（b）所示。格式塔学习理论认为，人在知觉时，理解事物之间的关系，是形成对事物的整体认知的关键。

所谓格式塔，是德语 gestalt 的音译，意即“完形”，可以理解为整体的意思。格式塔心理学家认为，思维是整体的、有意义的知觉，是认识事物关系时形成整体知觉的前提。学习的目的在于形成对事物的整体认识，学习的过程不是试错的过程，而是顿悟的过程，即结合当前整个情境对问题的突然解决。

二、顿悟和试误学习

格式塔学习理论最著名的实验是沃尔夫冈·苛勒（Wolfgang Kohler，1887—1967）用黑猩猩做的一系列实验，证明了黑猩猩的学习是一种顿悟，而不是行为主义心理学家桑代克认为的试误。苛勒把香蕉悬挂在黑猩猩够不到的木笼顶上，笼中的黑猩猩在试图跳着抓取香蕉失败几次之后，干脆不跳了，它若有所思地静待了一会儿，突然把事先放在木笼内的箱子拖到香蕉的下方，一个箱子够不着，就将两个箱子叠在一起，然后爬上箱子取下了香蕉（图 7–2）。苛勒的解释是：遇到问题时，动物可能审视相关的条件，例如箱子本来不是用来取香蕉的工具，但是动物凭借自己的智慧领会到几个箱子叠在一起能够增加高度的时候，就产生了顿悟，解决了这个问题。一旦掌握了这个方法，以后遇到类似的问题也能够顺利解决了。

图 7-2　苛勒实验中的黑猩猩

格式塔学习理论认为，学习是要在头脑中形成一个有机整体，学习者能够理解情景中各种事物之间的相互关系。在学习之前，学习者对事物的认识可能处于一种无组织的混沌状态，经过学习以后，这种混沌的模糊状态就转变成一种有意义、有组织、有结构的整体状态，这就是知觉重组的过程。知觉重组注重的是认清事物的内在联系、结构和性质。

格式塔理论的顿悟学习和桑代克提出的试误学习之间存在明显的对立。桑代克认为学习是在不断地尝试错误中自动形成的，学习就是建立刺激与反应之间联系的过程，不需要任何观念作为中介；格式塔则反对行为主义的联结观点，认为学习不是对个别刺激做出个别反应，而是通过对一定情景中各种事物的关系的突然理解而实现的。

格式塔学习理论反对行为主义让儿童对不理解的公式死记硬背，指出教师在教学中首要的任务是帮助学生通览问题情境，使他们明白怎样去解决、为什么这样解决问题，争取让他们在理解、领会问题的前提下产生顿悟；认为学习贵在打破旧有知识和模式的束缚，争取在认清问题领域的基础上产生顿悟，掌握解决问题的原则，做到触类旁通、举一反三，促进智力水平的提高。

加法的进位是小学数学的一个重要知识点。李老师将进位的规则编成口诀要求学生背诵，然后布置大量的练习题，让孩子们通过练习掌握进位的方法。王老师则给出一个实际应用的场景，引入进位计算，并使用物品（如石子或珠子），让孩子们自己摆放之后，再数一数，当数到十时，就将一组珠子移出去，表示进位。李老师的方法符合桑代克的“试误”学习的观点，而王老师的方法更符合格式塔“顿悟”学习的理念。

你认为哪一种方法更好呢?

第二节　布鲁纳的认知结构学习理论

杰罗姆·布鲁纳（Jerome Seymour Bruner，1915—2016）是美国著名的教育心理学家。他是认知心理学的先驱，是致力于将心理学原理实践于教育的典型代表，也是被誉为杜威之后对美国教育影响最大的人。

一、认知结构与学科结构

布鲁纳在前人的基础上突出强调了“认知结构”在学习和教学中的重要性。认知结构类似于格式塔学习理论所说的完形，不过布鲁纳对其做了重新定义，他认为认知结构就是人关于现实世界的内在的编码系统。图 7-3 所示是一个“食物”的类别编码系统，可以看到在一个编码系统中，越是较高级的类别，越能超越较低类别的具体性，而具有普遍的适用性。

每个学习者头脑中都有一个认知结构，而布鲁纳强调学习者的认知结构应该朝学科结构的方向发展。学科结构就是一个学科中的基本概念、基本公式、基本准则，这些基

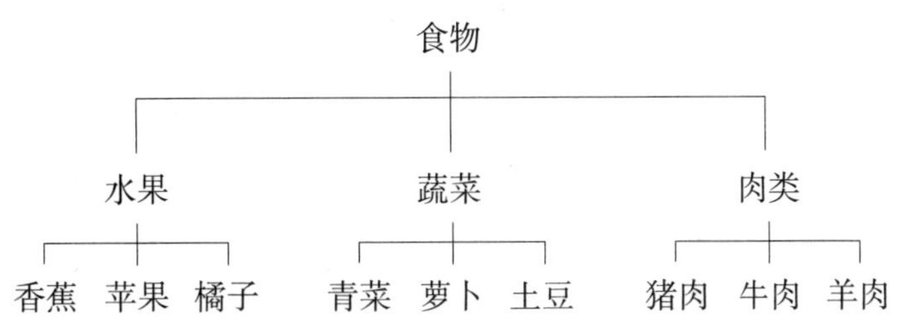

图 7-3　食物的类别编码系统示例

本概念、基本公式和基本准则将各种现象和零散知识联系成一个整体。学科结构是由无数的科学研究者通过多年的研究确定下来的。比如物理学科中的牛顿运动三大定律，是对物体运动的最普遍原理的概括。学科结构中的公式、准则有其内在的规律，反映了事物之间的联系，具有普遍的适用性。在布鲁纳看来，任何学科的基本知识和观念都能以某种方式教给学生，各学科教师的教学就是要促进学生对该学科的基本结构的理解。

例如，图 7–4（a）中，一个学生在学习之前，依靠日常经验，自发形成的对“动物”的认知结构，可以看到该学生对动物的认识是基于感性的经验，而没有完全抓住本质。经过学习，该学生的认知结构转变为图 7–4（b）中的认知结构，这是由科学家们经过多年的研究，根据本质特征对动物所作的分类。

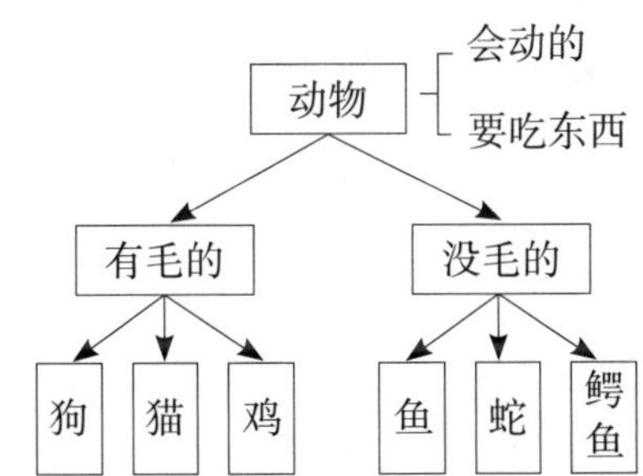

（a）某个学生在日常生活中形成的对“动物”的认知结构

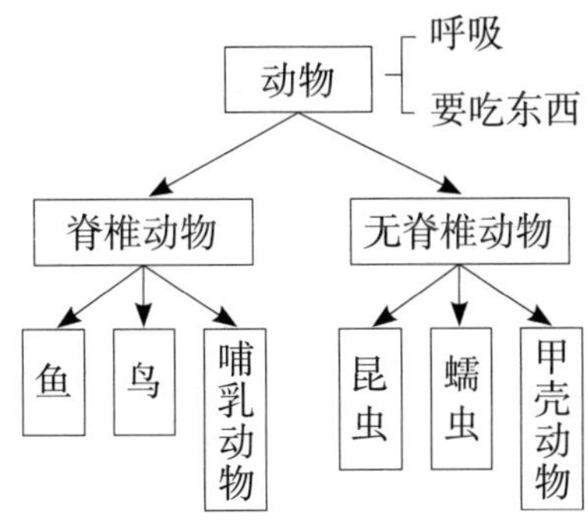

（b）经过学习，该学生形成了新的对“动物”的认知结构

图 7-4　一个学生学习前后对“动物”的认知结构的变化

二、发现学习

发现学习是指学生不是从教师的讲述中得到一个概念或原则的知识，而是从教师提供的学习情境中通过自己探究，发现知识。布鲁纳认为，发现学习是使学生掌握学科基本结构的良好方法，要掌握学科的基本结构，就必须掌握研究学科结构的基本方法。让学生利用所提供的材料，亲自去发现应得的结论或规律，成为一个“发现者”，这充分体现了人在学习过程中的主动性。

代数中的变换律、分配律和结合律等，是代数这门学科的基本结构，小学低年级的学生完全能够掌握这些最基本的原理。事实上，儿童在幼儿园玩跷跷板时就知道，如果对方比自己重，自己就得往后移；如果对方比自己轻，自己就得往前移，否则就玩不成跷跷板。根据这个原理，布鲁纳设计了一个天平，让 8 岁儿童借助动手操作、“视觉映像”和符号来掌握代数中的基本结构（图 7–5）。

布鲁纳认为，小学低年级的学生往往能够像鹦鹉学舌似的说出“几乘以几等于 18”，但他们对“9 × 2”与“2 × 9”，或“6 × 3”与“3 × 6”有没有不同常常不能做出准确的判断。但是，如果让学生自己先动手操作，在天平一边钩子 9 上挂上 2 个小环，在天平的另一边寻找能保持天平平衡的各种组合，并把它们记录下来。小学生根据以往玩跷跷板的经验，很快就能知道在钩子 2 上挂 9 个小环，在钩子 3 上挂 6 个小环，或在钩子 6 上挂 3 个小环，……都能保持天平的平衡。这样，学生掌握的就不只是“9 × 2 = 18”，而是代数的基本结构——交换律。

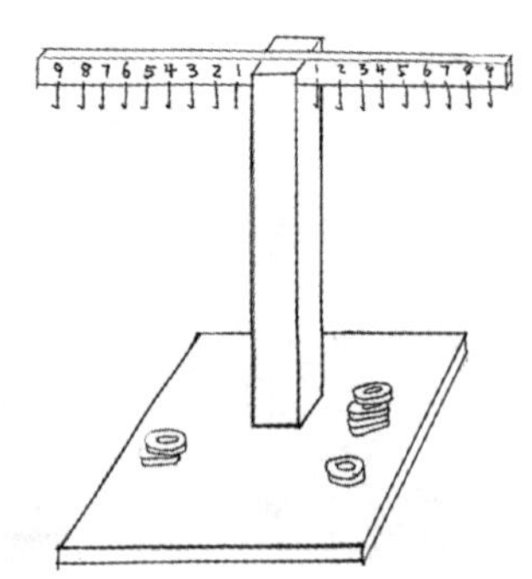

图 7-5　通过天平学习交换律

发现学习具有以下特征。

1. 强调学习过程

在教学过程中，学生是一个积极的探究者。教师的作用是要创设一种学生能够独立探究的情境，而不是提供现成的知识。学习的主要目的不是要记住教师和教科书上所讲的内容，而是要学生参与建立该学科的知识体系的过程。所以，布鲁纳强调，学生不是被动的、消极的知识接受者，而是主动的、积极的知识探究者。

2. 强调直觉思维

布鲁纳的发现法强调学生的直觉思维在学习中的重要性。他认为，直觉思维与分析思维不同，它不依照详细规定好的步骤，而是采取跃进、越级和走捷径的方式来思维。直觉思维的形成过程一般不靠言语信息，尤其不靠教师指示性的语言文字。直觉思维的本质是映像或图像性的。所以，教师在学生的探究活动中要帮助学生形成丰富的想象力，防止过早语言化。与其指示学生如何做，不如让学生自己试着做，边做边想。

3. 强调内在动机

发现学习有利于激发学生的好奇心，使学生容易对探究未知的结果表现出兴趣。所以，布鲁纳把好奇心称为"学生内部动机的原型"。与其让学生把同学之间的竞争作为主要动机，还不如让学生向自己的能力提出挑战。所以，他提出要形成学生的能力动机，就是使学生有一种求得才能的驱动力，通过激发学生提高自己才能的欲求，从而提高学习的效率。实践表明，对自己能力是否具有信心，对学生学习的成绩有一定影响。

4. 强调信息提取

布鲁纳认为，人类记忆的首要问题不是储存，而是提取。因为学生在储存信息的同时，必须能在没有外来帮助的情况下提取信息。提取信息的关键在于如何组织信息，知道信息储存在哪里和怎样才能提取信息。学生如何组织信息，对提取信息有很大影响。如果学生亲自参与发现事物的活动，那么就必然会用某种方式对它加以组织，从而使记忆具有最好的效果。

第三节　奥苏贝尔的有意义学习理论

奥苏贝尔（David Pawl Ausubel，1918—2008）是美国著名的教育心理学家，他主要关注学校学习理论的研究。奥苏贝尔深入、系统地探讨了课堂中有意义学习的相关问题。

一、有意义学习和机械学习

奥苏贝尔从两个维度，对认知领域的学习进行了分类。一个维度是学习进行的方式，学习因此可分为接受的和发现的；另一个维度是学习材料与学习者原有知识的关系，学习因此可分为机械的和有意义的。这两个维度互不依赖，彼此独立。并且，每一个维度都存在许多过渡形式。从图 7-6 中可以更直观地看出接受学习与发现学习、机械学习与有意义学习之间的关系。其中横轴表示接受学习—发现学习，纵轴表示机械学习—有意义学习。

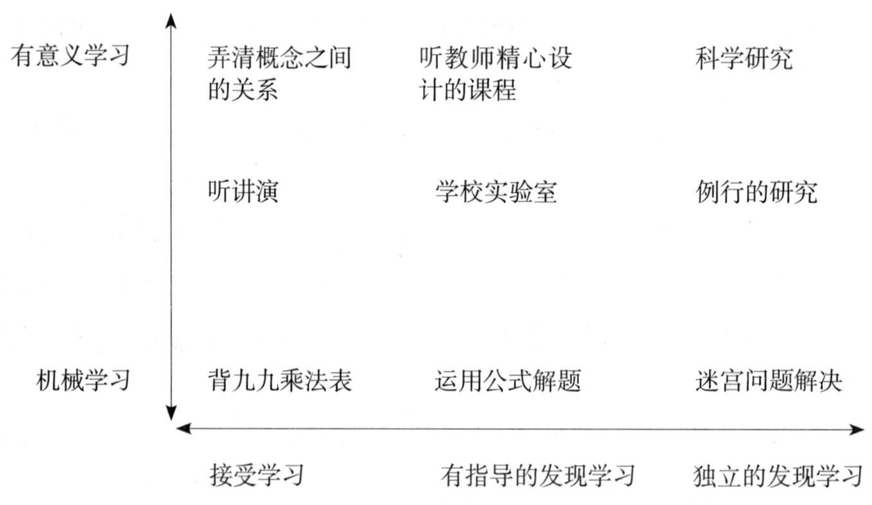

图 7-6　分布于机械学习—有意义学习，接受学习—发现学习的各种学习活动

从图 7-6 中可以看到，背九九乘法表是典型的机械接受学习，而科学研究是典型的有意义发现学习。那么，有没有机械的发现学习呢？迷宫问题的解决就是机械的发现学习。因为走迷宫是学习者通过不断地试错，找到正确的路线。但是学习者找到正确路线，跟他原有的知识经验完全没有关系。而有意义的接受学习在学校的课堂中非常常见，例如，通过老师的讲解，学生理解了牛顿运动第二定律。

1. 有意义学习

有意义学习（meaningful learning）过程的实质，就是符号所代表的新知识与学习者认知结构中已有的适当观念建立非任意的（nonarbitrary）和实质性的（substantive）联系。

非任意（非人为）联系（nonarbitrary connection）是指新知识与原有认知结构中有关概念的联系不是任意的（人为的），而是建立在合乎逻辑的基础上。例如圆周率

3.14159，有人编了一首顺口溜来记忆——“山顶一寺一壶酒”，这两者之间的联系就是人为的联系，不符合有意义学习的定义，因此这样背圆周率并不是有意义的学习。

实质性联系（substantive connection），实质性联系是指新知识与学习者认知结构中已有认知结构之间存在内在的逻辑联系。实质性强调的是新旧知识的内在逻辑一致性。如果学生没有学习概念或者原理的意义而只是记住了这一信息的字面意义，这一信息对他们而言毫无用处，因为它没有和学生已有的其他信息建立起实质性的联系。例如，学生在背诵“地球是太阳系中的一颗行星”时，如果不知道行星意味着围绕恒星（太阳）转，或者没有将这两个知识点联系起来，就没有建立起实质性的联系，没有真正理解“地球是太阳系中的一颗行星”这个知识点。

2. 机械学习

机械学习是指学习者并不构建新知识与已有知识间的实质性联系，而是通过重复和记忆孤立的事实、规则或信息片段来进行学习。在机械学习中，学习者并不理解其知识背后的含义或逻辑。有些情况下机械学习是必要的，如当学生在刚开始学习英文单词时，需要进行机械学习。

二、有意义学习发生的条件

奥苏贝尔认为，有意义学习不仅要求学习材料本身具有逻辑上的连贯性和价值，还要求学习者具备相应的心理准备状态和必要的知识基础，并且在学习过程中采取主动构建知识的态度和策略。具体来说，要发生有意义的学习，需要具备以下条件。

1. 客观条件

学习材料本身必须具备逻辑意义。这意味着学习材料应当能够与学习者认知结构中已有的概念建立自然的、非人为的和实质性的联系。如果材料缺乏逻辑意义，学习者就难以将其融入自己的知识体系中，从而难以进行有意义的学习。

2. 主观条件

（1）学习者必须具有有意义学习的心向。这是指学习者要有主动将新知识与自己已有知识相联系的倾向性和意愿。学习者应该积极寻求理解，而不仅仅是死记硬背。

（2）学习者的认知结构中必须有同化新知识的适当的先备知识。新知识的学习依赖于学习者已有的相关知识，只有当学习者具备了足够的基础或框架，新知识才能被有效地吸收和整合进其认知结构中。

（3）学习者必须积极主动地促进新旧知识的相互作用。学习不是被动接受信息的过程，而是需要学习者积极参与，通过思考、比较、分析等过程，将新知识与旧知识关联起来，从而深刻理解并记住新知识。

客观及主观条件共同作用，才使得学习者最终获得了新知识的心理意义，即发生了有意义学习。

三、接受学习和发现学习

奥苏贝尔指出，要想实现有意义学习可以有两种不同的途径或方式：接受学习和发现学习。接受学习是指教师给学生提供的材料是经过认真考虑的、有组织的、有序列的、完整的形式，学生接受的是最有用的材料。接受学习主要通过教师讲授将知识传递给学生。发现学习则是指要学的主要内容不是由教师或其他人传递，而是必须由学习者自己去发现。

奥苏贝尔反复强调，接受学习不一定都是机械的，发现学习也不一定必然是有意义的。在他看来，无论是接受学习还是发现学习，都有可能是机械的，也都有可能是有意义的。如果教师讲授教学得法，并不一定会导致学生机械接受学习；同样，发现学习也并不一定是保证学生有意义学习的灵丹妙药。如果学生只是机械地记住解决问题的“典型的步骤”，而对自己正在做什么、为什么这样做却稀里糊涂，他们也可能得到正确的答案，但这并不比机械学习或机械记忆更有意义。

奥苏贝尔的认知—接受学习理论注重有意义地接受学习，突出了学生的认知结构和有意义学习在知识获得中的重要作用，对有意义接受学习的实质、条件、机制、类型等做了精细的分析，澄清了长期以来对传统讲授教学和接受学习的偏见，以及对发现学习和接受学习与意义学习和机械学习之间关系的混淆，对学校教育有重要的启示。

四、先行组织者

先行组织者是奥苏贝尔提出的一种教学策略，是指先于学习任务本身呈现给学习者的一种引导性材料，材料应具有较高的抽象、概括和综合水平。先行组织者的目的是帮助学习者为即将学习的新材料建立一个认知框架或者“挂钩”，从而促进新知识与学习者已有知识之间的联系。

后来的研究者扩展了“先行组织者”的含义，美国认知心理学理家查德·E. 梅耶（Richard E. Mayer）将先行组织者定义为“在学习前所呈现的可以使学习者组织及解释新信息的一种讯息”。我国的研究者认为先行组织者的本质有三点（邓峰，2006）：（1）它是呈现于新学习材料之前的引导性材料或信息；（2）它必须以学习者的原有认知结构或知识原型为基础，才能有助于学习者学习新知识；（3）它具有比新学习材料更抽象、更概括和更综合的概念。

先行组织者主要从以下几个方面促进学习：唤起对学习内容的注意；增强学习兴趣；提供储备知识；建立外在联系；促进记忆编码；提取和迁移知识。

【扩展活动：寻找教材中的先行组织者】

活动目的：先行组织者作为一种策略在教学中有广泛的应用，现在很多教材的设计也使用了这种策略。学生通过了解教材中的先行组织者实例，加深对有意义学习理论的理解。

活动内容：学生以小组为单位，一起找一找教材中的先行组织者。活动步骤如下。

1. 小组成员每人选择一个学科领域和学段（如初中物理或者大学数学），找一本你认为使用了先行组织者作为策略的教材。

2. 分析该教材中如何设计先行组织者，该教材的先行组织者可以从哪些方面促进学习。

3. 评价该教材中以先行组织者作为策略的优点和缺点。

4. 反思，如果让你来改进该教材的先行组织者，你觉得应该怎么做?

5. 小组讨论，交流你们的发现和思考，总结几条在教学中设计先行组织者的方法。

6. 全班交流、分享。

【课后习题】

一、选择题

1. 布鲁纳认为，教学的目的在于（　　）。

A. 记住新知识　　B. 发现学习的规律

C. 理解学科的基本结构　　D. 构建个人化的认知结构

2. 苛勒通过研究黑猩猩的学习所提出的学习理论属于（　　）。

A. 联结学习理论　　B. 认知学习理论

C. 有意义的接受学习论　　D. 社会建构论

3. 将符号所代表的新知识与学习者认知结构中已有的适当观念建立起非人为的和实质性的联系属于（　　）。

A. 机械学习　　B. 意义学习　　C. 接受学习　　D. 发现学习

4. 在发现教学中，教师的角色是学生学习的（　　）。

A. 促进者和引导者　　B. 领导者和参谋　　C. 管理者　　D. 示范者

二、问答题

1. 试述格式塔心理学派的主要观点以及对教育的意义。

2. 有人认为，接受学习禁锢了学生的思维，不利于学生创新意识和实践能力的培养，应该完全摒弃。请就此发表你的看法，并分析接受学习与发现学习的关系，思考如何用其相互关系来指导教学实践。

第八章

建构主义学习理论和人本主义学习理论

本章提要

第一节　建构主义学习理论

- 建构主义的主要观点
- 建构主义的教学方法

第二节　人本主义学习理论

- 人本主义的基本观点
- 马斯洛的自我实现理论
- 罗杰斯的“以学生为中心”教育理论
- 人本主义在教育中的应用

当看到一株盛开的蔷薇时，你会想到什么呢？画家会注意到颜色的变化和光影的交错，生物学家会识别蔷薇的品种，小说家会想起一个关于蔷薇的故事。我们每个人都不是单纯地接收信息，而是在独特的个人经验基础上去建构新知识的意义，学习也是如此。比起行为主义心理学家和认知主义心理学家，当代的教育心理学家更关注个体经验，重视学生的主体性，强调情境性与社会互动，关注学习的情感层面，追求个性化的意义建构。本章主要介绍当代教育心理学的两个方向：建构主义和人本主义。建构主义强调学习者主动建构属于个人的知识的意义，而人本主义更重视人的全面发展，两种学习理论从不同的角度探讨了如何促进学习者更为全面和深入的学习。

第一节　建构主义学习理论

一只青蛙向一条鱼描述了岸上的鸟儿，但小鱼头脑中浮现的却是一条长着翅膀的鱼（图 8–1）。这个故事让很多老师和家长都想到了教孩子学习时，他们总会冒出千奇百怪的理解，让人十分无奈。其实，这是由于他们缺乏足够的先前经验的缘故。那么，能不能让孩子在头脑中建立一个我们希望他们拥有的认知结构呢？建构主义对此进行了探讨。

图 8-1　鱼就是鱼

一、建构主义的主要观点

建构主义认为知识不是被动接受的，而是学习者基于个人经验主动建构的结果。每个人根据自己的经验、背景和信念来解释和构建对世界的理解，因此知识是主观的、动态的，并随个体经验的增长而变化。下面从知识观、学习观和学生观三个方面来介绍建构主义的主要观点。

（一）知识观

建构主义对知识的理解倾向于主观主义知识观。不管是之前的认知主义还是其他理论，对知识的理解都遵循客观主义的传统。客观主义认为，现有的知识体系客观地描述了世界的一部分规律，虽然可能还不完善或者全面，但对于已有的知识来说，知识的存在不会受到学习者的影响，即不会因为学习者的不同而不同。例如，浮力定律决定了排水重量大于自身重量的物体就能够浮在水面上，这个原理跟谁学习没有关系，每个人对这个定律的理解都应该是一样的。浮力定律跟问题的情境也没有关系，因为它是一种基本原则，是从无数的表象中抽取出来的原理。学生在学习时，必须掌握这种抽象出来的、跟情境没有关系的，并且是客观的原理。

在客观主义学习理论的指导下，教学的主要目的就是要帮助学生建立一个“正确”的知识结构，学生只有具有了这种知识结构，才能够完成各种工作、生活的活动。不管是布鲁纳的认知结构学习理论还是奥苏贝尔的有意义学习理论，都遵循这种客观主义的知识观。而建构主义对知识的客观性和确定性提出了质疑，认为知识是主观构建的，具体表现在以下几方面。

（1）知识不是永恒正确的。建构主义认为，知识并不是对现实的准确表征，它是目前人们对客观世界的一种解释、假设或假说，不是问题的最终答案。人类的知识一直都处在发展变化过程中，现在的知识只是一种关于某种现象的较为可靠的解释或假设，并不是解释现实世界的“绝对参照”，它很可能随着社会的发展而发生变化。

即使是科学界公认的知识，也会随着人类知识的发展发生变化。例如，物理学上对光的解释，经历了“光是波”“光是粒子”“光又是波又是粒子”三个不同的认识阶段。

（2）知识是有情境性的。建构主义认为，知识并非孤立存在，而是与其产生的具体情境紧密相关。这一点强调知识不是一个脱离环境的、普遍适用的绝对真理，而是个体在特定时间、地点和文化背景下，通过与环境互动、与他人交流过程中主动建构的结果。

在我国，人们最早并没有将季节划分为四季，而是根据春种秋收的活动，将一年划分为两个季节：春和秋。冬和夏的概念在很久之后才出现。对于一些处于四季没有那么分明的地区的人们，则形成了其他的分类方法，比如非洲的季节就只分两种：旱季和雨季。

（3）知识是主观的。每个学习者对知识的理解都不可能完全相同，对知识的真正理解只能是由学习者自身基于自己的经验背景而建构起来的，取决于特定情况下的学习活动过程，而且会随着个体的经验增长不断演变。

小时候学习王之涣的《登鹳雀楼》中的名句“白日依山尽，黄河入海流。欲穷千里目，更上一层楼”，当时只是觉得描绘了一幅夕阳西下、黄河奔腾流入大海的壮丽景色，对于“欲穷千里目，更上一层楼”这句话，仅仅理解为站得高看得远的简单道理。但长大后，才真正意识到这句话寓意着要想看得更远、理解得更深，就必须不断提升自我，勇于攀登新的高度。我们对知识的理解随着经验的增长而不断发生演变。

（二）学习观

学习观主要包括以下三方面。

1. 学习的主动建构性

建构主义认为，学习不是从外界吸收知识的过程，而是学习者主动建构知识的过程。建构主义主张学生通过高水平的思维活动来学习，通过问题解决来学习。学生要不断地思考，基于新、旧知识进行综合和概括，解释有关的现象，形成新的假设和推论，并对自己的想法进行反思性的推敲和检验。学习者作为学习活动的主人，需要对学习活动进行积极的自我管理和反思。

2. 学习的社会互动性

传统的观点认为，学习是每个学生单独在头脑中进行的活动，往往忽视了学习活动的社会情境。建构主义强调，学习是通过对某种社会文化的参与而内化相关的知识和技能、掌握有关工具的过程，这一过程常常需要通过一个学习共同体的合作互动来完成。

学习共同体是指由学习者及助学者（包括教师、专家、辅导者等）共同构成的团体，他们彼此之间经常在学习过程中进行沟通交流，分享各种学习资源，共同完成一定的学习任务，因而在成员之间形成了相互影响、相互促进的人际联系，形成了一定的规范和文化。学习共同体的协商、互动和协作对于学习者的知识建构有重要的意义。

3. 学习的情境性

建构主义强调学习、知识和智慧的情境性，认为知识不可能脱离活动情境而抽象地存在，学习应该与情境化的社会实践活动结合起来。人们在学习过程中应该与情境化的社会实践活动联系在一起，就如同手工作坊中师父带徒弟一样，学习者（“徒弟”）通过对某种社会实践的参与而逐渐掌握有关的社会规则、活动程序等，形成相应的知识。

（三）学生观

建构主义强调，学生不是空着脑袋走进教室的，他们在日常生活或先前学习中获得了丰富的经验与知识，即使出现一些从未接触过的问题，也会从自己的经验背景出发提出合乎自己思维逻辑的假设。由于经验背景的差异，学生对问题的理解常常各不相同，而这种差异本身就是一种宝贵的学习资源，学生能够在一个学习共同体中相互沟通、合作，对问题形成更丰富、更多角度的理解。

二、建构主义的教学方法

当前建构主义的学习与教学理论在实际课堂教学中已经得到了广泛的应用，形成了多种能够促进学生思维发展的具体教学方法。

1. 情境性学习

建构主义强调学习的情境性，认为学习应在与实际情境紧密相关的环境中进行，以促进知识的深刻理解和有效迁移。情境性学习（situated learning）强调真实的任务情境、情境化的学习过程、真正的互动合作以及情境化的教学评价。

为了让学生掌握能量转换、加速度、重力、摩擦力的关系，物理老师组织了“设计一个过山车模型”的活动，让学生亲身体验并应用物理学中的力学原理。具体实施步骤如下。

（1）教师首先通过多媒体展示真实的过山车视频或图片，引发学生的兴趣和好奇心，同时简要介绍过山车设计中涉及的物理概念，组织学生复习或学习相关的物理知识。

（2）学生分组，每组负责设计一个小型过山车模型，并利用各种材料制作过山车模型。这一过程要求学生动手操作，并考虑物理原理的实际运用。

（3）测试与优化。每组学生对模型进行模拟测试，观察模拟小车的运动轨迹，测量速度变化情况，记录数据，分析物理现象。如果发现模拟小车脱轨等问题，学生需要根据物理原理进行调整和优化。

（4）展示与分享。各组展示过山车模型，讲解设计思路和制作过程，教师和同学们提问、讨论，形成互动。

（5）评价。可以采用自评、学生互评、教师评价等多种方式，根据过山车的运行效果、学生的讲解情况、反思过程，对学生的学习进行多方面的评价。

情境性学习通过创设贴近学生生活或具有实际应用背景的学习情境，可以激发学生的好奇心和探索欲，提高其学习的积极性和主动性，让学生在实际解决问题的过程中加深对物理概念的理解和记忆，促进了学生的小组沟通、协作能力，锻炼了学生的动手能力和问题解决能力。

2. 探究性学习

探究性学习（inquiry-based learning）也叫研究性学习，是指学生在教师的指导下，以类似科学研究的方式进行学习，在掌握知识内容的同时，能够体验、理解和应用科学研究方法，同时培养创新精神和实践能力的一种学习方式。

某位生物老师设计了一个“××公园鸟类生态调查项目”的活动，旨在通过观察和研究某个特定范围内的鸟类种类、分布、行为习性及其与环境的关系，来培养学生的科学探究能力、观察能力和生态保护意识。具体步骤如下。

（1）教师首先介绍项目背景，包括鸟类生态学的基本概念、鸟类对生态系统的重要性。

（2）学生分组，每组选定研究的具体问题，比如“公园内不同区域鸟类种类的多样性”或“季节变化对鸟类分布的影响”。

（3）准备工作。准备观察工具，如双筒望远镜、鸟类图鉴、笔记本、相机等。

（4）前期学习。学习鸟类识别知识，通过图鉴、在线资源和专家讲座来奠定学生的鸟类学知识基础。

（5）数据收集。每个小组选择不同时间段（如清晨、中午、傍晚）和公园的不同区域（如操场、林地、水体附近）进行定期观察。记录观察到的鸟类种类、数量、行为模式（如觅食、筑巢）和环境特征（如植被类型、噪声水平）。

（6）数据分析。学生整理收集到的数据，使用图表、统计方法分析鸟类多样性和分布的模式。探讨不同因素（如季节、栖息地类型）如何影响鸟类的出现频率和行为。

（7）成果展示与讨论。各小组准备研究报告或展示海报，展示他们的发现，可能包括物种多样性指数、鸟类与环境关系的初步结论。

（8）反思与拓展。学生反思整个探究过程中的收获与挑战，讨论可能的改进方案。基于调查结果，提出校园生态保护的建议，如增设鸟巢箱、保护特定的生态环境等。

探究性学习要求学生通过形成假设、搜集信息验证假设、得出结论、反思四个过程来进行探究，可以让学生整合运用数学知识以及其他相关学科的知识，促进学生对知识的深层理解，并提高他们的探究能力。

3. 认知学徒制

认知学徒制（cognitive apprenticeship）是指知识经验较少的学习者在专家的指导下参与某种真实性的活动，从而获得与该活动有关的知识技能。按照认知学徒制的思路，教师可以作为“师父”在现场对学生的认知活动进行示范和引导，学生在实际活动中逐步洞悉专家所使用的知识和问题解决策略。认知学徒制不仅传授具体知识和技能，更重要的是教会学生如何像专家一样思考和解决问题，从而促进知识的迁移和高级认知技能的发展。

4. 合作学习

在教学过程中，某些活动可以放在小组中进行，以激发大多数学生的学习兴趣。比如，让学生一起去调查人们对某个繁华路段交通信号灯的持续时间的态度，或一起去调查社区老人对限制遛狗时间的看法等。合作学习（cooperative learning）的关键在于组织学生在小组中共同工作和学习，来促进知识的建构、技能的发展以及社会交往能力的提升。

第二节　人本主义学习理论

陈老师新接了一个班级，发现这个班上的课堂气氛非常沉闷，学生们在课堂上鲜有人主动提问，他们对课本之外的知识缺乏探索的兴趣，对学习的态度似乎仅限于应对即将到来的考试，仿佛学习成了一个单调乏味的任务。

显然，这个班的问题并不是学生的认知不足，而是学生在学习中的情绪和情感出了问题，学生找不到学习的意义，也没有体会到探索知识的乐趣。长此以往，对学生的身心发展都会有负面影响。

陈老师感到责任重大，他想要重新点燃学生们对学习的热情，决定采取新的教学策略。他应该怎么做呢？

一、人本主义的基本观点

20 世纪六七十年代，美国兴起了一场有别于行为主义和精神分析理论的心理学思潮，号称“第三势力”——人本主义心理学（humanistic psychology）。这种思潮既反对行为主义机械的环境论，又反对精神分析本能的生物决定论，而强调心理学应该研究人的本性和潜能、尊严和价值，强调社会文化应促进人的潜能的发挥以及普遍的自我实现。在教育上，人本主义旗帜鲜明地倡导全人教育和情感教育等。

人本主义心理学的学习理论从全人教育的视角阐述了学习者整个人的成长历程以发展人性；注重启发学习者的经验、开发学习者的潜能，肯定自我，进而达到自我实现。人本主义学习理论重点研究如何为学习者创造一个良好的环境，让其从自己的角度感知世界，发展出对世界的理解，达到自我实现的最高境界。人本主义的代表人物是马斯洛和罗杰斯。

二、马斯洛的自我实现理论

马斯洛（Maslow，1908—1970）是美国著名的社会心理学家、人格心理学家和比较心理学家。他是人本主义运动的发起者之一，是“第三势力”的重要领导者。他的需求层次理论和自我实现理论是人本主义心理学的重要理论，对心理学产生了深远影响。我们将在“学习动机”一章介绍马斯洛的需求层次理论，这里主要介绍马斯洛的自我实现理论。

马斯洛认为，人的成长源于个体自我实现的需要，自我实现的需要是人格形成发展、扩充成熟的驱力。所谓自我实现的需要，马斯洛认为就是“人对于自我发挥和完成的欲望，也就是一种使他 / 她的潜力得以实现的倾向”。通俗地说，自我实现的需要就是“一个人能够成为什么，他就必须成为什么，他必须忠于自己的本性”。正是由于人有自我实现的需要，才使得有机体的潜能得以实现、保持和增强。人格的形成就是源于人性的这种自我的压力，人格发展的关键就在于形成和发展正确的自我概念。

自我的正常发展必须具备两个基本条件：无条件的尊重和自尊。其中，无条件的尊重是自尊产生的基础，因为只有别人对自己有好感（尊重），自己才会对自己有好感（自尊）。如果自我正常发展的条件得以满足，那么个体就能依据真实的自我而行动，就能真正发挥自我的潜能，成为自我实现者或称功能完善者、心理健康者。

马斯洛认为，自我实现者能以开放的态度对待经验，他的自我概念与整个经验结构是和谐一致的，他能体验到一种无条件的自尊，并能与他人和谐相处。

三、罗杰斯的“以学生为中心”教育理论

罗杰斯（Rogers，1902—1987）是美国著名的心理学家、心理治疗专家和教育改革家。他是继马斯洛之后又一位人本主义心理学家，其理论的核心是强调对人的尊重，人的价值、情感、自我实现，人际关系、接纳，人在现实生活中产生的真实感受、体验和经验等。20 世纪 60 年代，罗杰斯将他在心理治疗领域创立的“以来访者为中心”的治疗观移植到教育领域，创立了“以学生为中心”的教育理论，成为 20 世纪最重要的教育理论之一。

（一）“全人”的教育目标

罗杰斯认为，教育并不仅仅是促进学生的认知发展，还要注重情感的培养。教育的目标旨在培育个体在身体、心智、情感、精神及能量层面达到和谐统一，这样的个体能运用情感的方式和认知的方式去行事，达到“知情合一”。这种将知情融为一体的人，他称之为“全人”（whole person）或“功能完善者”（fully functioning person）。

罗杰斯主张，真正的教育应使人认识到知识本身并非固定不变，而获取知识的过程才是根本，那些懂得如何学习、如何适应变化，并理解知识探索过程价值的人，才是真正具备教育素养的个体。在日新月异的现代社会，教育的目标应当关注动态学习过程，而不仅仅是静态知识的积累。

（二）有意义学习观

罗杰斯认为，学习应该是一个全人投入的过程，包括情感和认知两个层面的深度参与。这意味着学习者不仅仅是被动地接收信息，而是整个个体（包括情绪、思想和身体）都投入学习活动中。

罗杰斯提出有意义学习（significant learning）的概念，这不仅是一种增长知识的学习，而且是一种与个人各部分经验都融合在一起的学习，是一种使个体的行为、态度、个性以及在未来选择行动方针时发生重大变化的学习。

需要注意，罗杰斯的有意义学习和奥苏贝尔的有意义学习（meaningful learning）的区别。前者关注的是学习内容与个人之间的关系；而后者强调新旧知识之间的联系，它只涉及认知，不涉及情感和对个人的意义。

在学习关于城市的知识时，学生将自己以前见过的城市与课本上介绍的城市的概念联系起来，对城市的特征有了自己的理解，这是奥苏贝尔的有意义学习。而学生通过学习城市的知识，对自己生活的城市更加了解，加深了对家乡的热爱，下定决心要为家乡的建设出力，这是罗杰斯的有意义学习。

对于有意义学习，罗杰斯认为主要具有以下四个特征。

全神贯注：整个人的认知和情感均投入学习活动中。

自动自发：学习者由于内在的愿望主动去探索、发现和了解事件的意义。

全面发展：学习者的行为、态度、人格等获得全面发展。

自我评估：学习者自己评估自己的学习需求、学习目标是否完成等。

罗杰斯认为，学习能对学习者产生意义，并能纳入学习者的经验系统中，总之，“有意义的学习结合了逻辑和直觉、理智和情感、概念和经验、观念和意义。若我们以这种方式来学习，便会变成功能完善的人”。

（三）罗杰斯的“以学生为中心”教育理论

罗杰斯认为，应该把学生视为教育的中心，学校为学生而设，教师为学生而教，教育应围绕学生个体的需求、兴趣和内在潜能进行。学生不应被视为被动的信息接收者，而应是学习过程的积极参与者和主导者。他提倡教育应尊重学生的个体差异，鼓励学生根据自己的兴趣和需求主动探索知识。

罗杰斯认为，每个人都有自我实现的成长倾向和需要，每个学生都具备解决自身问题的能力和动机。教师的任务是营造一种恰当的教学氛围，采用有效方法去调动学生天性中解决自身问题的动机和能力，帮助他们重新发现自己、评价自己，认识自己内在的成长潜能。

（四）师生关系中的教师角色

罗杰斯提出，教育应该是一种非指导性的、“以学生为中心”的教育，而师生关系是一种帮助关系，教师的角色是辅导者而不是知识的提供者。在“以学生为中心”的教育教学中，教师与学生之间是学习促进者与学习主体的关系，促进学生学习主要依赖于促进者（教师）与学习者的人际关系。

那么，要形成能够促进学习的师生关系，教师应该如何做呢？罗杰斯认为要做到以下三点。

1. 同理

同理是指教师能设身处地地去感受学生的感受和观点。同理不是同情，同情带有怜悯的含义，表达的是一种不平等的关系；而同理是一种“感情的移入”，是一种双向过程。罗杰斯认为，同理是指教师好像学生一样去理解学生，同时又不忘自己只是像对方而非真是对方，只有这样，教师才能既保持对学生设身处地的理解，使其体会到一种尊重、体贴和善解人意的关注，又能保持对学生问题的辨别和区分，并与之进行讨论和交流。所以，同理不仅向学生提供了一个情感宣泄和释放紧张与压力的机会，而且帮助其客观而深入地自我了解和自我探索。

2. 无条件积极关注

无条件积极关注是指教师对学生表示看重、认可，欣赏其价值，而且这种感受并不以学生的某个特点、某个品质或者整体的价值为依据。无条件积极关注使学生能够自由表达自己的思想和情感。在这种表达中，他们不必担心被指责、嘲笑或教训。在教师始终如一的无条件积极关注下，学生渐渐重新发现自己，学会善待自己，不再否认和歪曲自己的经验，学会了用自己的眼光和判断而不是他人的眼光和判断来看待自己和世界。在这种无条件的积极关注下，学生的自我概念与经验之间的不和谐日益减少，和谐的成分日益增多。在教师的引导下，学生不仅能解决自己的问题，而且能发现并发展自己的潜能。

3. 真诚一致

罗杰斯认为，如果教师能设法营造一种真诚、尊重和理解的氛围，就会产生令人鼓舞的教育效果。他认为，“真诚是人们交流的基础，也是人们友好关系的前提”。在罗杰斯的理论中，教育关系是一种人与人的关系，而人与人之间的关系最需要真情、诚实、率直、坦诚。一个真诚的教师，不藏在防御机制里面，而是以一种真面目、真感受与学生交流。

刘老师刚到四年级 2 班时，上一任班主任告诉他，班里有个叫小天的同学，学习成绩非常差，经常不交作业，脾气也大，跟同学发生过好几次冲突，怎么教育都不管用。

很快刘老师在教室里见到小天，发现他看老师的眼神充满戒备。刘老师知道，小天不信任自己，这种情况下无法对小天进行有效的教育。在随后的一段时间，刘老师留意观察，发现小天有很多优点，比如思维敏捷，经常有些新点子，同学们很喜欢和他一块玩；他还很有正义感，会为班上的其他同学打抱不平。刘老师找机会向小天表达了自己的认可和欣赏，小天先是有点意外，接着就不好意思地笑了。后来，小天跟刘老师的关系慢慢好起来，小天感受到刘老师是真正地关心、尊重自己。

这一天，小天又和同学发生了冲突，刘老师把两人叫到办公室，让他们分别说说事情的经过和自己的感受，再引导他们站在对方的立场想一想，最后问题得到了解决。事后刘老师跟小天单独谈话，问他对这件事有什么感想。小天犹豫了很久，才说自己这次做得不对，非常后悔。这是小天第一次主动承认自己的错误，刘老师表扬了他，表示相信他以后会学会更好地和同学相处。

想一想，刘老师的做法如何体现了罗杰斯的人本主义思想。

四、人本主义在教育中的应用

（一）人本主义对教育的启示

人本主义心理学是在批评行为主义、认知结构主义的基础之上产生的，对原来教育界存在的“教师中心”“强调行为塑造”“强调认知结构的获得”提出了反对。罗杰斯的人本主义心理学对传统的教育理论造成了巨大的冲击，进一步推动了教育改革运动的发展。人本主义对教育的启示主要体现在以下几个方面。

（1）突出情感在教学活动中的作用，形成了一种以知情协调活动为主线、以情感作为教学活动的基本动力的新教学模式。

（2）强调师生关系对教学的重要性。行为主义和认知结构主义并不重视班级人际关系的作用，师生之间缺乏亲密的交流。人本主义极其重视教学过程中的人际关系，认为教学活动就是师生的人际互动过程。

（3）提出以学生为中心的教育理念，向传统的班级教学提出了挑战，促进了个别化教学运动的发展。人本主义将学生的思想、情感、体验和行为视为教学的主体，把教学过程的性质定义为学生内在经验的形成及积累，试图为每个学生提供真正的学习经验。

（二）人本主义课程理论

人本主义课程肯定人的情感（或意志）、情绪和感情的重要性，坚持课程应“面向完整的学生”这一立场，主张统一学生的情感和认知、感情和理智、情绪和行为，强调开发人的潜能、促进人的自我实现。

人本主义心理学家主张学校课程应该人本化，开设三种类型的课程。

认知课程：是指理解和掌握自然科学、社会科学和人文科学的学术知识的课程。

情感课程：是指健康、伦理及游戏、音乐、美术这一类旨在发展非认知领域能力的课程，包括发展人的情绪、态度、价值观、判断力等。

体验课程：是指通过认知与情感的统一，唤起学生对人生意义的探索以实现整体人格的课程，也可以称为自我实现课程，包括综合运用各门学科的知识，进行体验性学习。

（三）开放教育

开放教育（open education）思想最早可以上溯到卢梭的自然主义思想，20 世纪初经尼尔（Neill，1883—1973）等人的努力化为实际的教育行动。1967 年，由英国普劳登报告（plowden report）首先提出的开放课堂，成为当时小学教育的改革模式，后来在人本主义心理学研究的推动下在欧美盛行一时。

开放课堂强调儿童的自由、乐趣，以儿童为中心，倡导发现式学习。在开放课堂中，教师会把空间分割为各种活动角，各个活动角放置适用的教学设施，这种环境设计必须与每天所学功课相配合。然后安排学生到喜爱的角落，从事整天或一周的学习活动，这些活动通常由学生自己决定，必要时可以由教师经讨论制订计划，交由学生自主学习。虽然有学习进步的记录，但正式的评价方式尽量减少，学生可参照讨论各项学习进度的情况进行自我评价。

不过在随后的 30 年里，开放课堂经常受到来自社会各方的抨击。很多教师和家长抱怨开放课堂的教学秩序混乱，教学效率低下，缺少评价标准且忽视学生的基础。1988 年，英国保守党通过的教育改革法案宣告了以普劳登报告为代表的教育改革的终结。研究者认为，这是由于开放课堂的理念过于理想化，受制于当时的社会条件，无法达到理想的效果（彭彩霞，2020）。

尽管当时开放课堂未能在英国全国范围内推行，但开放教育的思想仍然进入了教育领域，以儿童为中心的呼吁对当代教育实践产生了巨大的影响。很多支持开放教育的人认为，不能仅用标准化测验来衡量开放教育的教学效果，相比传统的教育，开放教育能够培养学生的独立性、创造力、社会技能和自我认知，更适合当代社会对人才的需求。在现代信息技术的支持下，当前的教育正在发生重大变革，开放教育以学生为中心、重视学习者个性化需求的理念已经应用到在线教育、远程学习中，为提升社会整体的教育水平和终身学习能力提供强有力的支撑。

【扩展活动：学习非暴力沟通】

活动目的：非暴力沟通是一种沟通方式和冲突解决方法，其理论基础是人本主义心理学思想。本活动将让学生了解、学习非暴力沟通技术，提升自己的人际沟通能力。

活动内容：以“非暴力沟通”为主题，以小组为单位，每组同学以合作的方式学习。

活动步骤：

1. 教师向学生提供“非暴力沟通”的学习资料，学生阅读材料，总结非暴力沟通的要点。

2. 小组讨论，每个人结合自己的经验谈对“非暴力沟通”的看法。认真倾听其他人的发言，思考其他人的观点与自己的观点有什么差异，以及为什么会有差异。

3. 在接下来的一周，每个人在生活中实践非暴力沟通至少一次，并记录沟通过程和沟通效果。

4. 总结非暴力沟通的实践经验，反思非暴力沟通中体现的人本主义思想。

5. 小组内分享、交流。

【课后习题】

一、选择题

1. 下列常用的概念不属于建构主义的有（　　）。

A. 合作学习　　B. 先行组织者　　C. 情境性学习　　D. 认知学徒制

2. 强调知识的情境性属于（　　）的观点。

A. 建构主义　　B. 人本主义

C. 信息加工心理学　　D. 新行为主义

3. 下列选项中属于建构主义学习理论的基本观点的是（　　）。

A. 教育要培养“知情合一”的人

B. 学生的学习是一种有意义接受学习

C. 知识是客观的真理

D. 通过学生主动探索和实践构建起来

4. 比起认知主义来，建构主义把教师看成是学生学习的（　　）。

A. 指导者　　B. 设计者　　C. 合作者　　D. 控制者

5. 下列对学习的阐释，体现人本主义学习理论的是（　　）。

A. 学习是经验与联想

B. 学习是学习者内部心理结构的形成和改组

C. 学习是学习者意义的建构，是社会互动与协商

D. 学习是寻求潜力的充分发挥

6. 六岁的楠楠触摸仙人球被扎了一下，知道了“疼”的含义。这属于罗杰斯的（　　）。

A. 有意义学习　　B. 无意义学习

C. 自主学习　　D. 探究学习

7. 在教学活动过程中，人本主义心理学家更注重（　　）。

A. 刺激情境的作用　　B. 原有认知结构的作用

C. 组织的作用　　D. 良好的师生关系和课堂气氛的作用

二、问答题

1. 结合自己的经验，谈谈你对建构主义知识观的理解。

2. 在音乐教学中，张老师依据学生的音乐能力和兴趣，设计了不同的乐器演奏和歌唱活动，让所有的学生都在音乐中找到了乐趣，最大限度地促进了学生的个性发展和自我实现。试分析张老师的做法最符合哪种学习理论。

第九章

学习动机

本章提要

第一节　学习动机概述

- 学习动机及相关概念
- 学习动机与学习的关系
- 学习动机的分类

第二节　学习动机的影响因素

- 个体因素
- 环境因素

第三节　学习动机的培养和激发

- 设置具体目标及实现目标的方法
- 改革教学方法激发学生的学习兴趣
- 利用学习结果的反馈作用
- 引导学生对学习结果正确归因
- 设置榜样
- 合理使用奖励和惩罚

当前困扰很多教师的问题，不是学生学不会，而是学生不想学。一位中学教师甚至这样说："进入中学后，学生学习最重要的条件就是我想学！"可是，看起来简单的三个字没有那么容易做到。有的人将学生缺乏学习动机归因于电子游戏，认为是过于泛滥的电子游戏削弱了学生学习的积极性；还有的人则认为是现代社会生活过于安逸，学生从小没有经历过苦难，不懂得学习的意义。作为教师，如何理解学生的学习动机？怎样才能让学生想学？怎样让学生从不想学变成想学，从被动学习变成主动学习？这些都是学习动机要研究的内容。

第一节　学习动机概述

一、学习动机及相关概念

动机是引发并维持人们从事某项活动，以达到一定目标的动力倾向。

学习动机是动机的一种，是指激励并维持学生朝向某一目的的学习行为的动力倾向。学习动机与学生的学习兴趣、学习需要、个人价值观、态度、志向水平、外来鼓励、学习后果以及客观现实环境的要求等诸多因素密切相关。

（一）需要

需要是由生理或心理上的缺失或不足所引起的一种内部紧张状态，是个人活动积极性的源泉。例如，血液中血糖成分的下降，会使人感到饥饿，产生求食的需要；水分的缺乏则会使人感到口渴，产生喝水的需要；生命财产得不到保障会使人产生安全的需要；孤独会使人产生交往的需要等。需要是激发人们进行各种活动的内部动力。喝水的需要激发人们产生喝水的行为，进食的需要激发人们产生进食的行为。一旦机体内部的某种缺乏或不平衡状态消除了，如喝了水、吃了食物，那么需要也就得到了满足。当人通过活动使原有的需要得到满足后，人和周围环境的关系就发生了变化，又会产生新的需要。这样，需要推动着人去从事某种活动，在活动中需要不断地得到满足又不断地产生新的需要，从而使人的活动不断地向前发展。

并非任何需要都可以转化为动机。只有需要达到一定的强度后，才会转化为相应的动机。当需要的强度较弱时，人们只能模糊地意识到它的存在，这种需要叫意向。由于意向不能被人们清晰地意识到，因而难以推动人们的活动，形成活动的动机。当需要的强度达到一定的程度时，就能被人们清晰地意识到，这种需要叫愿望。只有当人们具有一定的愿望时，才能形成动机。

学习需要是学习动机的一种重要的内在激活因素，是学生学习积极性的源泉，对学生的学习活动起着重要的推动作用。但学生的学习需要不是自发产生的，而是在长期的学习活动中，在教师有意识的引导和培养下形成和发展起来的。

（二）诱因

诱因是指能够激发起有机体的定向行为并能够满足有机体某种需要的外部情景、刺激物和事件。诱因的存在是动机产生的外部条件。诱因可以是眼前能立即得到的东西，例如，教师在课堂上举行抢答比赛，只要学生回答正确，就可以得到一颗糖，这时对于学生来说，糖是一种眼前的诱因；也可以是长远地经过一段时间才能得到的东西，例如某个学生希望拿到钢琴比赛的奖金，于是参加了为期好几个月甚至更长时间的训练，这时奖金是一种长远的诱因。

诱因又可以分为正诱因与负诱因。凡是个体趋向诱因而得到满足，称为正诱因；凡是个体因逃离或躲避诱因而得到满足，称为负诱因。例如，口头表扬、荣誉称号和物质奖励，都是学习中常见的正诱因形式；口头批评、罚抄写作业、违纪处分则是学习中常见的负诱因形式。正诱因与负诱因是学校中常用的奖励与惩戒措施。对于学生来说，可以先有需要然后选择诱因，也可以先有诱因再唤起需要，但是两者缺一不可。没有一定的学习需要，学生就不会通过学习活动去追求一定的学习目标；反过来，没有学习行为的诱因，学习的积极性和主动性也调动不起来。学生的学习行为往往取决于需要与诱因的相互作用。

二、学习动机与学习的关系

（一）学习动机与学习行为的关系

学习动机和学习行为的关系是辨证的，学习产生动机，而动机又推动学习，二者相互关联。动机是一种内部的心理过程，不能直接观察，但我们可以通过观察外显的学习行为（如个体对任务的选择、个体的努力程度、活动的坚持性和言语表示的行为）来推测动机的性质和水平。例如，看见一个学生在教室里认真听课，可以推测他现在的动机指向学习；看见这个学生一天都在认真听课，可以推测他的学习动机很强。但动机和行为的关系并不是一一对应的，而是非常复杂的，仅凭学生的行为难以推断学生的动机。

首先，可能有许多不同的动机影响学生的行为。教室里坐着 40 名学生，他们都在听老师讲课，但是动机各不相同。有的同学是对老师讲的内容感兴趣，有的同学则是希望认真听讲能得到老师的表扬，有的同学希望能在考试中取得好成绩，还有的学生只是因为父母要求他来上学。

其次，学生的学习动机往往不是只有一个，而是由多种动机组成的复杂动机。例如一个学生学习，可能既是因为对学习感兴趣，同时也是为了获得父母的赞扬，甚至还可能是为了取得好成绩以获得在同学中的地位，他的学习动机中就包含多种动机。有时候，各种动机之间还可能有冲突，造成学生在动机下的行为变得错综复杂。例如，一个学生希望在考试中获得好成绩，于是产生了学习动机；但由于上次考试失败了，他害怕这次即使自己努力学习也会失败，于是又产生了避免学习的动机。两种动机交织在一起，使得学生既想学习又害怕学习。

最后，虽然动机是推动行为的动力，但我们也不能完全凭学生的学习动机来预测他的学习行为，因为同一种动机也可能引发不同的行为。例如，两个学生都产生了学习动机，但有一个学生喜欢自学，喜欢做难题，另一个学生则更喜欢听老师讲课，做容易的题目。

（二）学习动机与学习效果的关系

学习动机和学习效果也是相互关联的，学习动机可以促进学习效果，学习效果又可以反过来影响学习动机。

学习动机并不是直接地卷入知识的相互作用过程中，影响学习效果，而是通过强化意愿、集中注意力、对学习的立即准备去影响知识的相互作用过程，犹如催化剂一样间接地产生增强与促进的效果。阿特金森（Atkinson）指出，动机决定了在不同行为中的时间分配，某种行为的动机强度与花在该行为上的时间具有线性的正相关。也就是说，动机的作用是让一个孩子在学习上花更多的时间，付出更多的精力，从而提高学习的效果。

但并不是说学习动机越强学习效果越好，学习动机与学习效果之间并不是简单的线性关系，过分强烈的学习动机会让学生处于一种紧张的情绪状态之中，限制了学生的认知活动。例如，一名学生认为当天晚上睡觉前必须学会某个知识点（否则不是一名合格的学生），这种非理性信念导致了焦虑、恐惧等负面情绪的产生，继而影响注意、记忆、思维等认知功能，降低了学习效果。早在 100 多年以前，心理学家耶克斯与多德森在动物实验中就发现了这一规律，即耶克斯－多德森定律（Yerkes–Dobson Law，1908）。根据该定律的描述，动机与学习效果之间是一种倒 U 形曲线关系，产生最佳学习效果所需的动机强度不在最高处，而位于中间附近，动机水平太高或太低都不利于达到最佳的学习效果。即在学习动机较低的范围，学习效果随着动机强度的增大而得到提高，但到达最佳水平后，学习效果将随着动机强度的增大而下降。此外，最佳的动机水平与学习任务的难度有关。那些容易的学习任务，动机水平的最佳点会比较高，即“只要愿意，就能学好”；对于困难的学习任务，动机水平的最佳点会低一些，即“放松心态，才能学好”（图 9–1）。

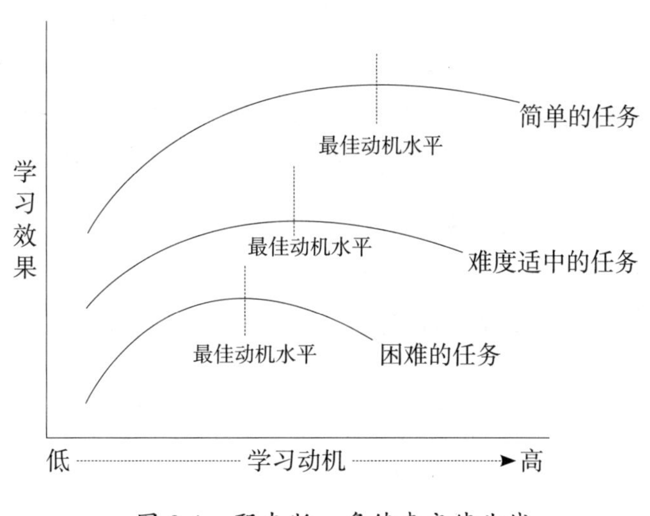

图 9-1　耶克斯－多德森定律曲线

根据耶克斯－多德森定律，教师要根据教学内容的难度适当调节学生的学习动机。当内容简单时尽量提高动机，例如背单词或者九九乘法表时，教师可以采用竞赛、奖励等方法提高学生的学习动机；当内容难度大时适当降低其动机，例如参加一次重要的比赛，且比赛任务要求较高的创造性，学生显得非常紧张，教师可以引导学生放松心态，调整学习动机强度，降低学生的紧张焦虑，使学生在困难的任务中能够有更好的表现。

三、学习动机的分类

学生的学习动机是多种多样的，可以从不同的角度进行分类。

（一）内部动机与外部动机

根据引起学习动机的原因，可以将学习动机分为内部动机和外部动机。

内部动机是指人们对学习本身的兴趣所引起的动机，动机的满足在活动内部，不在活动之外，它不需要外界的诱因、惩罚来使行动指向目标，因为行动本身就是一种动力。比如，一个学生解一道难题，他并不是为了得到好分数而去做这道题，只是觉得解题的过程非常有趣，这时推动他产生学习行为的就是内部动机。

外部动机是指主要由外部事物所引起的动机。这时人们不是对学习本身感兴趣，而是对学习所带来的结果感兴趣。例如，小学老师经常用“小红花”鼓励孩子参与学习活动，这时的学生是为了获得小红花而学习，他们受到来自外部动机的激发。

教师在教育过程中要弄清楚学生的动机究竟来自内部还是外部，或者是两者的结合。外部动机和内部动机对学习活动的推动作用是不同的。具有内部动机的学生能从学习活动本身获得乐趣，他们积极地参与学习过程，具有好奇心，喜欢挑战，愿意独立学习；相反，具有外部动机的学生往往选择没有挑战性的任务，一旦达到目的，学习动机便会下降，或者一旦失败，便一蹶不振。

在教学中，很多教师利用一定的外部激励手段来激发学生的学习动机，如分数、奖励、赞扬等。但很多研究都表明，外部激励手段可能会对内部动机产生损害，贬低学习活动的价值。

三个年轻人常常在一位老人的房子附近踢垃圾桶，这给老人的生活带来了很大的噪声困扰。然而，老人采取了一个不同寻常的方法来解决问题。一天，他走到这三个年轻人面前，没有责备他们，反而提出一个建议：如果他们每天来踢垃圾桶，他会每天给他们一些钱作为奖励。

起初，年轻人觉得既能玩又能赚钱，非常乐意接受这个提议，于是他们每天按时来踢垃圾桶领取报酬。但是，过了几天，老人开始逐渐减少给他们的报酬。随着时间的推移，报酬变得越来越少，直到最后，老人告诉他们不再给任何报酬了。

这时，这三个年轻人感到非常不满，他们认为既然没有钱可拿，再踢垃圾桶就毫无意义了，于是便停止了这一行为。老人成功地用这个策略解决了噪声问题。这个故事向我们展示了一个心理学现象：当一项活动的内部动机（即出于兴趣或乐趣）被外部奖励（金钱）取代后，一旦外部奖励消失，人们从事这项活动的动力也会大大减弱甚至消失。

（二）内驱力的三个成分

奥苏贝尔认为，学校情景中的成就动机主要包括三方面的内驱力成分，即认知内驱力、自我提高内驱力和附属内驱力。学生在学校中的学习行为都可以从这三个方面加以解释，不过随着年龄的增长，这三个成分在个体身上的比重会发生改变。

（1）认知内驱力。这是一种要求了解和理解的需要、要求掌握知识的需要，以及系统地阐述问题并解决问题的需要。这种内驱力主要是由好奇心引起的。每个孩子都有好奇心，但是这种好奇心只是一种潜在的动机，还没有明确的内容和方向。只有当学生在实践中不断获得成功以后，内驱力才能真正表现出来。认知内驱力是最稳定、最重要的学习动机，受这种内驱力的驱使，学生的学习是为了获得知识。只要实际获得了知识，学生就得到了满足。

（2）自我提高内驱力。这是个体因自己的胜任能力或工作能力而赢得相应地位的需要。自我提高内驱力并不直接指向学习任务本身，而是把成就看作赢得地位和尊重的根源。如果一个学生的学习是为了让周围的同学和老师对他刮目相看，就表明他是受到自我提高内驱力的激发而努力学习。在个人的学习和职业生涯中，自我提高内驱力是一种可以长期起作用的强大动机。这是因为与其他动机相比，这种动机包含更强烈的情感因素，既有对成功及其带来的地位提升的期盼、渴望与激动，又有对失败及其带来的地位下降的焦虑、不安与恐惧。

（3）附属内驱力。这是一个人为了获得长者（如家长、教师等）或其他人的赞许或认可而表现出来的把工作做好的一种需要。简单地说，就是为了博得家长和教师的赞扬或者同伴的尊重而努力学习。附属内驱力是由于学生与家长、教师或者同伴在情感上有依附性，学生从他们那里获得的赞扬、认可、尊重能够让学生获得一种派生的地位。比如，一个学生在老师眼中是聪明而且有前途的，那他在课堂内外都会受到有意无意的优惠待遇。附属内驱力会使学生努力让自己的行为符合他人的标准和期望，这也是一种外部动机。

每个人可能都具有认知内驱力、自我提高内驱力和附属内驱力这三种动机，三种动机的比重依年龄、性别、社会层次的成员地位以及人格结构等因素而定。在童年时期，附属内驱力是获得良好学业成绩的主要动机，很多小学生是为了获得家长或者教师的赞扬而学习；童年晚期和少年期，附属内驱力从追求家长认可转向追求同龄伙伴认可；到了青年期和成年期，自我提高内驱力或者认知内驱力则逐渐成为动机的主要成分。

第二节　学习动机的影响因素

为了有效培养和激发学生的学习动机，首先要探明学习动机的影响因素。学习动机的影响因素有很多，大致可以分为两类：个体因素与环境因素。个体因素包括学生的成熟与年龄特点、学生的需要、学生的情绪、学习动机相关的人格特质；环境因素从宏观到微观，包括时代与社会、家庭、教师与同伴、学习任务（图 9–2）。学习动机及其影响因素的多样性，导致了对其解释的丰富性，不同的学习动机理论侧重于揭示学习行为产生的不同方面。

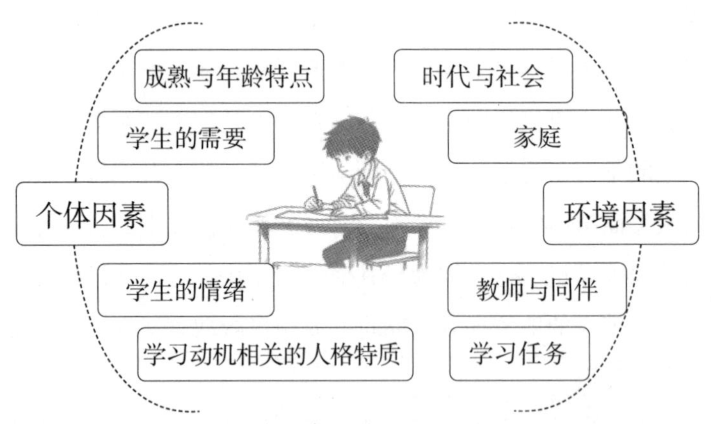

图 9-2　影响学习动机的个体因素与环境因素

一、个体因素

学习动机是推动学习活动的内部动力，归根结底是学习的需要在学生头脑中的反映。因此，个体因素是决定学生学习动机最重要的因素。

（一）学生的成熟与年龄特点

随着年龄的增长，学生的生理和心理逐渐成熟，动机的成分和强度也会发生变化。一般来说，低年级学生的学习动机主要来自对学习活动本身的兴趣，他们不知道学习是为了什么，也没有远大的目标。比如，某一门课生动、有趣、好玩就喜欢学，反之就不喜欢学；成绩比较好的课就喜欢听，否则就不喜欢听。这时的学校对低年级的孩子有吸引力，他们一般比较愿意上学，学习上表现得非常主动。

到了中高年级，学生对学习内容和学习形式的兴趣已经淡化了，这时学习活动本身很难激发他们的学习动机，尤其是千篇一律的课堂讲授式的学习。但在这个阶段，由于生理和心理的发展和认识水平的提高，学习动机的社会化因素增强，他们开始注意社会影响，注意自己在班级中的地位，在父母和教师眼中的地位。同时，学生开始由以前的直接的近景性动机向间接的远景性动机转化，理想和信念在其学习动机结构因素中逐渐占有重要位置，间接的远景性学习动机逐渐成为支配性的稳定而持久的学习动力。

进入中学以后，随着年龄的增长，学习动机的结构则由附属动机向认知性动机和成就性动机转变。中学阶段学生的自尊心日趋增强，教师应多激发他们的奋斗精神，让学生通过体验成功对自身的发展具有信心。这时切忌像小学那样使用物质奖励，而应以鼓励学生的内部学习动机为主。

（二）学生的需要

每个学生的生活环境和经历各不相同，使得每个学生有不同的需要和认知方式。例如，有的学生有很强的认知需要，他们的学习动机大多来自于对知识的好奇；有的学生需要通过学习获得家长和老师的认同、同学的尊重；还有的学生是为了以后能找到好工作，改善家里的生活。由于每个人的需要种类和强度水平各不相同，反映到学习动机上的种类和强度水平也有很大差异。

在人本主义学习理论一章中我们介绍了马斯洛的人本主义心理学思想，他的需求层次理论将外部动机与内部动机结合起来解释对行为的推动作用，对教师理解学生的学习动机有非常重要的意义。

马斯洛认为，人有五种基本需要：生理需要、安全需要、归属和爱的需要、尊重的需要和自我实现的需要，这些需要从低级到高级排成一个层级。前四种需要是缺失性需要（deficiency needs），是由于生理上或心理上有某些缺失而产生的，一旦被满足则个体不再追求；自我实现需要则是成长需要（growth needs），是为了个体的成长和发展。

1. 生理需要

生理需要是指对于食物、水、空气、性、排泄和休息等身体方面的需要。这些需要在所有需要中占绝对优势。如果生理需要没有得到满足，此时有机体将全力投入能满足这些需要的活动中。比如，学生在精力、体力都充沛的前提下才能更加专注于学习任务。

2. 安全需要

安全需要是指对于稳定、安全、秩序、受保护，以及免受恐吓、焦躁和折磨等的需要。如果生理需要相对充分地得到了满足，人就会出现安全需要。原始人在吃饱之后的第一件事就是要建立一个栖身之所，这意味着生理需要满足之后就会产生安全需要。所以学校必须要创建一个安全的环境，为学生提供安心学习的场所。反之，如若学生在校园中遭受霸凌或者严重体罚导致安全需要没有得到满足，就会削弱他们的学习动机，甚至出现拒学行为。

3. 归属和爱的需要

归属和爱的需要即需要朋友、爱人或孩子，渴望在团体中与他人保持深厚关系的需要。如果生理需要和安全需要都很好地得到了满足，归属和爱的需要就会产生。学生与家长的关系、与教师的关系、与同伴的关系，都是满足这一需要的途径。融洽的家庭关系与和谐的班级氛围能促进学生归属与爱的需要的满足。

4. 尊重需要

尊重需要可以分为两类：一是希望有实力、有成就、能胜任、有信心，以及要求独立和自由；二是渴望有名誉或威信、赏识、关心、重视和高度评价等。这些需要一旦受挫，就会使人产生自卑感、软弱感、无能感。当学生成功完成一个具有重要意义的活动，就可以获得尊重。

5. 自我实现的需要

自我实现的需要就是促使自己的潜能得以实现的趋势。这种趋势是希望自己越来越成为所期望的人物，完成与自己的能力相称的一切。例如，音乐家必须演奏音乐，画家必须绘画，这样他们才感到最大的快乐。但是，为满足自我实现需要所采取的途径是因人而异的。自我实现需要的产生有赖于前述四种需要的满足，只有在前四种需要都得到满足的情况下，才会产生自我实现的需要。

需要层次理论有四点基本假设，具体如下。

第一，一般来说，只有在较低层次的需要得到满足之后，较高层次的需要才会有足够的精力驱动行为。当学生因为家庭问题而不能保证每天所需的营养，就很难在学校中坚持学习。

第二，大多数人的需要结构很复杂，无论何时都有许多需求影响行为。一个人可能同时被安全需要、归属和爱的需要、尊重的需要所影响，例如学生既希望被全班同学接纳，满足归属和爱的需要，又希望被他们尊重。

第三，已经满足的缺失性需要，不再是激励因素。人们总是在力图满足某种需求，一旦这种需要得到满足，就会有另一种需要取而代之。在日常生活中我们会发现，当一个人衣食无忧的时候，就会对精神生活有更高的追求。

第四，满足较高层次需要的途径多于满足较低层次需要的途径。满足饮食需要无非就是摄取食物，但是要满足尊重的需要就可以有多种途径：在学习上取得好成绩固然可以获得尊重，在体育上出类拔萃，或者热心助人，同样能赢得别人的尊重。

教师可以根据需要层次理论来找到最适合激励学生的措施。学生首先需要满足生理的需要。例如，如果同时在一个非常饥饿的孩子面前摆一堆书和一堆食物，让其选择其一，孩子一般会选择食物。学生生理的需要得到满足，就进入了更高的需求层次中，这时提供安全的学习环境就可以激励学生。而对于处在第三个层次（归属和爱的需要）中的学生，教师要通过提供温暖的关怀或者营造和谐的班级氛围来激励他们。只有当学生满足了前三个需要，他们才可能产生尊重的需要，这时他们愿意在竞争的环境下去努力获取成功，赢得别人的尊重和自尊。

自我实现是整个需要层次体系中最高级的部分，但马斯洛认为只有少数人能够达到这一层次。如果学生没有获得归属和爱的满足，即没有感到被人爱，或者没有获得自尊的满足，认为自己无能，那么他们就不太可能有强烈的动机去实现更高的目标。这些学生为了避免出差错遭到老师和同学的嘲笑而选择随大流的行为方式——为考试而学习。所以，要想使学生具有创造力，能够达到自我实现的层次，教师必须给学生创造一个受尊重、充满爱的学习环境。

（三）学生的情绪——自我效能感、习得性无助

1. 自我效能感

自我效能感（self-efficacy）是指人们对自己是否能够成功地进行某一成就行为的主观判断。自我效能感的概念最早由班杜拉提出，他指出人的行为受行为的结果因素与先行因素的影响。先行因素是在某一事件发生之前存在的条件或因素。结果因素类似通常所说的强化，但与传统的强化观不同，班杜拉认为行为出现的原因不是随后出现的强化（例如好分数或者奖励），而是人们的期待。期待分为两种。一种是结果期待，是指人对

自己的某一行为会导致某一结果的推测。例如，一个学生感到今天背两个小时的单词，明天的英语考试就能及格，那么他就有可能去背单词。另一种是效能期待，是指个体对自己能否实施某种成就行为的能力判断，即人对自己行为能力的推测。例如，当面临一道难题时，有的学生认为自己有能力做出来，有些学生则认为自己肯定做不出来。当人确定自己有能力进行某一项活动时，就产生了高度的自我效能感。不同的自我效能感会导致不同的行为，在前面的例子中，自我效能感高的学生会努力去尝试解题，而自我效能感低的学生会很快放弃。自我效能感类似于通常所说的自信，可以看作是对自己是否具有成功完成某事的能力的自信。学生只有对某种活动具有自我效能感，才有信心去从事这项活动，克服困难，获得成功。

班杜拉认为，自我效能感的功能主要有四种：①决定人们对活动的选择及对该活动的坚持性；②影响人们在困难面前的态度；③影响新行为的获得和习得行为的表现；④影响活动时的情绪。

那么，应该如何培养学生的自我效能感呢？班杜拉认为，影响自我效能感的因素主要有以下几种，教师可以根据这些因素来培养学生的自我效能感。

（1）直接经验

直接经验是学习者亲身经历的成败经验，这是对自我效能感影响最大的因素。一般来说，成功的经验会提高效能期望，失败的经验会降低效能期望。如果一个学生每次考试都不及格，他很难有高的自我效能感。多次的成功会使人建立起稳定的自我效能感，而且这种效能感并不会因为一时的失败而降低。例如，一名学生的数学成绩总是满分，他对数学学习有着稳定的自信，偶尔有一次发挥失常考了 70 分，他也不会认为自己的数学水平从此就只有 70 分的水准。教师在教学中可以根据学生的不同水平和能力，预先设计与学生能力匹配的活动、作业、问题，让每个学生都有机会在学习过程中获得成功经验。不过，成功经验并不是影响学生的自我效能感的唯一因素，后者还要受到个体归因方式的影响。如果将成功归因于外部因素（如运气好或任务太简单）就不会增强自我效能感，归因于内部因素（如能力或努力）则更可能提升自我效能感。教师要注意学生的归因方式，引导学生对成功和失败经验进行合理归因。

（2）替代经验

人的许多效能期望来源于观察他人的替代经验，也称为间接经验，不过需要观察者与榜样具有一致性，也就是说两人的水平要差不多。例如，一个学生看到和自己水平差不多的同学努力学习取得了好成绩，会认为自己努力学习也能取得好成绩，自我效能感得到提高；相反，如果他看到能力和自己不相上下的同学遭遇了失败，会认为自己即使努力学习也不会取得成功，自我效能感降低。但是如果学生认为那个同学和自己的水平不同，那么这个榜样的行为结果对他的自我效能感就没有作用。这种替代经验对于自我效能感的影响是通过至少两种认知过程来实现的：第一，社会比较。学习者与被观察的对象进行比较，参考其表现来评估自己的能力，他能做到，我应该也能做到。第二，提供具体的信息。学习者可以从被观察的对象身上学到具体地、有效地解决问题的方法。

（3）言语说服

他人的评价和言语对学生的自我效能感也有影响，尤其是来自教师的言语。教师言语传递给学生的信息直接影响学生对自我的定位。那些长期被教师所关注、长期在积极信息指引下的学生形成了较高的自我效能。因此，教师应多使用积极的言语进行鼓励，提高学生的自我效能感。当学生表现良好时，教师要多表扬，甚至可以发动全班一起表扬。言语鼓励因其简便、有效而得到广泛应用，但表扬也不能滥用。如果学生回答问题确实没有什么亮点，也没有进步，教师胡乱表扬，就会使言语鼓励的效果大打折扣。而且，仅通过间接经验形成的自我效能感不能维持太长时间，尤其是面临难度较大的困境时，这种效能感消失得更快。所以，言语说服要结合直接经验和间接经验的支持，才能取得好的效果，即使教师总是口头鼓励学生，而学生始终无法获得成功经验，那也不能提高自我效能感。

（4）情绪唤醒

人的情绪唤醒也会影响自我效能感。人们常把自己在紧张和疲惫状况下的生理活动理解为自己没有能力胜任某一任务的体现。例如在考场上，学生出现手发抖、额头冒汗、心跳加速的生理反应，这时学生会将这些反应解释为害怕考试，认为自己没有能力应对这次考试，此时学生的自我效能感被情绪引起的生理唤醒降低了。另外，强烈情绪引起的高度生理唤醒通常会降低考试成绩，从而影响自我效能感。因此，教师在平时应该重视对学生生理和情绪的调节，增强学生的心理素质，培养学生的情绪调节能力，让他们学会一些呼吸放松技巧，从而使学生在面对一些富有挑战性的问题时在生理和情绪上不会因为有太高的唤醒水平而导致自我效能感的下降。同时，教师也要注重在课堂上营造快乐的氛围，让学生带着积极、正面的情绪去学习，以提高学生的自我效能感。

自我效能感理论克服了传统心理学重行轻欲、重知轻情的倾向，把个体的需要、认知、情感结合起来研究人的动机，具有较强的理论和实践价值。学生的自我效能感是需要保护和培养的，这样学生才能有更强的学习动机，也会更快乐。结合自我效能感理论，教师可以有意识地提高学生的学习自我效能感，具体分为以下三个方面：设置合理的目标、树立合适的学习榜样、关注学生的情绪。

2. 习得性无助

习得性无助（learned helplessness）是指有机体经历了某种学习后，在情感、认知和行为上表现出消极的、特殊的心理状态。这个概念最初来自行为主义的研究。20 世纪 60 年代，行为主义心理学家做了一个经典性条件反射的实验。实验者把狗放在一个笼子里。这个笼子用隔栏分为 A、B 两部分。在 A 这边，狗会不断受到电击，非常痛苦；在 B 这边，狗不会受到电击。实验者将狗放进笼子的 A 边，狗在一开始被电击时，拼命挣扎，想逃脱，但狗被铁链拴着，无法逃到没有电击的 B 边。经过再三努力，仍然发觉无法逃脱后，狗挣扎的程度逐渐降低了。然后把狗的铁链去除，这时狗可以逃离电击。但奇怪的是，当电击开始以后，狗蜷缩在一旁，呜咽着，根本不去尝试逃脱电击（图 9–3）。此时，狗的这种绝望感就被称为习得性无助。

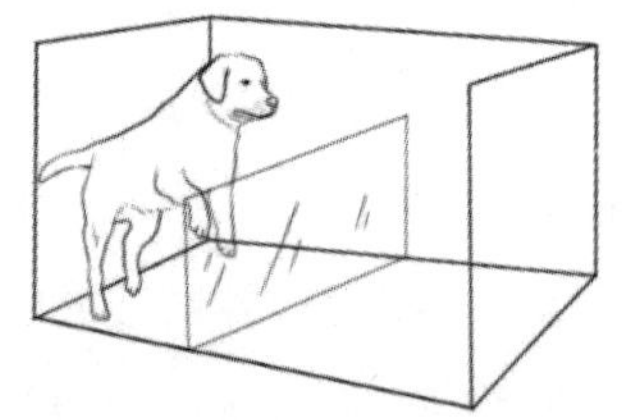
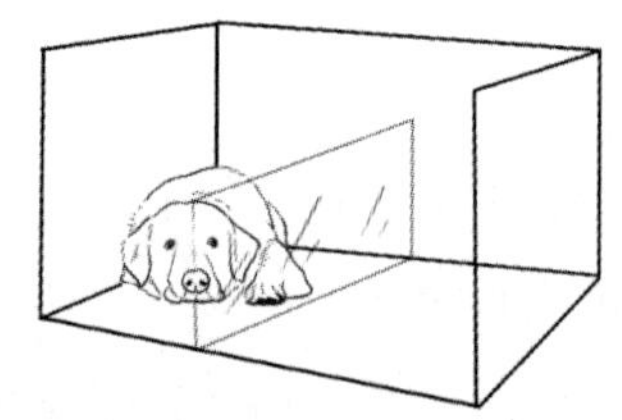

图 9-3　习得性无助实验

很多类似实验表明，不管是动物还是人，如果在最初无法控制的情景中获得无助感，就容易迁移到新的情景中，产生习得性无助感。长期处于无法控制的情景中的人，会产生沮丧的无助感，甚至会形成对生活的绝望感。在学校教育中能看到大量的习得性无助现象。例如，一个孩子在刚上小学的时候，学习还比较认真，但是不管他怎么努力，始终无法在数学课上获得成功，后来陷入习得性无助，并将这种无助感泛化到语文等科目上，养成了逃课、交白卷的坏习惯。老师批评、教育，但毫无作用，这个孩子与同学的关系也疏远了。孩子其实也想好好学习，但是又觉得不管怎么努力都没法取得好成绩，久而久之，便失去了对学习乃至生活的兴趣。

每个人都会遇到挫折，但并不是遭受挫折就一定会产生习得性无助。是否陷入习得性无助，不仅取决于对失败的知觉，还在于对失败的解释，即归因。一般来说，如果将失败归于外部的不稳定因素，将会有助于人们保持自信和乐观积极的态度；如果将失败归于内部的稳定因素，比如认为自己能力太差，就容易陷入习得性无助。

教师在学校教育中应特别注意学生的习得性无助现象。如果一个学生在学校活动中连续遭受失败，很容易对这类活动产生习得性无助，并泛化到其他方面。这时教师要帮助学生做正确的归因，并用降低目标的方法引导学生通过努力获得成功，避免产生习得性无助。如果学生确实在这方面不够擅长，那么教师应该引导他从其他活动中树立信心。例如，一个在数学课上无论如何没法取得好成绩的孩子，教师应考虑降低数学课上对他的要求，同时注意发掘他在体育、文娱、绘画等方面的才能，找到能够支撑他自信心的活动，激发他对学习和生活的热情，避免习得性无助泛化到整个生活中。

（四）学习动机相关的人格特质——成就目标、成就动机、归因

1. 成就目标

学生树立的目标也影响着学生的学习动机。在学校，教师经常教育学生要树立远大的目标，就是因为他们相信目标可以影响学习动机。一般来说，对自己的未来有明确规划、有理想有抱负的学生，在日常学习中的学习动机也更强。周恩来说“为中华之崛起而读书”，便是因为树立了远大理想而努力学习的典型例子。

但并不是有目标就一定能有学习动机。对于大多数中小学生来说，过于遥远不切实际的目标并不能起到激发学习动机的作用。明确的、中等难度的、近期可以达到的目标，更容易激发学生的学习动机，并维持学习动机。例如，一个小学生的语文成绩非常不好，几乎每次考试都不及格，这时候教师如果用“你要好好学习，以后才能找到工作”这样的目标来激励他，效果不如“下一次考试只要在听写部分得 80% 的分就算是成功”，后者更加明确且难度适中，更能激发这名小学生的学习动机。

目标的结构会影响学生的学习动机。在课堂上，学生们通常有两类主要的目标，一种是以掌握所学内容为定向的掌握目标（mastery goals），另一种是以成绩为定向的成绩目标（performance goals）。拥有掌握目标的学生，他们关注的是掌握所学的内容，而不在意他们的得分及与班上其他人的比较。他们往往主动地寻求挑战，不断地提高，不管遇到多大的困难，仍能坚持学习、钻研。拥有成绩目标的学生，将注意力集中于他们的行为表现及别人对他们的评价。他们评价自己的学习行为时，不是在意自己学到了什么或自己付出了多少努力，而是他人怎样看待他们，以及他们在班级中的排名。这类学生往往尽量避免出错，避免挑战。

两种目标指向者在归因和坚持性上也有不同的特点，掌握目标指向者在完成活动过程中具有较强的坚持性，而成绩目标指向者的坚持性较差。在归因方面，掌握目标指向者倾向于将成功归因于学习方法；成绩目标指向者倾向于将成功归因于运气、能力，而将失败归因于任务难度和运气。所以，掌握目标指向的学生具有内归因的倾向，成绩目标指向的学生具有外归因的倾向。两种目标指向具体的区别见表 9-1。由于掌握目标和

成绩目标的巨大差异，教师应努力使学生相信学习本身的价值和意义，淡化分数和其他奖励的影响，使学生建立以掌握目标为主的目标结构。

表 9-1　掌握目标指向和成绩目标指向的区别

维　度	掌握目标	成绩目标
成功的含义	改善、进步	高分、高水平的表现
看重的方面	努力学习	高于他人的能力
满足的原因	努力学习、挑战性	比别人做得好
教师的取向	学生如何学习	学生如何展示学习
对错误的看法	学习的一部分	产生焦虑
关注的焦点	学习过程	学习结果
努力的原因	学习新东西	高分、优于他人
评价标准	自身的进步	与常模比较
任务选择	有挑战性的	非常容易或者非常难的（防御性策略）
学习策略	理解、有意义学习、元认知	机械性的、应付式的学习
老师的作用	帮助学习的资源和向导	给予奖惩的法官
控制感	强	弱

2. 成就动机

成就动机（achievement motivation）是一种力求成功并选择朝向成功目标的活动的一般倾向。高的成就动机可以激发学生渴望知识的迫切愿望，使学生积极主动地参与学习活动，努力克服困难，坚持不懈地努力，最终达到学习目标，取得学业的成功。

阿特金森（1960）将成就动机分为两类：一类是追求成功的动机，这种动机促使人们去追求成功并体验成功带来的积极情感；另一类是避免失败的动机，这种动机使人们避免失败，避免失败带来的消极情感。

阿特金森认为有三种因素影响成就动机的大小：对成就的需要、成功的诱因值、成功的可能性。他用公式表示三种因素如何影响成就动机的大小：

$$Ts=Ms \times Ps \times Is$$

式中：Ts 表示成就动机大小；Ms 表示对成就的需要；Ps 表示在该项任务上成功的可能性；Is 表示成功的诱因值（成功激励值）。$Is=1-Ps$，即成功的可能性越大，成功的激励值就越低。成功的激励值是指成功后带来的积极情感和强度。例如一个学生做一道数学题，如果这道题目越容易完成，那么他做完以后获得的积极情感就越少，即成功的激励值越低；相反，成功的难度越大，他越能从成功中获得快乐。这个公式表明，如果成功的难度非常大，导致 Ps 值低，那么成就动机强度也会很低；但如果成功的难度非常小，Ps 值虽然高，但 Is 值低，成就动机的强度也不会太大。只有当成功的难度适中的时候，$Ps \times Is$ 才是最大的，成就动机也就最大。

避免失败的动机大小也由三个因素决定，$Taf=Maf \times Pf \times If$，式中，$Taf$ 表示避免失败的倾向；Maf 表示避免失败的动机；Pf 表示失败的可能性；If 表示失败的消极诱因值（一种消极的情感）。同样，$Pf=1-If$，即失败的可能性越大，失败的消极诱因值就越低。当一个学生选择一项非常难的任务时，如果任务失败不会让他觉得难过；相反，如果他选择一项非常容易的任务，那么任务失败将会给他造成重大打击。因此，避免失败的动机也是在任务难度适中的时候最大。

在生活和学习中，追求成功的动机总是和避免失败的动机同时发挥作用，因此针对某一次活动的总动机是追求成功的动机与避免失败的动机之差，用公式表示为 $Ta=Ts-Taf$。基于成就动机理论和公式，挪威心理学家耶斯梅（T. Gjesme）等人编制了成就动机量表——*The Achievement Motives Scale* 国内学者叶仁敏将其中文版加以修订，可以用来测量学生的成就动机特质。

阿特金森的成就动机实验

阿特金森（1957）做了一个经典的成就动机实验，他将 80 名大学生分成 4 组，每组 20 人，给他们一项同样的任务。对第一组学生说，只有成绩最好者能得到奖励 ($Ps=1/20$)；对第二组学生说，成绩前 5 名者将得到奖励 ($Ps=1/4$)；对第三组学生说，成绩前 10 名者可以得到奖励 ($Ps=1/2$)；对第四组学生说，成绩前 15 名者都能得到奖励 ($Ps=3/4$)。结果如图 9-4 所示。

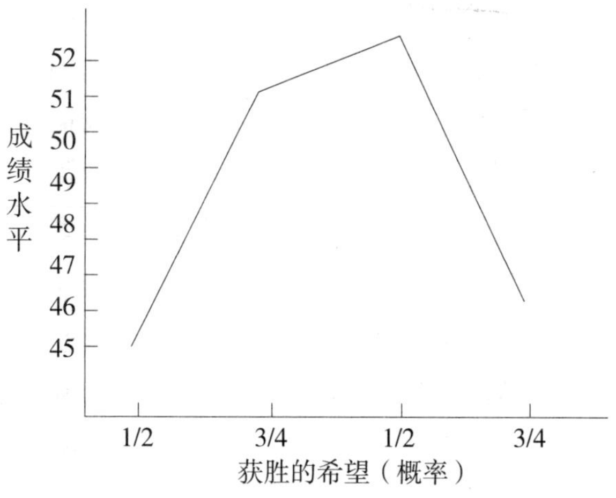

图 9-4　对成功的估计与成绩的关系

可以看到，学生在获胜的希望在50%左右时的成绩水平最好。还有一些研究也发现，具有高成就动机的学生愿意选择成功概率为50%的任务，因为这种任务能给他们带来挑战，但同时又不是高不可攀。低成就动机的学生则倾向于选择非常容易或者非常困难的任务，因为容易的任务不容易失败，而太困难的任务失败之后容易找借口。

当学习材料的难度太大，学生无论如何都不可能获得成功时，他们成就动机的水平会非常低。因此，教师要注意根据学生的特点适当地选择合适的学习材料和评分标准，要让学生看到成功的希望，但也要让他们意识到成功必须要经过努力才能获得。

学生的成就动机对学业成绩影响很大，是决定学生学业成绩高低的重要因素。经常可以看到，有些大学生的入学成绩很高，但在大学中的学业表现不如人意，有些大学生则正好相反。造成这种情况的原因很多，其中学生的成就动机是一个重要因素。高成就动机的学生有很强的自信心，在没有外界环境压力（比如高考）的情况下也能够有好的表现，他们缺勤率更少，愿意参加学校的各项活动，而且对自己的未来有更明确、更远大的规划，这些都使得他们能在学业上取得更高的成就。而低成就动机的学生正好相反，他们自信心不强，一旦没有外界压力就不愿意继续努力学习，因此很难在学业上取得好的成就。实际上，成就动机不仅仅决定学业的成绩，当学生参加工作以后，还将对其职业发展有重要影响。因此，教师要了解学生的成就动机并加以辅导，使其能够最大限度地发挥自己的潜能。

成就动机理论用数学模型简明地揭示了影响成就动机的一些变量和规律，而且用大量的实证研究来支持其理论假设，还把动机的情感和认知方面统一起来。由成就动机的理论及公式可知，无论是追求成功的动机，还是避免失败的动机，其关键都在于成功、失败的诱因值，即成功时体验到的积极情绪的强度、失败时体会到的消极情绪的强度，那么学习动机的核心问题仍然是情绪。

在教育实践中，对于成就动机比较低的学生，可以从两方面入手，增加他们对成功的渴望，减少其失败时的失落感。例如，取得成功时要给予及时强化，让他们体会到完成学习任务时的快乐。同时尽量安排竞争性不强的情境，避免在公众场合指责其错误，减少其失败时的负面情绪。而且告诉学生要独立地、客观地看待失败，不要将学习的结果与人际关系、班内的地位、老师的印象等社会性信息联系起来。这样才能减轻学生学习的负担，进而增加其学习动机。对于成就动机高的学生，可以继续给予新颖且有一定难度的学习任务，安排竞争的情境，严格评定分数，以维持其学习动机。

3. 归因

人类总是试图去解释事件发生的原因，寻求理解是行为的基本动因。学生也试图为自己在学业上的成功或者失败寻找原因，如能力、努力、态度、知识、运气、环境等。例如，小明在某次考试中没有及格，他认为是考试题目太难的缘故，这个寻找原因的过程就是归因（attribution）。

加利福尼亚大学的韦纳（Weiner）认为，能力、努力、任务难度和运气是人们在解释成功或失败时知觉到的四种主要原因，并将这四种主要原因从控制点、稳定性两个维度进行划分。根据控制点维度，可将原因分为内部的和外部的；根据稳定性维度，可将原因分为稳定的和不稳定的。后来韦纳又增加了第三个维度——可控性，并将原因分为可控的和不可控的。例如，对某个学习任务失败的原因，学生可以做出内部的归因，即认为自己没有能力或者不够努力，其中能力是个人稳定的不容易变化的特性，因此属于稳定归因，而不够努力是可以变化的特性，属于不稳定归因；同样，人们也可以对失败做出外部的归因，如这门课太难或者这次题目太难，前者属于稳定归因，后者属于不稳定归因。在这些原因中，个人可以控制的原因主要是努力程度，只有这个原因是可控的，其他原因都无法控制。不同的归因方式见表 9-2。

表 9-2　归因方式

控制点	稳定性	
	稳定的	不稳定的
内部的 成功 失败	能力 “我很聪明” “我很笨”	努力 “我下了功夫” “我实际上没下功夫”
外部的 成功 失败	任务的难度 “这很容易” “这太难了”	运气 “我运气好” “我运气不好”

韦纳通过一系列的研究发现，当一个人成功时，如果将成功归因于能力和努力等内部因素时，他会感到骄傲、满意、信心十足；反之，将成功归因于任务容易和运气好等外部因素时，产生的满意感则较少。而当一个人失败时，如果将失败归因于缺乏能力或努力，则会产生羞愧和内疚；反之，将失败归因于任务太重或运气不好，产生的羞愧则较少。总的来说，归因于内部会产生更强烈的情绪体验。

根据归因理论，韦纳强调内部和可控性的原因，而努力就是一种内部可控的归因方式，所以韦纳认为应该鼓励用努力来归因。如果努力而失败也应受到鼓励；在付出同样努力时，能力低而努力的人受到最高评价，能力高而不努力的人受到最低评价。这是为了加强学生将结果归因于努力的倾向，使学生能够在以后的学习中付出更多的努力。

在教学实践中，归因理论有非常重要的意义，教师可以通过引导学生对行为结果进行正确的归因，或者做专门的归因训练来激发学生的学习动机。但是，人对成就行为的归因是非常复杂和多样的，况且人对不同性质的成就行为的归因也不会完全一致。而且，按照哪些维度对归因进行分类是值得探讨的问题，内部原因是否真的可以控制，稳定的原因是否就不可以控制等也是有争议的。所以，对学生进行归因训练时，要注意多结合其他的方法，不要简单地认为只要进行归因训练，就可以改变学生对自己、对学习的看法。

4. 其他与学习动机有关的人格特质：兴趣、好奇心、意志品质

学生本人的兴趣爱好、好奇心、意志品质都影响着学习动机的形成。比如，交往性动机对某一学生来说可能是主要的、第一位的；但有的学生可能以在竞争中取胜，得到别人尊重的威信性动机为其第一位的动机，这在一定程度上既反映了年龄特征，也反映了个别差异。此外，成功与失败对不同学生的作用不同也反映了个别差异。有人趋于进取，力求获得成就；有人则力求避免失败。

二、环境因素

（一）时代文化与社会舆论

不同的社会对学生有不同的要求，而社会的要求通过家庭影响着学生的学习动机。例如，在封建社会，读书人为了光宗耀祖、追求功名富贵而努力读书，20 世纪初，我国很多年轻人前往欧美等先进国家接受教育，希望寻求救国之路；进入新世纪之后，经济社会迅速发展，人的价值观也发生了根本的改变，大多数人为了找一个好工作而读书，在上大学时也愿意选择那些有发展潜力的专业。这些都反映了社会舆论对学习动机产生的巨大的影响。

（二）家庭

在学生动机形成过程中，家庭的文化背景、精神面貌也起着极重要的作用。如果家长对知识有正确的态度，孩子就能从正面认识社会舆论，抵制错误的观点，否则就会造成一种矛盾状况，影响孩子学习动机的健康发展。但也并不是说家庭的期望越高越好。如果对孩子提出过高的要求、过分地计较成绩、过多地进行干涉，都会影响孩子的学习动机。值得重视的是，温馨和谐的家庭氛围对学生的学习情绪和学习愿望的积极影响比

物质环境的影响更大。

（三）学校和教师

1. 行为主义的强化理论

行为主义用强化理论来解释行为或学习产生的原因，学生是否有学习的行为倾向，完全取决于先前的学习行为和刺激因强化而建立的牢固关系。我们在行为主义学习理论中讨论了关于行为主义的强化观，认为学习者之所以学会某种行为或消除了某些行为，是因为受到了强化或惩罚。如果学生因学习行为而得到强化（如得到好成绩或赞扬等），他们就会更愿意参加学习活动，产生很强的学习动机；如果学生的学习行为没有得到强化（如没得到好分数或赞扬），就不愿意参加学习活动，缺乏学习的动机；如果学生的学习行为受到了惩罚（如遭到同学或教师的嘲笑），则逃避参加学习活动，产生逃避学习的动机。

基于行为主义的学习动机理论，用外部奖惩的手段维持学生的学习动机，有时候确实能够收到立竿见影的效果。这种方法对低年级的学生很有效，但是对高年级学生的激励效果并不好，很多学生很反感教师或学校向他们施加的外部压力。行为主义的理论只强调引起学习行为的外部动机，而忽视了内在学习动机，即忽视了人学习行为的自觉性、主动性。并且，过度使用外部的奖赏和惩罚，长此以往可能会使学生养成为分数、名次、应试而学的功利心态，不利于培养主动积极的求知热情，从而影响学生形成良好的知识结构和能力结构。尤其是对于那些基础比较薄弱的学生，他们本身取得进步就不容易，在一个特别重视分数、排名的体系内，这些外部奖惩难以让他们形成稳定的学习动机。

2. 教师的榜样作用

大量的观察、调查研究证明，在学生学习动机形成中，教师是一个十分重要的因素。教师本人是学生学习动机的榜样。如果教师治学严谨、学而不厌教而不倦，以极大的热情和兴趣从事自己的专业和教学，就会给学生留下极深刻的印象。相反，如果教师对自己的工作表现出厌烦和冷淡，这种情绪也会影响学生。

3. 教师的期望作用

除了榜样作用外，教师的期望对学生的动机和行为影响也非常大。教师对不同的学生有不同的期望行为和期望结果。由于期望不同，教师对待不同学生的方式也不同。这种不同的对待方式影响着学生的自我概念、成就动机水平和抱负水平。如果这种对待方式持续下去的话，便会对学生产生固定的影响。教育心理学中的“罗森塔尔效应”就是指教师对学生的期望对学生学习动机所产生的影响。

1966 年，美国心理学家罗森塔尔研究了教师对学生的期望对学生成绩的影响。他来到一所乡村小学，为各年级的学生做语言能力和推理能力的测验。测完之后，他没有看测验结果，而是随机选出 20%的学生，告诉他们的老师说这些孩子很有潜力，将来可能比其他学生更有出息。8 个月后，罗森塔尔再次来到这所学校，奇迹出现了，他随机指定的那 20%的学生成绩有了显著提高。

为什么会这样呢？罗森塔尔认为，是老师的期望起了关键作用。老师们相信专家的结论，相信那些被指定的孩子确有前途，于是对他们寄予了更高的期望，投入了更大的热情，更加信任、鼓励他们。反过来这些孩子的自信心也得到了增强，因而比其他的孩子进步得更快。罗森塔尔把这种期望产生的效应称为“皮格马利翁效应”，也叫“罗森塔尔效应”，或“教师期望效应”。罗森塔尔的实验告诉我们：在教育的全过程中，当学生感受到教师对自己的期望时，就会萌发或增强学习的愿望，产生向上的斗志和勤奋学习的动力。

相反，如果教师在教学中对学生带有偏见，就会把这种低期望传递给学生，使学生产生自暴自弃的想法，学习动机也越来越低。因此，教师在教育中应尽量避免自己的期望对学生产生消极影响，多用积极的眼光去看待学生，向学生传递积极的期望。

（四）同伴

同伴关系对于中小学生来说非常重要，他们从同伴关系中获得归属和爱的满足。因此，对于学生来说，同伴的赞许和认可、学生相互之间的竞争都是强有力的动机因素。

同伴接纳水平是个体在同伴群体中社交地位的反映，如果学生缺乏同伴交往的技巧而不受欢迎，或由于其他各种原因被同伴拒绝，他们的孤独感会比较强，在学习上表现得缺乏兴趣、缺少学习动机。相反，受同伴欢迎的学生一般被认为是好学生，他们的自尊心比较强，学习动机也更高。

另外，为了改善同伴关系，满足对归属和爱的需要，学生还可能会通过努力学习来赢得同伴的接纳。一般来说，学业成绩良好的学生更容易获得同学的尊重和认可。但是，学习并非是改善同伴关系的唯一途径，有些学生通过体育活动、助人行为也可以赢得同伴尊重和认可。

除了同伴接纳，同伴间的竞争也是促使学生产生学习行为的动力之一。儿童在社会化的过程中，要用社会标准将自己与同伴进行比较，来了解自己能力的高低，从而确定自己在集体中的地位。

第三节　学习动机的培养和激发

学习动机是影响学生学习活动的重要因素。因此，在教育教学工作中，应注意培养和激发学生的学习动机，让学生积极、主动地学习。下面根据学习动机的原理和影响因素，介绍一些培养和激发学生学习动机的方法。

一、设置具体目标及实现目标的方法

学生的学习目的主要是在家庭教育和社会舆论影响下产生的。当家庭教育和社会舆论产生偏差时，学生容易受到诱惑和不正之风的影响，树立错误的学习目标。例如，受读书无用论的影响而贬低学习的价值，放弃学习；受“读书是为了升官发财”观点的影响而产生功利性的学习动机，在学习行为上表现得急于求成。因此，教师应该有意识地通过学习目的的教育，使学生树立以掌握知识与能力为目标的动机，以此启发学生的求知需要，培养学生争取成功、避免失败的意向。

但需要注意的是，学习目标应符合学生的身心发展水平。以前的教师往往从社会、历史的角度给学生树立远大的目标，例如“为祖国的强大而努力学习”或者“要让自己成为对社会有用的人”。这些建议和目标过于抽象，学生受身心发展水平所限，不能对其形成明确的认识。针对学生的这种特点，教师可以利用学生有切身体会的事件进行学习目标的教育，让学生对那些看似遥远的目标有深刻的感受，从而激发他们的学习动机。例如，通过对国际最新事件的学习说明中国要强大的道理，让学生树立为祖国的强大而学习的远大目标。除此之外，教师还可以利用实际工作中的例子来说明学习的重要性。例如，为了提高学生学习语文的动机，教师讲述了几个在工作中因用词不当造成重大失误的例子，使学生明白语文在实际工作中的作用，激发学生学习语文知识的动机。

对于具体的学习来说，教师也要确保学生了解他们能从学习中获得什么，能够达到什么样的目标。假如某单元的目标是使学生掌握如何写议论文，就应该让学生明白通过该单元的学习，他们应该能够写一篇文章，就一件事情发表自己的看法并试图说服别人。在设置目标以后，还要给学生提供实现目标的方法。教师可以让学生从模仿别人的文章开始，先写一些简单的题目，然后再慢慢写更复杂的内容。通过这样的方法，教师可以激发学生针对某些特定教学内容的学习动机。

前面提到，以掌握为定向的目标结构是最佳的学习动机，但是这种学习动机需要教师有意识地加以引导才能产生。教师可以通过创设生动有趣的学习环节，激发培养学生的学习兴趣，调动学生的内在认识需要，使学生体会到学习本身的乐趣，从而树立以掌握为定向的目标结构。

二、改革教学方法激发学生的学习兴趣

学习兴趣是学习动机的重要心理成分。在教学实践中，教师应注意培养学生广泛的认识兴趣。当广泛的认识兴趣成为学生的人格特征时，他们将不需要或很少需要外来的奖励，而能自觉进行学习，甚至离开学校以后仍然能坚持学习。

1. 利用生动、活泼的教学方法引起学生的学习兴趣

在教学中，教师可以使用多种方法调动学生的学习兴趣。一位语文教师在讲朱自清的《荷塘夜色》时，通过精美的课件向学生展示荷塘的美丽景色，让学生感受荷塘的美，并且向学生介绍作者写作的背景，从而调动了学生的情绪，激发了学生的学习兴趣。一位数学老师在教几何时，让学生用几何图形制作拼贴画或折纸作品，比如用正方形纸折叠成不同类型的多面体，或者用不同形状的纸片拼接成一幅创意画，使学生对图形产生兴趣，并在活动中理解几何图形的性质和组合方式。

教师还可以采用启发式教学，创设"问题情境"，激发学生认识兴趣和求知欲。一般来说，教师在正式讲授教学内容之前，提出与教学内容有关的一些问题以引起学生的好奇心与思考，是激发学生认识兴趣和求知欲的有效方法和手段。例如在教小学数学时，一位教师用多媒体向学生展示一幅超市的图片，对学生说："新开张的兰美超市摆设了好多好多的学习用品，琳琅满目。请大家仔细观察这些商品的价格，和旁边的同学商量一下你们要买哪两样商品，并算一算你们需要多少钱。"学生立刻兴致勃勃地展开讨论，问题像磁石一样吸引了学生的注意力。

2. 活跃课堂气氛，培养学生主动学习的愿望，激发学生的学习兴趣

大多数学生对于能够亲自动手参与的主动学习非常感兴趣，而对被动的学习容易感到厌烦。因此，教师在课堂上要通过提问、操作实验、讨论等活动，活跃课堂气氛，充分调动学生的主动性，鼓励学生动手、动脑，使学生在学习中获得乐趣。例如，有位小学教师让学生根据一幅儿童跳绳的画列出算式计算人数，大多数学生列的算式是 2+6

（2 个摇绳的，6 个跳绳的），这时，有名学生犹豫地列出了 4+4，教师问为什么，这名学生说："有 4 个小男孩，4 个小女孩，共有 8 个小朋友在玩跳绳。"教师非常高兴地表扬她是个爱动脑筋的好孩子，然后问其他同学还能不能列出其他算式。经过这样的启发，课堂气氛立刻活跃起来，学生们开动脑筋列出了各种各样的算式。由于这名教师总是鼓励学生思考和提问，学生们在她的课上思维非常活跃，每次都能积极主动去寻找不同的方法来解决问题。

三、利用学习结果的反馈作用

让学生及时了解自己学习的结果，能有效激发学生的学习动机。通过学习结果的反馈，学生可以看到自己的进步，激起自豪感，进而激发进一步学习的愿望；也可以了解自己的不足，有针对性地克服缺点，从而提高学习的积极性。学习结果的反馈如果利用得好，就能够激发学生的学习动机，促进学生进步；如果利用不当，就会适得其反。因此，进行学习结果的反馈时，要注意把握以下几个原则。

1. 学习结果的反馈要及时

对学生的学习结果进行及时的反馈，才能利用学生刚刚留下的记忆表象，满足他们对学习的兴趣。如果学习结果反馈的间隔时间太长，反馈的信息价值和激励价值都会降低，学生在这段间隔时间内可能还会犯类似的错误，进一步加深了他们对错误做法的记忆。另外，对于年幼的孩子来说，他们对时间的认识还不够成熟，如果周一的考试到下周才给予反馈，他们很难把学习的过程和学习的结果联系起来。

2. 正确使用评定

教师在考试成绩的基础上对学生进行等级评价和评语称为评定。我国中小学中曾经流行的"排名"就是一种评定。在教育中应该如何使用这样的评定，是中国教育界争论激烈的问题。一般来说，在班级开展竞赛、考试和评比，可以激发学生的学习动机。但是如果竞赛、考试的内容、目标和方式过于单一，容易让大多数学生体会不到成功的快乐，使他们很快丧失对比赛的兴趣，进而丧失对学习本身的兴趣。以分数作为教学质量和学生水平的唯一标准是片面的，然而，全盘否定评定也是另一个极端。正确的做法是，运用多种方法对学生的学习进行评定，将评定视为掌握知识程度的衡量标准，而不是能力的衡量标准；视其为个人努力程度的标志，而不是去与其他人比较的尺度。

3. 学习结果的反馈要具体

教师提供的反馈信息越明确，学生的收获越大，也越能激发他们继续学习的兴趣和动机。如果教师在批改作业时，只写上“优”“良”，学生无法明确了解自己的学习结果，不知道自己对在哪里，也不知道自己错在何处，就很难对学习产生积极的态度。相反，一位教师在批改作业时，发现学生这样写“12-7=5，12-8=6，12-9=7”，他没有直接打叉，而是写评语：“看起来你是在寻找这三个算式的规律，说明你很喜欢动脑筋，非常好，不过你看看你这个规律是不是没有找对？”教师在给反馈时，用热诚的语言加以鼓励，从而既激励了学生，又指出了进一步努力的方向。

4. 适当使用学生自我反馈

自我反馈是指学生自己把学习结果反馈给自己。为了帮助学生做到自我反馈，教师在教学中要经常对学生的学习情况进行反馈，善于提出问题，启发思维，使学生经常面临反馈的情景，为学生提供有利于自我反馈的客观环境；要提高学生自己分析、解决问题的能力；要指导学生经常进行自我反馈训练，掌握自我评价、自我调节、自我调整的方法，为学生的自我反馈创造必要的条件。

例如，一位地理教师在讲完“澳大利亚”一课之后，要求学生按照一个问题训练单思考本节课的收获。问题训练单上的问题包括：通过这节课的学习你知道了什么？这节课上你印象最深的是什么？这节课你采用了什么方法记住这些知识？你还希望知道关于澳大利亚的什么知识？等等。通过这些问题，让学生自己总结和评价学习结果，对本节课的学习进行自我反思。学生通过自我反馈，感受到了学习带来的快乐，这种快乐可以激发他们对这门课的学习兴趣。

四、引导学生对学习结果正确归因

前面曾提到，归因方式能够影响学生的学习动机，教师应引导学生对学习结果正确归因，帮助学生有意识地进行归因训练。通过归因训练，使学生形成积极的归因方式，从而提高学习动机，改善学习成绩。归因训练的主要目的是帮助学生建立积极的自我概念，树立良好的自我形象，只有自我概念水平较高的学生，才会把成功归因于个人的能力和努力，把失败归因于努力不够，这样的学生才能“越挫越勇”。自我概念低的学生由于对自己的评价过低，很容易将失败归因于自身的能力，看不到自己具有的潜力，因此不愿意继续付出努力。因此，教师要在平时的学习生活中引导学生建立积极的自我概念，以帮助他们建立良好的归因模式。

五、设置榜样

教师可以将具有明确的学习目标、努力克服种种困难的模范人物或身边同学中的优秀人物作为榜样，使学生了解成就动机高的人们的想法、谈话方式和行为方式的特点。教师在设置榜样时，需要结合学科的特点和学生关注的热点，选择合适的榜样。例如，教师为了激发学生学习物理的动机，引入一位著名的物理学家兼科普作家、电视节目主持人，先播放他的精彩演讲或节目片段，引发学生对他的兴趣，然后分享他的成长故事，组织学生讨论，有效激发了学生的学习兴趣和动机。

六、合理使用奖励和惩罚

奖励和惩罚是对学生的学习成绩肯定或者否定的一种强化方式。奖励有助于强化学生的正确行为，但不能遏制已经形成的错误行为；相反，惩罚能够有效遏制已有的错误行为，但不能强化学生的正确行为。因此，奖励和惩罚必须结合使用。

（一）奖励

教师的表扬和适当的奖励是对学生学习成绩的肯定，能够激发学生的自尊心和上进心，能满足学生成就动机中的自我提高的需要，促进学生做出进一步努力以赢得更好成绩。但奖励并不是万能的，有效实行表扬也不是一件容易的事情。在课堂上教师容易犯的错误是没有表扬学生的正确行为，而经常表扬那些不值得表扬的行为，或者当学生取得进步时没能给予及时表扬。有时，在竞争情境中，某些学生似乎永远得不到表扬，久而久之就会失去对学习的兴趣。另外，表扬是否具有内在价值，即是否为学生所期望、所看重，这都影响着表扬的效用。有许多研究表明，如果滥用外部奖励，不仅不能促进学习，而且可能破坏学生的内在动机。

布洛菲（Jere Brophy）总结了有关表扬的文献，提出了怎样使表扬具有最佳效果的建议。他认为有效的表扬应具备下列关键特征：①表扬应针对学生的良性行为；②教师应明确学生的何种行为值得表扬，应强调导致表扬的那种行为；③表扬应真诚，体现教师对学生成就的关心；④表扬应具有这样的意义，即如果学生投入适当的努力，则将来还有可能成功；⑤表扬应传递这样的信息，即学生努力并受到表扬，是因为他们喜欢这项任务，并想形成有关的能力。

（二）惩罚

恰当的惩罚是必要的，但不当的惩罚不仅起不到教育学生的作用，还容易产生副作用，因此在教育中要谨慎使用惩罚。如果有必要实施惩罚，需要注意以下几点。

惩罚必须针对学生的过错行为，而不是因为学生的行为违背教师的意愿。很多时候，教师的意愿和情感倾向不能等于正义，教师将自己的对学生表现的喜怒作为实施奖惩的理由，就不可能取得良好的教育效果。至于哪些行为是过错行为，教师必须要制定清晰而合理的规定，例如让学生知道不完成作业就要罚站 5 分钟。学生能够预见自己的行为将获得什么样的结果，事先打下良好的心理基础，惩罚才能够发挥其教育效果。

此外，惩罚的原则最好不是教师不顾学生的感受单方制定的，这种过分依赖强权的做法容易招来学生的反抗，无法取得成功。教师应根据学生的年龄特征，用学生可以理解的方式共同讨论，制定规则。

教师在实施惩罚时必须一视同仁，不能因为先前对学生的印象不同而采取不同的标准。例如，课堂上有很多学生违反课堂纪律，教师放过平时表现优良的学生，而惩罚了平时调皮捣蛋的学生，这种带有偏见的惩罚只会使学生更加反感，无法取得良好的教育效果。

教师不能在学生的过错行为受到惩罚的同时贬低他的人格，惩罚是针对过错行为的，而不是针对学生本人。除了被惩罚之外，犯错的学生应和其他同学一样享有同等的权利和待遇。

教师在实施惩罚时，还必须遵循及时、坚定的原则。及时是为了使学生能够将惩罚与过错行为直接联系起来。如果学生犯了错误，教师几天后才采取惩罚措施，就无法取得纠正学生行为的效果。坚定则是指惩罚不能无故停止或者前后不一致，这是为了保证惩罚的严肃性，使学生理解纪律的不可侵犯性。

总的来说，在实施惩罚的过程中始终保持对学生的尊重和关爱，才能取得良好的效果。

【扩展活动：我的学习动机发展】

活动目的：反思自己的学习动机随着年龄增长而发生的变化，总结影响学习动机的因素，加深对学习动机的理解。

活动步骤：

1. 回忆自己在各个阶段的学习动机，并给动机打分，将分数标注在竖线上，1 分代表几乎没有学习动机，10 分代表学习动机特别强（图 9–5）。然后将各个阶段的学习动机连起来，观察学习动机的变化趋势。

2. 与小组同学分享、交流，分析大家的学习动机变化有什么共同点，讨论影响学生学习动机的因素。

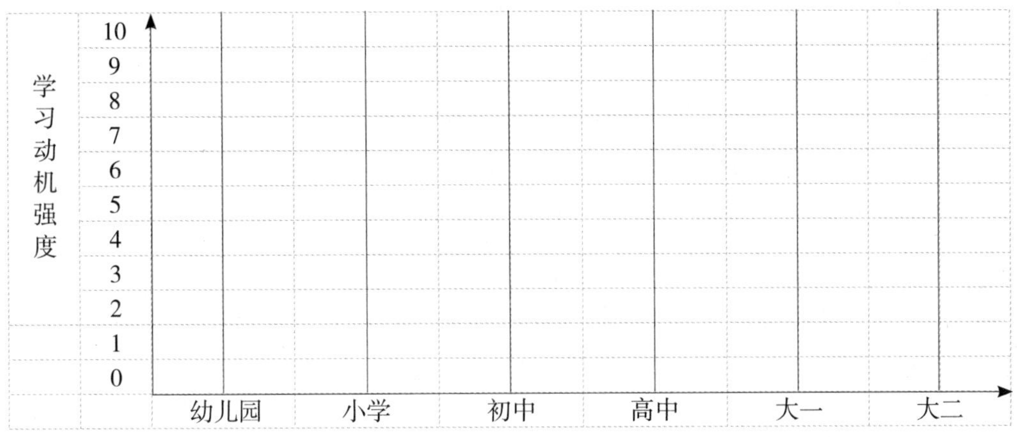

图 9-5　我的学习动机发展

【课后习题】

一、选择题

1. 学生学习是为了让自己在班集体中的排名更靠前，这样的学习动机属于（　　）。

A. 认知内驱力　　B. 附属内驱力

C. 自我提高内驱力　　D. 交往内驱力

2. 阿特金森认为个体的成就动机可以分为两类，一类是力求成功的动机，另一类是（　　）的动机。

A. 追求利益　　B. 追求刺激

C. 避免困难　　D. 避免失败

3. 以下哪种学习动机属于内部动机？（　　）

A. “万般皆下品，唯有读书高”

B. 读书是一种乐趣

C. “书中自有颜如玉，书中自有黄金屋”

D. “为报答亲人的养育之恩”

4. 韦纳认为，属于学习动机中“稳定的内部因素”的是（　　）。

A. 努力　　B. 能力　　C. 任务难度　　D. 运气

5. 以下哪一个是需求层次理论中的成长性需要？（　　）

A. 自我实现的需要　　B. 归属与爱的需要

C. 生理的需要　　D. 尊重的需要

二、问答题

1. 教师如何在实际教学中培养学生的学习动机？

2. 试论述阿特金森的成就动机理论及其对教学的启示。

3. 某次期中考试过后，学生之间有这样一段对话。

“你考得怎样，小郭。”小康问。

“很糟糕，”小郭感到有些难为情，“我不是学习的料。”

“我这次也没有考好，”小康回应说，“因为我这段时间学习太不用功了，不过我可不想这样的事情下次再发生。”

“简直难以置信！”小蓉抱怨说，“真见鬼了，老师到底有没有认真读我写的东西啊！”

“我60分，”小冲补充说，“我从来就没好好学过这门课，让我及格，已经是谢天谢地了。”

（1）请你结合学习动机的相关理论分析这段对话。

（2）假如你是他们的班主任，你会怎么做？

第十章

不同类型的学习

本章提要

第一节　知识的学习

- 知识的含义
- 知识的分类
- 概念的学习
- 概念转变：认知冲突理论

第二节　技能的形成

- 技能的含义、分类与特点
- 心智技能的形成和培养
- 动作技能的形成和培养

第三节　品德的培养

- 品德心理概述
- 道德发展的理论
- 共情和亲社会行为的发展
- 攻击行为的发展
- 品德的形成过程
- 品德的培养

学习是一个复杂且多维的过程，涉及个人知识、能力及心理状态的全面发展。在学校教育中，通常从三个方面关注学生的成长：认知领域、技能领域和情感领域。认知领域关注知识的理解，技能领域关注学生在身体和心灵两方面的能力，情感领域则涉及学生的态度、价值观、道德的发展。不同领域的学习有各自的规律，本章主要介绍关于知识学习、技能形成和品德培养三个方面的规律，有助于教师针对不同的教学目标，更好地设计教学方案，促进学生的全面发展。

第一节　知识的学习

一、知识的含义

关于知识的定义有很多种。顾明远主编的《教育大辞典》对知识的定义是“对事物属性与联系的认识，表现为对事物的知觉、表象、概念、法则等心理形式”。陈琦、刘儒德在《当代教育心理学》中将知识定义为“知识是人对事物属性与联系的能动反映，是通过人与客观事物的相互作用而形成的”。这个定义强调人在与外界环境相互作用的活动中，对环境中的各种信息进行加工和组织，形成了对事物的理解，最终获得知识。知识具有以下特征。

（1）知识是对信息的概括和总结。知识和信息不同，信息是关于世界的零散的事实。例如，古代人通过观察每天温度和植物的变化，总结出了关于季节的知识。其中“今天的叶子黄了”是信息，信息是构建知识的材料，但并不是知识，要从“叶子黄了”的信息中总结出季节的变化，才是知识。

（2）知识具有情境性。知识是人们对实践活动的认识成果，具有一定的稳定性和明确性，但知识也在不断地进化和更新，且具有情境性。这是建构主义的观点。

（3）知识不等同于能力。培根说过“知识就是力量”，有些人就认为这意味着有了知识就具有了能力，这是不对的。虽然知识是能力发展的基础，但要将知识转化为能力，还需要个体能够将知识、技能应用到问题解决的情境中。

二、知识的分类

人类的知识多种多样，将知识进行分类，有助于我们理解不同知识的特点，并采取不同的教学方法。下面介绍在教育心理学中常见的知识分类。

（一）陈述性知识和程序性知识

认知心理学家安德森（Anderson）将知识分为两种：陈述性知识（declarative knowledge）和程序性知识（procedural knowledge）。

1. 陈述性知识

陈述性知识是关于事物及其关系的知识，或者说是关于“是什么”的知识，包括对事实、规则、事件等信息的表达，这是我们日常理解的知识。目前学校教育中陈述性知识占了很大的比重，考试时的“名词解释”“简答题”“填空题”都是在考查学生的陈述性知识。陈述性知识以概念、命题、命题网络、表象或图式的方式进行表征。

2. 程序性知识

程序性知识是关于完成某项任务的行为或操作步骤的知识，或者说是关于“如何做”的知识，包括一切为了进行信息转换活动而采取的具体操作程序。陈述性知识和程序性知识都是认知经验的知识，其中程序性知识与活动动作的执行密切相关，但仍然只是一类专门叙述活动规则（包括心智活动）和方法的知识，并不等于技能。程序性知识的主要表征方式是产生式。

（二）显性知识和隐性知识

通常课本上以书面文字、图表、公式的方式表述的知识，称为显性知识；隐性知识则是难以清晰表达的，难以通过正规的形式传递的知识，但是可以通过“师徒制”的方式传达。

例如，烹饪学校的学生学习如何制作蛋糕，虽然菜谱上将过程和步骤写得清清楚楚（即显性知识），但学生仍然失败了。请教老师之后，老师提醒学生烤箱的实际温度可能比显示温度高，而且整个烤箱的加热不够均匀。随后老师告诉学生，根据自己多年的经验，每个烤箱的温度都有少许的不同，其加热的均匀程度也不一样，因此要先了解这个烤箱的特点才能成功。这个老师所传授的经验就是一种隐性知识。可以看出，隐性知识并不是不能说出口的知识，而是在教科书上难以出现的知识，主要通过团体成员之间的共享来获得。

显性知识是前人已经总结出来的普遍原理，显然是最重要的部分，只有掌握了显性知识，才具有解决问题的知识基础。从上面的例子来说，学生要做出一个蛋糕，必须知道面粉、白糖、鸡蛋的比例以及基本的操作步骤。在显性知识的基础之上，还需要具备隐性知识，才能成功地完成做蛋糕的任务，否则就会功亏一篑。我们以往的教育，就过多地强调显性知识，而忽略了隐性知识。

显性知识和隐性知识不是绝对对立的，通过努力，隐性知识也能够转化为显性知识。在上面一段话中我们已经将烹饪老师的经验变成了书面文字，那么就意味着这种经验实际上也可以书面化并传授给他人。现在市面上已经有这类烘焙的书籍，读者感觉特别实用，实际上这就是将以前大量只能通过经验摸索获得或者通过师傅口头传授的经验，变成文字，印在书中，成为人人都可以看到的显性知识。

只有通过外显化的知识才能够更大程度地传递给其他人，知识的发展过程也就是将隐性知识不断向显性知识转化，不断产生新的显性知识的过程。在古代，人们通过观察天象，了解到云彩的变化和天气的关系，通过总结变成如“朝霞不出门，晚霞行千里”这类的谚语，就是完成了显性知识的第一步。再通过科学家的研究与进一步总结，形成专门论述天气现象的理论著作，为安排农业生产等活动提供理论上的依据。

然而，即使隐性知识已经转化成了显性知识，学生在掌握的时候还需要将显性知识内化到自己的经验中去，才能真正获得这些知识。这时仅靠书面学习或文字表述是难以真正获得的。很多教师都发现一个令人沮丧的事实，那就是学生虽然在期末考试时能够答对大部分的题目，但是在毕业以后，似乎将这些内容又全忘记了。从根本上来说，这就是学生并未将知识内化的结果。

建构主义强调，学习者必须通过一定的实践活动才能真正获得知识，尤其是隐性知识。例如，学生从一本烘焙书上看到“每个烤箱的实际温度都不一样”这条知识，也理解了其意思，但完全没有意识到这条知识会影响烘焙过程。看过这本书之后不到一周，他就忘记了这条知识。记忆力好一点的学生，大概在一个学期之后，也会忘记这条知识。只有在亲自实践烘焙的过程中出现问题并找到问题原因的学生，才会将这条记得十分清楚，并且认识到使用烤箱温度计的必要性。

三、概念的学习

在平时的考试中，经常会考概念。比如化学课中，要求对“构型”做名词解释，学生需要回答“构型指的是一个有机分子中各个原子特有的固定的空间排列”。这就是在考查学生对概念的记忆。我们周围的世界充满了纷繁复杂的信息，概念则可以对信息进行分类处理，我们对世界的认识，就是由概念及概念之间的关系构成的。所以，学习概念，也就是在学习信息的分类方式。

（一）概念的结构

概念一般由名称、属性、定义和例证组成。

概念的名称一般由词汇来表示，但并非只有词汇才能组成概念。人们用“水”来代表一个物体，婴儿虽然还不会讲话，但是已经具有了“水”的概念。

概念的属性是指关键特征，是一个概念的所有成员都具有的共同的本质属性，比如形状、颜色、用途、质量等。比如，橘子、苹果、葡萄都属于“水果”这个概念的成员，而它们之所以是水果，是因为它们具有以下属性：植物果实，多汁且主要味觉为酸味和甜味。一般来说，概念的属性可以是非常具体的，比如水果，但对于有些抽象概念，却很难下一个明确的定义，比如，什么是“聪明”，每个人的理解都不同。

概念的例证是指可以代表这个概念的成员，比如苹果、橘子都是“水果”这个概念的例证。

（二）概念的获得

1. 概念的形成

人们在日常生活中会自然形成大量的概念。比如，儿童在生活中会见到很多动物，那他们怎么形成了关于“猫”的概念呢？一般认为是学习者从大量同类事物的不同例证中发现关键特征，从而形成了概念。布鲁纳等心理学家则认为，在概念的形成过程中，学生是积极、主动地去探究这一概念，通过一系列的假设—检验来发现概念。例如当儿童见过几只不同的猫之后，得出了一个假设：面部略圆，耳朵短，眼睛大，四肢短，尾巴长，毛软，动作敏捷，这样的动物叫猫。然后再次遇到一只动物时，儿童会用这个假设去检验。如果他将新的动物判断为猫，并且正确，那么说明之前的概念是对的；如果判断错误，说明之前的概念不对，需要修正。

有些概念很难进行界定，这时往往用一个典型例子来代表概念，这个例子就称为原型。比如关于桌子，人们就会用一个典型的桌子来作为桌子的概念。在对这类概念进行教学时，要利用原型和范例来做概念的识别。

概念形成是日常生活中获得概念的主要方式，对学龄前儿童来说尤其如此。他们从实际经验中获得大量关于概念的例证，并以归纳的方式抽取出一类事物的共同属性，从而获得某些初级概念。

2. 概念的同化

学生在学校课堂上学习概念，主要的形式是概念同化。概念同化是利用学习者认知结构中已有的概念，以定义的方式直接给学习者提示概念的关键特征，从而使学习者获得新概念。在学校里，学生学习概念都是以已有的知识经验为基础来进行的，原有认知结构中的概念可以作为一个新概念的固定点，学习者在原有概念和新概念之间建立起一种实质性的、非人为的联系以后，学习者就会获得新的概念。

奥苏贝尔把概念的同化分为上位学习、下位学习和并列学习。

上位学习：当学习者获得了几个同类的、抽象程度较低的概念之后，在教师的引导下他们又形成一个抽象概括程度较高的新概念。例如，学生学习了汽车、轮船、飞机、火车之后，将这些概念联系起来，形成“交通工具”这个抽象概括程度更高的概念。

下位学习：当学习者获得了一个抽象概括程度较高的概念之后，再学习一个抽象概括程度较低的概念，即学习一个下位概念。例如，学生学习了“交通工具”这个概念，将汽车、轮船、飞机、火车都归为交通工具之后，又碰到了一个新的概念——宇宙飞船，这时只需要告诉学生它属于交通工具的一种，并解释与其他交通工具的区别之后，学生就可以将这个概念纳入原有的概念体系。

并列学习：当学生获得了几个概括程度相同且互相之间关联的概念后，又获得另一个同样性质的概念。比如，学生学习了蔬菜、水果、谷物的概念，又学习肉类的概念，就是并列学习。

四、概念转变：认知冲突理论

1. 什么是概念转变？

概念转变是指个体原有的某种知识经验由于受到与此不一致的新经验的影响而发生的重大改变。这里的“概念”并不是指“桌子”“地球”这样的狭义概念，而是指关于某一对象的观点、看法，比如“地球在绕着太阳转”便是一个概念。从这个角度来说，概念转变更像是理论建构，即建构一个用于解释客观世界的理论。

随着经验的不断增加，个体头脑中的经验也在不断发生变化。在变化过程中存在两种过程：同化和顺应。同化是指在原有的知识框架中不断加入新的知识，通过积累新知识的方式使原有的知识变得更加丰富，从而发生变化。在这种情况下，新知识与原有知识之间基本是一致的。这种概念变化比较容易实现，奥苏贝尔的有意义学习理论强调认知同化论，就是从这个角度来解释学习的。

当新获得的信息与现有的信念、假定或有关理解之间存在着冲突，往往需要对原有知识框架做出调整，这是新经验对已有经验的改造，称为顺应。概念转变主要就是针对这种情况。个体在面对与原有经验不一致的信息时，对原有的理解、解释做出调整、改造，而不是针对细枝末节的变化。由于概念转变涉及新旧概念之间的冲突和转化，所以概念转变的过程就是认知冲突的引发及其解决的过程。

概念转变是学校教学的核心问题。学校通过教学活动，纠正学生头脑中已有的错误概念，建立科学的概念。但事实上并不是只有在学校里才会发生概念转变。一个人从出生开始，就会自己创建一些简单的理论，用来解释周围世界的各种现象。随着经验的积累及不断地反思，人对以前创建的理论也进行重新组织，逐渐形成更系统的理论体系。例如，儿童对光影现象的解释，最开始不知道影子是怎样产生的，只知道影子是黑色的。当生活经验丰富以后，儿童会逐渐意识到，影子的产生与光源和物体有关，最终在头脑中建立一个关于三者关系的理论模型。然而，个体经验毕竟有限，通过自己的体验和反思获得的知识并不完整。相比之下，学校里所教授的知识，则是由科学家将人类众多个体的经验整合起来，利用系统的科学研究方法和严密的逻辑思维，不断进行检验形成的更加系统、解释力更强的科学知识。学习者来到学校学习，实质上就是通过教学的作用，使得头脑中与科学概念相悖的先前经验、概念发生转变的过程。如果错误概念没有得到纠正，学生也难以真正掌握新的知识，甚至对新知识产生错误的认识。

2. 错误概念

学生在日常生活中已经形成了大量的经验，他们通过直觉和思考总结出了一些理论用来解释生活中的现象。这些经验中有些理解与科学理论对事物的理解基本一致，但有些理解是与当前科学理论对事物的理解相违背的，这就是错误概念（misconception）。例如，“重的物体会更快落地”是来源于直觉但与科学理论不相容的错误概念。当教师向学生传递科学概念时，由于直觉经验的影响，学生可能既不能理解也不相信这个科学概念。在考试的压力下，学生有可能会将这个概念用死记硬背的方式记下来，但是在考试之后，往往仍然信奉原来的观点或者并没有对新概念有深入的理解。教学的主要目标之一，就是寻找学生的错误概念，并采用各种方法促进错误概念发生转变。

3. 认知冲突

当学习者接触到与原有知识结构不相符的新经验时，发现不能用原有的观念来解释新的经验，感受到了自己当前的观念和新的认知之间的矛盾，这时候就发生了认知冲突。学习者如果意识到这是由于自己的知识结构不够完善所造成的，那么就能够意识到需要改变自己的原有概念。只有经历了认知冲突或已有的概念受到挑战，学生才有可能改变原有的错误概念，因此认知冲突是概念转变的必要条件。学生认识到科学概念比他们已有的概念更清楚、合理、有效，才有转变错误概念的动力。因此在教学过程中，教师需要使用矛盾事例或评论事例，即让学生产生对自己现存概念的不满，引发认知冲突。

除此之外，认知冲突还与学生已有的相关知识有关。大量的特定领域的知识对于概念的理解是有帮助的。如果缺乏相关的知识，是难以体会到认知冲突的，比如下面这个例子。

在“原电池中的电解质的导电原理”的教学过程中，教师提问：“原电池能够提供电能，使得外界电路中通过金属导线连接的灯泡亮起来。那么在原电池内部，是靠什么东西来导电的？是什么东西形成了电流？”学生回答：“在原电池的电解质溶液中，自由电子从负极流向正极，从而形成了电流。”这个理解是错误的（正确的答案：电解质溶液能够导电，是由于其中存在着自由移动的带电的离子）。那么如何让学生产生认知冲突呢？教师用实验来证明，在 NaCl 加入前后测定水的导电性。实验表明，纯水的导电能力很弱。这与概念理解相矛盾。因为如果电子可以形成电流，为什么纯水不能导电？在这个例子中，如果学生连“离子”的概念都不具备，也就根本不会产生认知冲突。

即使体会到认知冲突，学生也不一定就能自动进行概念转变。人们在面对认知冲突的时候，心理上会产生一种不一致带来的紧张和不适感。这种紧张和不适感是进行概念转变的动力，但概念转变并不是消除紧张和不适感的唯一方法。在面临认知冲突的时候，个体倾向于用两种方式来进行自我调节，一种是对新经验予以否认、忽略、排斥或者重新解释。例如，当学生在学校里学到了“地球是圆的”的概念，但是日常的直觉经验告诉他“大地是平的”。这时候学生就可能将“地球是圆的”认为是“考试要考的内容”，并不认为这跟实际的日常经验有关系。另一种解决认知冲突的方式就是概念转变，即想办法改变旧的观念，用新认知代替旧的认知，重新获得心理平衡。

个体之所以不愿意用调整已有知识结构的方式来解决认知冲突，一方面是因为这种做法需要放弃原来的观念，耗费大量的心理能量；另一方面是因为背后有另一个更深层次的概念难以被抛弃，例如学生认为“如果地球是圆的，那住在下面的人就会掉下去”。因此，概念转变并不仅仅是将单个概念转变过来，而是要将整个概念体系中相关的概念或规则都重新进行建构。例如，要从“地球是平的”这个错误概念转变到“地球是圆的”的正确概念，就要转变另一个错误概念，即“人在头朝下的时候会往下掉”，正确的认识应该是“宇宙中没有上下之分，人之所以会往地面掉是因为地球的吸引力”。只有正确认识“引力”之后，学生才能真正理解地球是圆的这个概念。

第二节　技能的形成

小林是一名高一的学生，他的物理成绩一直在班级中名列前茅。有一天，家里的电路跳闸了，小林自告奋勇去换保险丝。没想到，原以为很简单的任务，小林折腾了很久也没有成功。爸爸演示了一次，又让小林试着自己换了几次，小林最终学会了。

小林学习换保险丝也是一种学习，但不同于知识的学习，这是一种技能的学习。学生的学习不能只局限于对知识的掌握，还需要掌握一定的技能。

一、技能的含义、分类与特点

（一）技能的含义与分类

技能是指个体运用已有的知识经验，通过练习而形成的智力动作方式（心智技能）和肢体动作方式（动作技能）的复杂系统。技能可以分为心智技能和动作技能。

心智技能是借助于内部言语在人脑中进行的智力活动方式，包括感知、记忆、想象和思维等认知因素。阅读、写作、解数学题、运算等活动所运用的都是心智技能。

动作技能是在练习基础上，由一系列身体动作以合理、完善的程序构成的操作活动方式。日常生活中的写字、打字、绘画、骑车、打毛衣，音乐方面的吹、拉、弹、唱，生产劳动方面的车、铣、刨、磨等活动，都属于动作技能。

心智技能与动作技能的区别如表 10-1 所示。

表 10-1　心智技能与动作技能的区别

<table>
<tr><th>技能分类</th><th>操作对象</th><th>活动结构</th></tr>
<tr><td rowspan="2">心智技能</td><td>观念性：对头脑中观念的操作</td><td rowspan="2">简缩性：可以合并、省略和简化步骤</td></tr>
<tr><td>内隐性：不能从外部观察到</td></tr>
<tr><td rowspan="2">动作技能</td><td>物质性：对骨骼和肌肉的操作</td><td rowspan="2">扩展性：每个动作都要完整做出</td></tr>
<tr><td>外显性：能从外部观察到</td></tr>
</table>

（二）技能与随意动作的比较

技能要合乎客观法则，符合活动的内在规律，是一组系统的动作方式。例如，游泳的一组动作，每个动作互相之间是有联系的，符合在水中运动的规律。

随意动作是指个体主动控制自己的肌肉做出特定的动作。随意动作是技能的基础，任何技能都要建立在能自主控制身体肌肉执行特定动作的能力之上。但随意动作不等于技能。例如，一个不会弹钢琴的人在钢琴上随便敲击几个键，虽然也能发出声音，但不能说他有弹钢琴的技能，因为这些敲击动作是毫无关系的组合，不符合技能的定义。

（三）技能与习惯的比较

技能是通过动作经验不断内化而形成的。通过不断练习，作为技能的活动方式才能逐步实现自动化。因此，技能有熟练和不熟练的区别，但没有好坏之分。

习惯是自然习得的，它可能符合自然法则，也可能不符合。习惯没有熟练和不熟练的区别，但是有好坏之分。例如，讲礼貌、讲卫生是好习惯，而抽烟、酗酒是坏习惯。

技能和习惯也有共同之处，两者都是自动化的动作系统。例如，出门就反锁门的习惯和熟练驾驶汽车的技能，都是自动化的，不需要意识参与。

（四）技能与程序性知识的关系

知识是对经验的概括，它反映的是人们对事物和事物之间相互联系的规律性的认识。知识可分为陈述性知识和程序性知识。陈述性知识是关于“是什么”的知识，程序性知识是关于“怎么做”的知识。

程序性知识与技能有密切关系，例如知道开动汽车的操作顺序是“一踏二挂三拨灯，四看五按六制动，七快抬停八慢加，九慢抬起十灯熄”，这是程序性知识。技能则是能够做出相应的动作，即把程序性知识转化成相应的活动方式。有时候，一个人掌握了程序性知识，但没有掌握相应的技能。例如，某人能够记住开动汽车的动作口诀，但是并不会开车。

有时候，学生掌握了技能之后，也不能用语言明确地说出有关活动的动作步骤和规则。例如，一个会织毛衣的人，不能用语言说出编织毛衣的动作步骤和规则。这时候只能通过实际操作来检验他们是否掌握了技能。

虽然技能并不等于程序性知识，但一般来说，人们掌握的程序性知识越牢固，越有助于技能的形成。

（五）技能与陈述性知识的关系

要掌握技能，不一定要掌握陈述性知识。例如，要掌握篆刻的技能，不一定要知道与篆刻有关的历史、篆刻的流派、石头材质的原理等陈述性知识。但陈述性知识是技能转换为能力的重要条件。例如在学习篆刻的时候，如果没有关于石头材质的理论知识，没有篆刻艺术理论的知识，就只能做一个模仿已有动作程序的工匠，而无法成为篆刻大师。

二、心智技能的形成和培养

在心理学的历史上，关于心智技能的讨论很多，对心智技能的含义也有各种不同的看法。美国心理学家加涅把心智技能看作是使用符号与环境相互作用的能力，并明确提出心智技能包括从低级到高级的四种技能——辨别、概念、规则和问题解决，我们在前面已经介绍过。这里主要介绍加里培林的心智技能观和安德森的程序性知识观。

（一）加里培林的心智技能观

加里培林（Halperin P. Ya，1902—1988）是苏联著名的心理学家。他认为，人在认识特定事物、解决具体问题时，心理活动借助内部言语在头脑内部发生，并且有一套合理的、完善的程序组织起来，一环扣一环，自动化地进行着。心智技能是通过外部实践动作的内化而形成。所谓内化就是外部动作向内部转化，也就是形成内部动作映像的过程。

加里培林认为，心智技能源于实践动作，是外部实践动作的内化而形成的。任何新的心智活动形成，必须经历如表 10–2 所示的五个基本阶段。

表 10-2　心智技能形成五阶段（加里培林）

	说　明	举　例
1. 定向阶段	让学习者在头脑中建立起动作执行的“映像”	教师演示如何运算 学生记住操作程序
2. 物质或物质化动作阶段	通过肢体运动来完成智力活动	学生用小棍来计算加减法
3. 出声的外部言语动作阶段	以出声的外部言语来完成各个操作	学生一边计算一边出声说出操作步骤
4. 不出声的外部言语动作阶段	以不出声的外部言语形式来进行活动	学生一边计算一边在心里默念步骤
5. 内部言语阶段	转成内部言语，高度简化、概括、自动化	学生不用回忆步骤，在心里自动进行运算

（二）安德森的程序性知识观

安德森（Anderson，1947—　）是美国卡内基梅隆大学的心理学和计算机科学教授。他主要关注数学问题解决中的高水平认知的结构。他在《认知结构》（1983）一书中提出了非常著名的认知理论（ACT）。ACT 是一个解释人类认知如何工作的系统理论。ACT 理论认为，人类知识是由两种知识构成：陈述性知识和程序性知识。心智技能就是程序性知识的操作，而程序性知识是由一个一个的产生式系统组成。每个产生式包括两个部分，即条件和行动，可以用“If–then”来表示，即“如果—那么”。表 10–3 是一个关于过马路的简单的产生式系统。

表 10-3　关于过马路的简单的产生式系统

产生式	条　件		行　动
P_1	如果灯是红的，并且 （状态 = 想过马路）	⟶	等
P_2	如果灯是绿的，并且 （状态 = 想过马路）	⟶	走过马路 并且变化状态到 （状态 = 结束）

安德森的产生式学习主要探讨的是问题解决中所涉及的心智技能，因此在教学中也主要用于复杂问题的教学。例如，在物理教学中，采用安德森的理论，根据产生式系统编制样例，让学生通过试做学习，最终掌握样例中所包含的解题规则。

（三）学生心智能力的形成阶段

教师在教学中对学生心智技能形成的培养，应考虑根据心智技能形成的五个阶段，采取多种措施有意识地进行。

1. 选择心智能力培养的重点

一种心智能力往往是由多种心智动作构成，学生在心智能力的学习中已经形成了某些心智能力的动作成分，那么这些动作成分就可以直接在心智水平上迁移，而不用经历前面提到的五个阶段。教师在设计心智能力的教学内容时，要分析哪些动作成分是学生已经掌握的，哪些动作成分学生还没有掌握，然后根据新的动作成分制定分段练习的措施，在培养时再注意新旧动作成分的结合。

在高中数学技能的培养中，要求学生掌握在实数范围内解数字系数的一元二次方程，学生已经在初中时期掌握了求根公式法、开平方法、因式分解法等基本技能。因此教师只需要重点培养学生判断方程是否有根、两根是否相等、解出具体根值的技能。在语文教学中也是如此，教师培养学生阅读技能时，应该按照字、词、句、段落、文章的顺序进行，如果学生已经熟练掌握了段落阅读的技能，那么教师应着重培养阅读文章的技能。

2. 展开心智活动的步骤，促进学生完成活动的认知定向

在活动的认知定向阶段，学生主要是了解和熟悉智力活动，知道做什么和怎样做，在头脑中形成关于认识活动和活动结果的“映象”，以对活动进行认知定向。

我国教育心理学家冯忠良将这一阶段称为原型定向，强调了在这个阶段“原型”的重要性。所谓原型（prototype），在这里是指将心智活动方式和操作活动程序用外在的形式表现出来，比如用文字描述活动程序。原型定向就是学习者要掌握这种外在的心智活动方式或操作程序，来了解原型的活动结构，包括动作构成要素、动作执行秩序和动作执行要求。简单地说，就是要让学生掌握程序性知识。

在这一阶段，学生的主要任务有两个：一是要确定所学心智技能的操作活动程序，二是要使这种活动的动作结构在头脑中得到清晰的反映。为了完成这些任务，教师要把构成这一智力活动的所有动作系列，按照一定的顺序演示给学生，让学生正确、完整地了解智力活动的全过程。例如写作文，教师要教给学生写作文的每个步骤，即：审题、围绕中心选材、组织文章结构、选词组句等。只有将活动的全过程展开，学生才能了解活动的结构，在头脑中建立起完备的“动作映象”。

3. 教师在每一个阶段提供分步练习的条件

心智技能的形成要经过练习。在教学中，教师应给学生提供这种展开形式的分步练

习的条件，使学生在练习中能按模式将智力活动的程序展现出来，并将展开的形式逐渐概括化，从外部向内部，成为熟练的、自动化的活动，促进学生心智能力的形成。

4. 为了使心智活动内化，动作的执行应与言语活动相结合

心智活动依靠内部言语进行，而内部言语是以外部言语为基础的。在心智活动从原型操作向内部言语转化的过程中，外部言语具有十分重要的作用。因此，在边做边说的情况下，心智活动容易向更高级的水平转化。在教学时，教师应注意有意识地让学生边做边说。例如，在解题时，让学生讲出自己解题的步骤：如何概括题意，如何分析条件和要求的关系，如何找到解题的关键，经什么步骤推导或计算出结果。通过学生的语言描述，让智力活动更好地转化为内部言语的操作方式。

5. 教师应注意学生心智活动的概括和迁移

学生的能力最终体现在解决一个又一个新问题的过程中，心智技能要能够迁移到更广泛的情境中。教师要经常给学生多种变式，让学生在多次练习中自动进行概括，从而能够将习得的技能运用到其他环境中。

三、动作技能的形成和培养

（一）动作技能的结构

根据信息加工的观点，动作技能包括感受部分感受器、中枢部分（中枢装置）和动作部分（效应器）三种成分，各种复杂的动作技能都离不开输入、处理、输出、反馈、调节这些基本环节（图 10–1）。

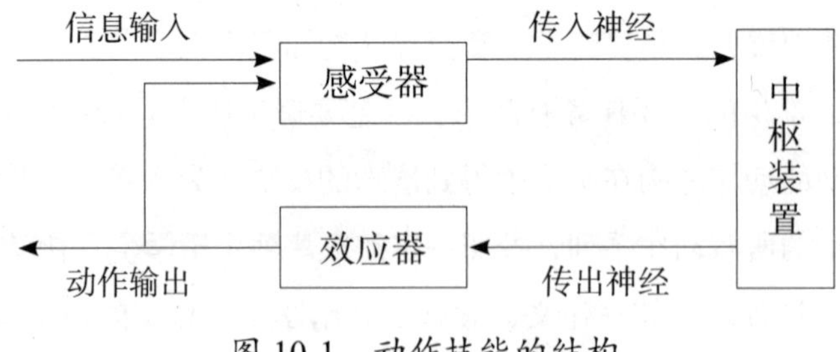

图 10-1　动作技能的结构

例如，当我们看到一个杯子，想把杯子拿过来。这时眼睛作为感受器，向神经中枢输入了关于杯子的视觉信息，同时内部感受器向神经中枢输入关于我们肢体位置的信息。神经中枢处理完信息之后发出“伸手”的指令，通过传出神经传到效应器官即肌肉

组织，然后肌肉产生动作，伸手去拿杯子。这时，眼睛不断把最新的杯子、手的位置的信息反馈给神经中枢，神经中枢根据杯子和手的位置关系，不断发出指令调整手部动作的位置，最终使我们完成“手拿杯子”这个看似简单的动作。这是最基本的动作技能的结构，各种复杂的动作技能都离不开输入、处理、输出、反馈、调节这些基本环节。

（二）学生动作技能的形成阶段

动作技能的形成是一个复杂的过程。每个人在学习动作技能时，都要经历几个阶段。费茨（1967）将动作技能的形成分为以下三个阶段。

1. 动作的认知学习阶段

刚开始学习动作时，学生需要了解有关活动方式的知识，在头脑中形成关于动作过程的“映象”，它是动作技能形成的首要环节。这时教师要用语言、动作等方式让学生从认知层面上掌握动作的步骤，将正确的活动方式反映到头脑中形成动作映象，并且让学生能够估计自己的任务水平，明确自己能够做得更好。例如，学生学习广播体操的时候，需要按照教师示范的动作或者书中的说明进行尝试，一边做一边想着每一个动作：我的左手应该放在什么位置？当右手放下时左腿是否要抬起来？头脑中还会形成一个画面，想象自己身体的动作是怎样的。

这时候，学生工作记忆的负担非常重，而且由于对动作不熟悉，往往出现较大的错误，前后动作常常出现不一致。这段时间是最需要教师纠正学生动作的时候，学生要反复观察教师的示范、书中的说明文字或者示意图，努力记忆所学动作的结构和特点以及各组动作之间的联系，在头脑中形成动作的正确映象。

除了动作映象，学习者还要依据自己以往成功或者失败的经验，以及当前任务的难易，形成自己对能达到水平的期望。一般来说，有明确目标期望的学习，比目标期望模糊的学习更有效。

2. 动作的联结阶段

第二个阶段是动作学习的联结阶段。在这个阶段，学生已经掌握了技能的基本原理和技术，他们的注意力集中在如何能够成功地完成技能，即从认知转向动作。这时，学生要将每个独立的步骤进行组合，形成更大的动作单元，一直到最后能够将整个动作系列完全联系起来。例如，在学习广播体操时，学生先是将每一节广播体操的动作成功组合起来，然后再将所有的动作联系起来，最后一系列的动作之间发生自然的联系，动作之间形成连锁反应，一个动作完成之后自然而然引发下一个动作开始。

在这个阶段的初期，学生的动作显得迟缓，其正确性、稳定性和灵活性都较差；在活动结构上，表现为动作之间不够协调，常有顾此失彼的互相干扰现象。例如在学习广播体操时，学生常常把一个动作错误地接到另一个动作的后面，或者出现手部动作正确但是腿部动作错误的情况。这个阶段学生还可能受到生活中已经学会的某些技能或者习惯性动作的影响。例如，很多人都有这样的体会，在换了一个牌子的手机之后，要学会操作新手机的技能，就必须克服原来手机的使用习惯。

这时学生对动作不够熟悉，需要有意注意的参与，对动作的控制不够自动化，许多动作经常要在视觉参与下才能完成。学生在完成一个动作之后容易感到紧张和疲劳。例如，刚学会开车的司机，在换挡时常常需要看着操纵杆，而且开了不多一会就觉得很累。

3. 动作的自动化阶段

通过多次练习，动作达到了高级阶段，即动作的自动化阶段。这时人们对这种活动方式的意识控制水平大为降低，整个动作的完成不需要有意注意参与，动作表现为敏捷、正确、稳定和灵活；动作之间协调一致，多余动作消失，动作系列高度简化与压缩，个别动作已联结成一个完整的体系，动作间已形成稳固的顺序性；视觉的作用大为降低，而动觉的控制增强，注意分配能力增强；此外，紧张感消失，疲劳的程度也相对降低。

达到动作的自动化阶段需要长期练习。不管是生活中的日常技能、运动员的技能、工人的技能，要达到自己的最高水平，都需要多年的练习。

（三）学生动作技能形成的标志

作为教师，经常要评估学生的学习成绩，并根据评估结果来确认教学过程是否有效，并制订下一步的教学计划。那么在动作技能的教学中，教师如何判断学生是否已经掌握动作技能？如果你是一位体育老师，在教学生投篮时，如何确定学生确实掌握了所教的内容呢？显然，如果学生偶尔投中一次篮筐，你并不能认为他就掌握了投篮的动作技能。同样，如果你是一位计算机老师，如何确定学生已经学会了打字？

在动作技能学习的不同阶段，个体的操作表现特征不一样。当动作技能达到熟练之后，学生的实际操作也会发生变化。一般来说，动作技能达到熟练程度有以下四个标志性的变化。

1. 动作的协调性加强

达到熟练的动作技能已经能够将多个动作联合成一个完整的动作系统，动作之间不再相互干扰，动作简洁，多余动作消失。例如，学生在刚学广播体操时，经常顾此失彼，动作之间相互干扰，当熟练以后，就能够顺利地完成体操动作。

2. 动作的成绩提高

随着动作的熟练程度增加，学生的操作成绩也逐渐提高。教师可以对学生一段时间内的成绩进行记录，然后根据每段时间测量的成绩画出练习曲线图（图 10–2）。

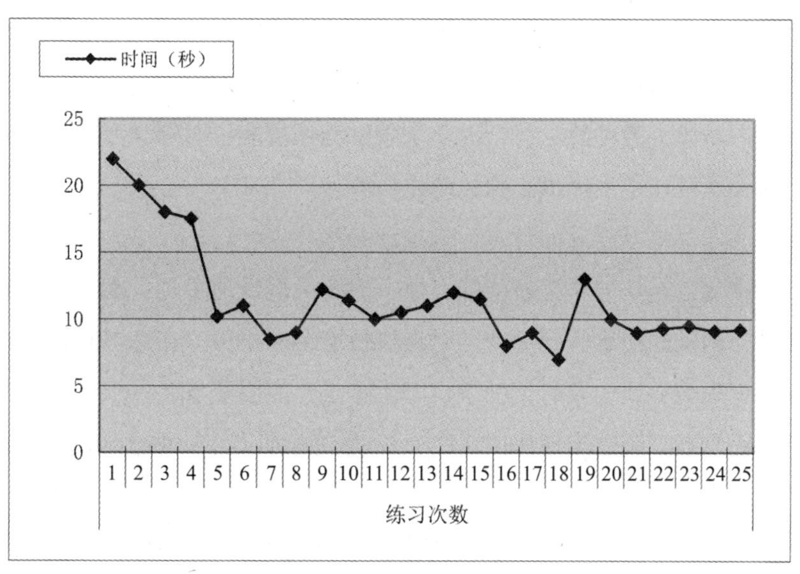

图 10-2　练习曲线图

3. 自动化增强，有意的控制减弱

熟练掌握动作技能以后，人在意识中对动作的控制会逐渐减弱，动作系统接近自动化地完成一系列的连锁动作，神经紧张降低，疲劳感也减轻。例如熟练的毛衣编织手可以一边织毛衣一边聊天，这是因为他们的动作非常熟练，不需要意识的控制。

4. 动作能够适应环境变化

随着练习次数的增加，动作逐渐相对稳定。但技能的稳定并不意味着动作是机械刻板的。动作的熟练必然伴随着对情境的适应水平提高。学生掌握动作技能之后，经常需要在新的情境中使用这种技能。例如驾驶，当学生学会在训练场开车以后，还要能够在城市道路、高速公路等不同的道路上开车，以及在各种天气条件、各种交通状况下开车。一个熟练的司机对路况变化的适应能力显然比一个新手司机更强，他们更能够根据环境的变化调整自己的动作，在不利的操作条件下维持正常的操作水平。

（四）动作技能的培养

动作技能的培养需要注意以下几点。

1. 根据学生的特点，选择动作技能的内容，制订适当的训练计划

学习者的生理成熟水平对动作技能的形成有重要影响，因此生理成熟是学习操作技能的基础，学习者生理成熟水平越高，其操作技能学习的效果越好；不同的动作技能对学习者的智力水平的要求也不同，越复杂的动作技能对操作者的智力水平要求越高。学习者的人格特征、知识水平、动机都会影响动作技能的形成。

2. 进行认知定向阶段的指导与示范

在认知定向阶段，教师要注意帮助学生理解动作技能，明确学习任务，形成练习期望，并通过动作示范让学生形成正确的动作映象。

3. 引导学生掌握练习阶段的特点，正确进行练习

适当的“多练”是培养学生技能的有效方法，但机械地重复，由于缺乏明确的目的和适当的指导，活动的内容固定不变，对形成技能帮助很少。在练习时，首先要按照循序渐进的原则，先简后繁，及时帮助学生解决难点，克服缺点，以求稳步提高。一般来说，在开始练习阶段，要适当地放慢速度，等动作熟练以后，可适当加快速度。

4. 克服高原现象

在练习中还会出现一种情况：高原现象。在技能形成过程中，随着练习次数增加，成绩逐步提高，但在练习中期往往出现进步暂时停顿的现象，这就是练习中的高原现象。在学习曲线图上，这一阶段的表现就是增长曲线趋于平缓，不再显著上升，形似高原地形（图 10–3）。

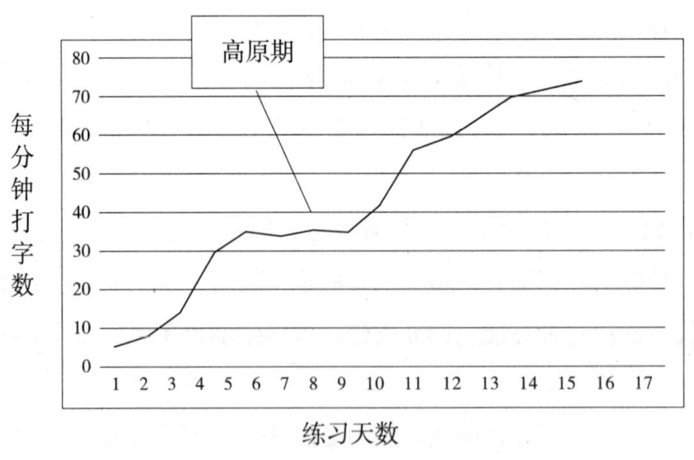

图 10-3　练习曲线中的高原现象示例

5. 身体动作练习和想象练习相结合

想象练习是指身体并不进行实际活动，而是通过想象和思维在头脑中再现动作映象

的过程。这种练习是在身体练习的基础上进行的，反过来又对身体练习有引导和强化作用。将两种练习结合起来能收到更好的效果。

6. 练习次数与练习时间的适当分配

技能的形成和保持，需要足够的练习次数或练习时间。练习要达到一定的程度，技能才能巩固。练习次数和练习时间也该有适当的分配。一般来讲，分散练习比集中练习优越。分散练习可以使练习不致中断，不仅在时间上较为经济，而且在技能的保持上也比较好。

7. 给学生提供反馈

反馈是动作技能结构中的重要环节。在动作技能的操作过程中，反馈可以提供两方面的信息：一是任务内在反馈，是动作本身带来的感知觉信息。例如，当一名司机转动方向盘时，会感到一定的阻力，这个阻力可以通过司机的本体感受器向他提供反馈。二是追加反馈，是指用各种外部手段实现的反馈。例如，在学习广播体操时，如果面前有一面镜子将动作反馈给学生，他们就能更快地学会正确的动作。

8. 练习方式要多样化

采用多种方式方法进行练习，可以提高学生的兴趣，学生在感兴趣的活动中，注意力高度集中，练习效果就好。练习的多样化，还可以培养学生在实践中灵活运用知识和技能。比如，如果训练学生弹琴的技能，则可以将基本练习、练习曲和乐曲适当交替进行，增加趣味性，以免长时间缺乏趣味性的枯燥练习伤了学生对弹琴的兴趣。

第三节　品德的培养

一、品德心理概述

（一）品德的含义和社会意义

品德是个体依据一定的社会道德准则规范自己行动时所表现出来的稳定的心理特征和倾向，是社会道德在个人思想和行动中的体现（林崇德，2014）。

个体品德是构建和谐社会道德环境的基础，每个人在日常生活中的行为选择、价值取向和道德判断，汇聚成了社会整体的道德风貌和公序良俗。加强个体品德修养，不仅是个人自我完善的需要，更是促进社会整体道德进步、巩固社会公德基石的重要途径。

（二）品德的心理结构

心理学将人的心理现象分为知、情、意，即认知、情感和意志（动机和行为），在此基础上，研究者将品德分为道德认知、道德情感和道德行为三种基本心理成分，认为品德是三者的统一体（林崇德，1989）。

1. 道德认知

道德认知是对道德规范和道德范畴及其意义的认识。简单地说，就是知道什么是“对”，什么是“错”。

道德认知表现在道德知识、道德判断和道德评价上。道德知识，就是关于道德规范、道德原则、道德价值观念的知识，学生从家庭、学校、社会中习得了诚实、公正、尊重、关爱他人等基本的道德概念。例如，一个5岁的孩子说：“别人遇到困难的时候，我们要帮助他。”这表现出这个孩子已经具有一定的道德知识。道德判断，儿童不仅仅要知道道德规则，更重要的是能够运用所掌握的道德知识，对某个具体的行为、事件或观点进行是非、善恶、正当与否的判断。比如，这个5岁的孩子看到有人随意丢垃圾，说：“这样做是不对的。”这就是道德判断。道德评价，是指个体根据一定的道德标准，对他人的行为或自己的行为进行道德意义上的评价。比如，孩子说：“小区里的李爷爷经常在门口帮忙把自行车摆正，他是个好人。”相比于道德判断，道德评价增加了对行为者品行的评定。

2. 道德情感

道德情感是与一定道德规范相关的情绪体验。当人的思想意图和行为举止符合一定社会准则的需要时，就感到道德上的满足；否则，就感到悔恨或不满意。道德情感包含很多内容，如爱国主义情感、集体荣誉感、正义感、责任心、羞耻感、自豪感等。道德情感是驱动人们在处理人际关系和社会事务时表现出合乎道德行为的重要动力。

道德情感有两种情况：一种是直觉的道德情感体验，此时人产生了道德情感，但并没有意识到是道德规范的作用；另一种是能够明确地意识到道德要求和道德伦理而产生道德情感。

3. 道德行为

道德行为是在一定道德意识的支配下所采取的各种行为。人的道德行为是基于对善恶、公正、责任等道德价值的认识和认同。例如，学生认可助人为乐是一个良好的道德品质，那么就会经常做出帮助他人的行为。道德行为包括道德的行动技能和道德习惯两部分。道德的行动技能，是指道德行为的方式方法。例如，安慰因为比赛失败而伤心落泪的朋友有很多不同的方法，如轻轻拍他的肩膀、用语言安慰、送给他一件礼物等。儿童在成长过程中，会逐渐掌握更多、更复杂的道德行为方式，发展出更高的道德行动技能。道德习惯，不管良好的还是不良的，都是指一种经常发生的、自动的道德行为。例如，孩子经常撒谎，可以说是养成了撒谎的不良道德习惯。对于教育者来说，良好道德习惯的养成，是品德培养最重要的目的。

（三）道德规则和习俗规则

当我们教育孩子时，会涉及两种社会规范，一种是“不能欺负小朋友”，另一种是“每天都应该洗澡，保持身体清洁”。这两种规则是有区别的，前者属于道德规则，而后者属于习俗规则。

1. 道德规则

道德规则关注行为的结果对他人产生的直接影响。当个体的行为损害到他人的利益或对别人造成伤害，导致不公平以及对别人权利的侵犯时，就是违反道德规则的行为，如打人、偷窃、撒谎等。道德规则虽然也会随着时间和社会的发展而演变，但其核心规则具有较强的稳定性。例如，不管在古代还是现代，不管在哪个国家，偷盗、抢劫、撒谎都会受到强烈的道德谴责，甚至会受到法律的惩罚。儿童在推理道德行为时，强调的是他人的幸福与利益、责任和公平原则。

2. 习俗规则

习俗规则是某一社会群体内部的行为规范，这些行为规范是为了保证该群体内部稳定、有效地运行。在不同时代、不同地域，这些习俗规则的具体形式可能不一样。习俗规则是人们在日常生活中逐渐约定俗成的，人们遵守习俗规则是为了促进群体内的认同感和归属感，是个体适应社会的表现。儿童在看待习俗规则时，强调的是传统、团体规则和不良后果。

对我国儿童的研究显示，6 岁的儿童已经具有对道德规则和习俗规则的直觉区分能力，但要到 8 岁以后才能明确区分两种规则，并且意识到社会习俗是由人的意志而产生，也能随着人的影响而改变（张卫，1998）。

二、道德发展的理论

道德发展指随着年龄的增长，儿童逐渐掌握是非标准并且按照这些标准表现道德行为的过程，涉及公正感和道德问题相关行为的发展变化。

道德认知是品德心理结构三成分中的核心要素，心理学家主要从认知领域来研究人类的道德发展，其中最著名的是皮亚杰的道德发展理论和科尔伯格的道德发展理论。

（一）皮亚杰的道德发展理论

皮亚杰主要以独创的临床研究法（谈话法）为研究方法，即先给儿童讲包含道德价值内容的对偶故事，然后在观察和实验过程中向儿童提出一些事先设计好了的问题，分析儿童的回答，从中找出规律性的东西，揭示儿童道德认识发展的阶段及其影响因素。下面是一个典型的对偶故事（图 10–4）

A. 一个名叫约翰的小孩在他的房间里，听到家人叫他去吃饭，他推门走进餐厅，但在门背后有一把椅子，椅子上有一个装有 15 只杯子的托盘。约翰并不知道门背后有这些东西，当他推门进去的时候，门撞倒了托盘，结果 15 只杯子都撞碎了。

B. 一个名叫亨利的小孩，他想从碗橱里拿出一些果酱，但是放果酱的地方太高，他够不着，当他试图取果酱时，碰倒了一只杯子，结果杯子掉下来打碎了。

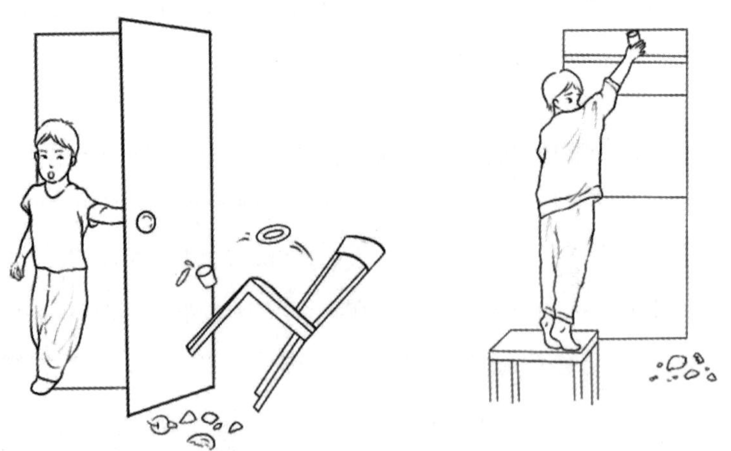

图 10-4　道德对偶故事：约翰和亨利打碎杯子

问题：①这些孩子的过失是否相同？②这两个孩子中，哪一个孩子的过失更严重？为什么？

根据儿童在对偶故事中的回答，皮亚杰将儿童道德认知的发展划分为三个阶段：前道德阶段、他律道德阶段和自律道德阶段。

（1）前道德阶段（2 ~ 5 岁）。在这个发展阶段，儿童的主要焦点集中在满足自身需求和愿望上，尚不具备稳固的道德观念。他们的行为依据是以自我为核心，在此情况下，外在规则对他们行为的约束作用微乎其微。孩子们在行动时通常不会顾及社会规则或者他人的感受。这一阶段的儿童只会关注“杯子都碎了”，还不太能理解为什么是错误的。

（2）他律道德阶段（5 ~ 8 岁）。这个阶段的儿童只依据行为的结果，而不考虑意图进行道德判断。学龄前儿童对于“谁更应该受到责罚”这个问题的回答是约翰应该受到惩罚，因为他打碎了 15 个杯子，而乐乐只打碎了 1 个。这一阶段儿童的道德认知具有以下特点：①儿童认为规则是不变的，不理解规则是由人创造的；②评定是非时，总是抱极端的态度，非好即坏，非善即恶；③判断行为好坏的根据是后果的严重性，而不看主观动机；④把惩罚看作是天意和报应，而不是改变人的行为的一种手段。

（3）自律道德阶段（8 ~ 12 岁）。在这个阶段，儿童主要依据自己认可的内在标准来进行道德判断。这一阶段儿童的道德认知具有以下特点：①儿童认为规则是由人们相互协商而制定的，因而可以依照人们的愿望加以改变；②根据行为的意图和后果来判断行为，即从行为的主观责任来做判断；③所提议的惩罚与所犯的错误更加相称。

在回答对偶故事的问题时，他律阶段的儿童认为约翰的问题更严重，因为他打碎了 15 个杯子。而自律阶段的儿童则认为亨利的问题更严重，因为约翰是无心之失，而亨利是有心偷吃导致了一个不好的结果。

皮亚杰的道德发展理论是发展心理学中儿童道德发展研究的里程碑，为儿童道德发展的研究奠定了坚实的基础。其不足之处在于皮亚杰的三个阶段低估了儿童道德认知发展的年龄，在道德认知的研究中也没有将道德规则和习俗规则做严格区分，而是认为儿童以相同的方式对待不同范畴的规则。

（二）科尔伯格的道德发展理论

哈佛大学教授科尔伯格在皮亚杰道德发展理论的理论框架基础上进行了系统的扩充。通过给儿童讲述道德两难故事并提出一系列问题，科尔伯格提出了三水平六阶段的道德发展理论。以下是科尔伯格实验中的一个两难问题。

海因茨的难题

在欧洲，一位妇女因患有一种特殊的癌症而濒于死亡。医生们认为只有一种药或许能挽救她的生命，那是她所在镇上的一位药剂师最新研制的一种镭。这种药的成本很高，而且这位药剂师向购买者索要10倍于成本的高价。他花了200美元制造“镭”，但在出售时，一小丸镭就要卖2000美元。这位病人的丈夫叫海因茨，他向认识的所有人都借了钱，但最后只借到1000美元，仅仅够药价的一半。他向药剂师恳求说他的妻子快死了，可不可以便宜一点卖给他或者允许他以后再支付另外一半的钱。药剂师却说：“不行，我研制该药的目的就是赚钱。”所以，海因茨绝望了，他后来闯进了药店，为他的妻子偷了治病的药。海因茨应该这么做吗？为什么？（Kohlberg，1969）

根据被试的回答，科尔伯格认为，道德判断存在三个层次的发展水平，每个时期又分为两个阶段，一共有六个阶段，如表10–4所示。

表10-4　道德判断发展的三水平六阶段

道德发展水平	阶　段	特　点
一、前习俗水平（4 ~ 10岁）道德是由外部的价值观控制的。相当于皮亚杰的他律道德阶段。接受权威人士主张的道德规范，通过后果判断行为	惩罚和服从定向	也称避免惩罚的服从阶段。专注于行为的结果或刺激的物理属性，服从他人的规则以逃避惩罚、得到奖赏
	工具目的定向	也称相对功利阶段。儿童开始基于自己的利益和他人将给予的回报来考虑服从原则，判断行为正确与否也出于个人需要，“你帮我，我也帮你”
二、习俗水平（10 ~ 13岁）将权威的标准加以内化，服从法则以取悦他人或维持秩序	好孩子定向	也称人们相互合作的道德阶段或寻求认可阶段。少年认为遵守规范是重要的，根据行为的动机、行为者的特点以及当时的情景来评估行动
	好公民定向	也称维护社会秩序定向或服从权威阶段。这一阶段关注的是社会法律，认为任何情况下法律都是不能违反的。开始考虑社会体系和良心，以及自己的责任，显示出对较高权威的尊重，并力图维持社会秩序
三、后习俗水平（13岁以后）个体获得了真正的道德概念，道德观完全内化，他们认识到道德原则之间的冲突，以及如何从中进行选择	社会契约定向	也称法治观念阶段。青少年认为法律和规范是达到人类目的的灵活工具，如果理由充分，法律也可以通过公正的程序去修改。法律作为一种社会契约，遵守它对社会、对大家都有好处。这时个体能够以理性的方式进行思考，重视大多数人的意愿和社会福利，认为依法行事是最好的行为方式
	个人良心定向	也称普遍原则定向阶段或价值观念阶段。人们根据自己认为对的方式行事，而不理会法律或他人的意见。行为是依据内在的标准，受自我良心的约束

科尔伯格的道德发展理论丰富了我们对人类道德心理发展规律的认识，而且对道德教育的设计与实施有指导意义，但也有很多批评的声音。当年科尔伯格研究中的被试全部是男性，其理论更多适合男性的道德发展。科尔伯格认为个体道德发展是围绕“公正”观展开的，但20世纪80年代，美国心理学家吉利根（Gilligan）提出，道德认知不仅仅有“公正”道德取向，还有“关爱”道德取向。关怀的道德取向主要关注人与人之间的关系和关怀，而且吉利根发现女性中关怀道德取向占优势的人比男性多（岑国桢，1992）。此外，科尔伯格的理论被认为是高度西方化的，可能并不适用于所有文化背景下的道德发展。其他文化可能存在不同的道德推理方式。

三、共情和亲社会行为的发展

（一）共情

幼儿园里，小明正在搭积木，小红经过时不小心碰倒了小明刚搭好的“高楼”，小明看见自己辛辛苦苦搭建的“高楼”被撞倒，非常生气和伤心，大哭起来。小红见小明哭得伤心，心里有点慌，但不知道该怎么办，不知所措地站在旁边（图10−5）。这时老师走过来，先安慰了小明，又告诉小红，“小明现在很伤心，还有点生气，因为他搭的高楼被你撞倒了”。小红意识到自己的行为对小明造成了伤害，感到内疚和难过，老师引导小红向小明道歉，小红还把自己喜欢的玩具拿给小明，希望小明不要哭了。小明逐渐平静下来，接受了道歉。很快，两个小朋友又在一起玩耍了。

在这个事情中，小红一开始感受到了小明的情绪，但她还不能很好地理解和应对，在老师的引导下，小红理解了小明的情绪并作出了适当的反应，社会互动能力得到了提升。

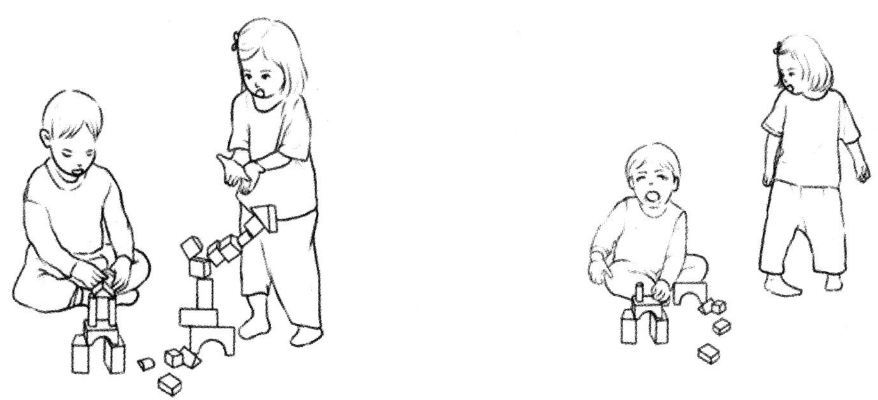

图10-5　小明和小红的故事

共情是理解和分享他人感受并对他人的处境做出适当反应的能力，是成功的社会互动和心理健康的前提。共情以动机的方式影响着个体道德品质和道德行为的发展。在上面的案例中，小红向小明道歉和分享玩具的行为是基于对小明情绪的理解，共情推动了小红向小明做出道歉和补偿的行为。

研究者将共情分为情绪共情和认知共情。

情绪共情是与生俱来，要求个体能“以己度人”，通过自动化的“模拟”对他人的情绪进行快速的模仿和复制，从而感受到他人情绪。例如，我们看到一位母亲因为失去孩子而痛苦，也会感受到悲伤。刚出生的婴儿会受到他人情绪的感染，表现出传染性哭泣，并能自动化地模仿他人。之后，传染性哭泣和自动化模仿出现了下降的趋势，但学龄前儿童和学龄儿童身上一直存在着这种情绪感染。在前面的案例中，小红一开始感受到小明的情绪，就是一种情绪共情。

认知共情出现较晚且比较复杂。认知共情要求个体依据一套概念系统和规则，自上而下地推理他人的情绪和感受。9 个月的婴儿已经表现出了认知共情的雏形。12 ~ 24 个月的婴儿的帮助、关心以及安慰等认知共情的指标都随年龄的增长而发展。在前面的案例中，小红一开始不能理解小明的情绪，是认知共情还未发展成熟，经过老师的引导，小红对情绪的认识和理解得到了发展。

共情的发生发展会受到环境因素和遗传因素的影响。其中，家庭环境是共情发生和发展的摇篮，是个体社会化最直接和最重要的环境。家庭教养自身的特点会影响儿童共情的发展。温暖和高反应性的亲子互动能减少儿童的自我中心倾向，使儿童有更多的机会去考虑他人的感受，温暖和高反应性的家长也更可能拥有较好的共情能力，从而为子女学习共情的能力提供榜样。

（二）亲社会行为

在社会情境中，个体自愿做出的，可以给他人带来收益或者有利于共同目标实现，并能促进和谐人际关系的行为就是亲社会行为。亲社会行为主要包括帮助行为、分享行为、合作行为和安慰行为。

帮助行为主要是指个体自愿发起的以改善他人不利处境为目的的行为。例如，一名儿童在路上看见环卫工人在打扫卫生，儿童主动过去帮忙把远处的垃圾捡起来交给工人（图 10–6）。帮助行为分紧急情境和非紧急情境两种。儿童最先发展的是非紧急情况下的助人行为，18 个月的儿童会在复杂情境中表现出帮助行为；3 ~ 5 岁的儿童在不需要线索提醒的情况下，能主动、自发地帮助别人；5 ~ 8 岁的儿童帮助行为明显增加。但紧急情况下的帮助行为在个体身上发生较晚，需要个体有较高的帮助技能、较强的责任感。

图 10-6　帮助行为

分享行为是指个体与他人共同享用某种资源的行为。例如，一名儿童把自己的饼干分享给自己的朋友（图 10–7）。个体从幼儿期开始就能自发、主动、有意识地表现出亲社会行为，一般在 18 个月左右开始对陌生人表现出分享行为。

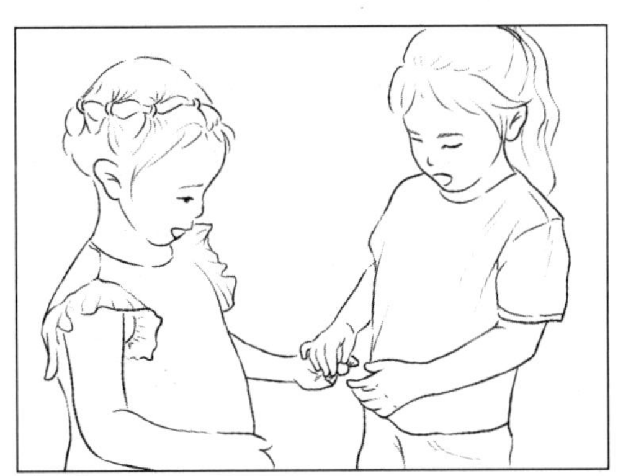

图 10-7　分享行为

合作行为指两个以上的个体为了共同的目的，相互协调，共同完成某一任务的行为。例如，多名儿童在沙滩上修建一个“水库”，有人负责挖沙，有人负责运水，大家一起合作完成这项工作（图 10–8）。合作行为在个体身上出现得较早，18 个月的婴儿已经表现出合作行为，随着年龄的增长，逐渐从低水平意向性合作行为发展到较高水平组织化协作行为，语言协商主动性和有效性明显增强。青春期时，受到竞争意识影响，个体合作倾向出现转折。对于成年人来说，合作行为是普遍存在的，即使发生冲突和竞争，个体之间在某些紧急情境下也会倾向于合作。

安慰行为是指个体觉察到他人的消极情绪状态并试图通过语言或行动改善他人情绪的行为（图 10–9）。安慰行为的发展比较复杂。1 岁左右的婴儿在面对其他人的悲伤时，会以哭泣的方式来做出回应，到 2 岁时，儿童不仅能以相似的情绪做出反应，还会做出安慰行为，比如拥抱或轻轻拍打对方。随着年龄的增长，安慰行为变得日趋复杂，表达方式更为丰富。

图 10-8　合作行为　　　图 10-9　安慰行为

一位妈妈推车带 10 个月大的婴儿外出，突然脚下一滑摔倒了。妈妈站起来，发现额头磕破，她揉揉额头，露出痛苦的表情。推车里的婴儿目睹了这一切，哇哇大哭起来。这其实是婴儿表达共情的一种方式。如果 2 岁的孩子看到这一场景，可能会走过去拥抱妈妈，表示安慰。再大一点的孩子可能会找来创可贴，给妈妈贴上。儿童的亲社会行为随着年龄的增长和能力的提升，会变得更加复杂，也更能适应环境的需要。

四、攻击行为的发展

（一）攻击行为的出现

爸爸、妈妈和老师一直认为 4 岁的明明是一个脾气温和的孩子，但当乐乐开始嘲笑他垒的房子，并且一直在喋喋不休地说这个事情的时候，明明再也克制不了愤怒和挫折感，他冲过去，把乐乐狠狠地推倒在地，并且扬起自己的小拳头要打乐乐。好在，老师及时发现并且制止了他，他的攻击没有对乐乐造成伤害，但乐乐已经坐在地上大哭起来。

攻击是意图伤害他人的身体行为或者言语行为。心理学家将攻击分为工具性攻击和敌意性攻击。工具性攻击是把伤害作为达到其目的的一种手段，如抢夺玩具的时候推倒对方。敌意性攻击则由愤怒引起，以伤害为目的，如上述例子中明明出于愤怒而攻击乐乐。

学龄前儿童之间的攻击行为是相当普遍的，言语攻击、互相推搡、拳打脚踢以及其他形式的攻击都可能在整个学龄前期发生。随着年龄的增长，以及儿童自我控制能力和语言表达能力的提高，他们的攻击行为由“打”向“言语”攻击转变。随着年龄的增长，儿童的攻击形式或者严重程度会有所不同，总体上呈现下降的趋势（攻击行为的数量、频次和每次攻击行为的平均持续时间会下降），他们的语言能力和自我控制能力不断增强，会运用更有效的策略和社会技能（如合作、协商）来达到目的。不过，虽然攻击行为随着年龄的增长而降低，但仍有一些儿童在学龄前期会持续地表现出攻击行为，甚至之后也会如此。

此外，在攻击的形式上，男孩和女孩也会有差异，男孩通常比女孩表现出更高水平的身体攻击和工具性攻击；而女孩更可能使用关系攻击，这是指意在伤害另一个人的感受而非身体攻击，这种攻击表现为辱骂、中伤、说坏话，做一些刻薄、痛苦的事情让对方难受（图 10–10）。

图 10-10　关系攻击：伤害一个人的感受而非身体

（二）攻击的社会学习理论

班杜拉的社会学习理论指出，观察学习是儿童学会攻击反应的重要途径。在波波娃娃的实验中，儿童观察大人的攻击性行为，在记忆中保持，只要他们没有看到这个大人因为攻击受到惩罚，就可能在后面的某个情景中做出同样的攻击行为。儿童也可能自发地产生攻击行为，并得到了直接的强化。例如，一个 4 岁的儿童发现可以通过攻击同学抢到自己想要的玩具，那么他的攻击行为也会增加。

成人往往不能理解为什么很多小孩子喜欢攻击别人。班杜拉认为，孩子的攻击行为之所以被保持，是因为攻击可以从四个方面给孩子带来好处：可以达到某个目的（如抢夺玩具）；能够有效制止别人的有害行为（如反击攻击自己的人）；受到攻击性同伴的赞许；可以发泄愤怒情绪。

（三）攻击的社会信息加工理论

肯尼斯·道奇（Kenneth Dodge，1986）提出用社会信息加工模型来解释儿童为什么会使用攻击的方式来解决问题（谢弗，2012）。当一个孩子可能受到伤害时（如另一个孩子经过时撞倒了他搭的积木），他是否会产生攻击行为取决于以下认知过程。

（1）编码和解释社会线索——谁撞了我的积木？他的表情是怎样的？他是故意的吗？

（2）制定社会目标——我要报复还是解决积木被撞倒的问题？

（3）形成问题解决策略——我可以做什么来达到目的？

（4）评估策略是否有效并选择一个行为反应——我要是踢他一脚可行吗？看起来应该可以。

（5）实施一个行为反应——踢他一脚。

在这个过程中，儿童过去的社会经验，尤其是有关伤害的经验、社会期待、对社会规则的了解、情绪调节能力都会影响每一个步骤。

（四）攻击行为的干预

根据攻击的社会学习理论和攻击的社会信息加工理论，对高攻击性青少年的干预，需要从以下四点入手。

（1）帮助他们调节负面情绪，尤其是愤怒情绪。

（2）产生共情，能够站在对方的角度考虑问题。

（3）避免敌意归因，减少将他人的行为解释为敌意的可能性。

（4）学习解决冲突的非攻击性策略。

五、品德的形成过程

一种品德的形成经历了从外到内的转化过程，它是社会规范的接受和内化过程，这种内化大致经历以下三个阶段。

（一）社会规范的依从

依从即表面上接受规范，按照社会规范或权威人物的要求来行动，但对规范的必要性或根据缺乏认识。依从具有一定的盲目性和被动性，个体对规范所要求的行为缺乏足够的了解，只是出于避免惩罚或获得奖励等外在动机才遵从了规范。因此，依从水平上的规范也是最不稳定的，一旦外部监控和压力消失了，相应的规范行为就可能会动摇和改变。依从是规范内化的初级阶段，也是进一步内化的基础。

（二）社会规范的认同

认同比依从深入了一层，它是对自己所认可、仰慕的榜样的遵从、模仿，个体在思想、情感和态度上主动接受了规范，从而试图与之保持一致，这已不简单是因为外部压力。认同具有自觉性和主动性，虽然学习者对规范的必要性的认识还不足，但他已有明确的行为意图，团体的规范对学习者具有一定的吸引力和感染力。相应地，认同水平的规范已经具有一定的稳定性。认同是规范内化的深入阶段。

（三）社会规范的内化

内化是品德形成的最高阶段，学习者对社会规范及其价值原则有了深刻的理解，真正地接受其为自己的价值观和信念的一部分。这时，学习者所做出的规范行为是由自己的价值信念所驱动的，而不是因为外界的压力或控制。当个体按照自己的价值标准做出行动时，他就会感到满意和快乐；而当个体做了违背自己价值信念的事情时，他就会感到内疚，受到良心的谴责。个体对规范的信奉具有高度的自觉性和主动性，因而成了稳定的品德。

六、品德的培养

根据品德的三成分结构，培养学生的品德可以从道德认知、道德情感和道德行为三个方面来入手。

（一）提高学生的道德认知

道德认知是品德结构中的引导性要素，德育必须使学生对基本的道德观念、道德准则形成正确的理解，并提高学生的道德分析与判断能力。道德认知的提高可以通过教师说服和学生讨论两条路径来实现。

1. 教师说服

教师在日常教育中，需要通过言语讲解和说服来使学生理解和接受一定的道德观念和道德准则。需要注意的是，良好的校园氛围、师生关系、同伴关系是教师说服能够让学生认可和接受的前提。学校气氛不紧张压抑，教师能以关爱、公平公正的态度对待学生，同学之间团结友爱，互助和谐，这些都为教师对学生的道德教育提供了良好的支持。

2. 学生讨论

讨论是提升学生道德认知水平的一种非常有效的教学方法。小组讨论的内容可以采用能引起学生争议的道德两难故事，通常是根据学生家庭和学校中人与人之间或群体之间各种权利义务的矛盾冲突关系，编成的一个个道德情境故事，也可能是各种媒体报道的一些社会道德问题。

讨论通常采用小组的方式进行，教师提供一个来自生活的复杂道德案例，每个成员分享自己的观点和理由。教师可以通过角色扮演活动，让学生站在不同的立场考虑问题，增强共情能力和多角度思考能力。在道德决策过程的讨论中，学生学会如何在复杂情境中应用道德准则，提升道德判断能力，同时讨论也有助于培养学生倾听、尊重他人观点的能力。

（二）培养学生的道德情感

当看到他人处于困难、痛苦境地时，个体是否会做出帮助他人的行为，依赖于个体是否能知觉并体验到对方的情绪体验。教师可以利用课程内容来提升学生的共情能力，培养道德情感。例如，语文课上可以设计写作任务，让学生以文中人物的视角写日记、书信或内心独白，鼓励他们结合个人经历，想象自己处于相同情境下的感受与反应。教师也可以在活动课或班会上让学生通过角色扮演来体察他人的情绪情感，达到理解他人、学会与他人相处的技巧的目的。

绘本阅读与幼儿共情教育

绘本是幼儿的主要阅读教材，幼儿在阅读绘本的过程中能够增加对自身和他人情绪和情感的认识，丰富共情情感，提高共情能力，激发共情行为。例如，绘本《城里最漂亮的巨人》讲述了这样一个故事：主人公乔治是一个很邋遢的巨人，但是他很有爱心，是城里心眼儿最好也是最快乐的巨人，因为他的无私奉献收获了很多朋友和快乐。在阅读中，幼儿通过巨人的表情，能体会到他由悲到喜的情感变化，从而了解故事内容。教师还可以结合绘本内容组织绘本剧表演，幼儿在这一过程中将自己代入故事中，体会故事人物的心理变化，表达自己的想法，提高其表达能力。（蒋晓莉，2023）

（三）促进学生的道德行为

教师可以根据行为主义学习的原理，从以下三个方面引导学生的道德行为。

1. 为学生提供合适的道德行为榜样

教师首先要从自身做起，起到言传身教、榜样示范的作用；也可以通过讲解历史人物、当代英雄等人物的故事，使其成为学生学习的榜样；教师还可以建立班级荣誉制度，表彰平日展现出良好道德行为的学生，让学生们以同伴为榜样学习道德行为。

2. 组织丰富多彩的集体活动，为学生提供表现道德行为的机会

许多道德行为是在人际互动过程中产生的，学生只有在与他人的交往中才有机会表现出道德行为。学生在集体活动（如做黑板报、篮球比赛、玩老鹰抓小鸡）中合作、竞争，面临问题甚至是冲突，体验到各种情绪情感（如挫折、懊恼、骄傲、自豪），也有机会表现出道德行为（如助人、合作、分享），体会到个人行为与集体的关系，为学生表现良好的道德行为奠定基础。

3. 合理的评价体系和适当的奖惩措施

教师在教育活动中需要依据一定的规则对学生的行为进行评判，奖励良好的道德行为，惩罚不良行为。儿童在早期的社会行为主要是由父母通过强化而形成的，如孩子向小朋友分享玩具后得到父母的表扬。进入学校之后，学校和教师对儿童的评价和奖惩是儿童道德行为的重要影响因素。对于个别社会适应不良、有严重违纪行为的学生，教师除了按规则处理之外，还需要进行单独教育，深入学生内心，了解他们的需要，鼓励学生用较少破坏性的活动代替攻击性行为，及时奖励学生良好的道德行为，帮助他们成长。

【扩展活动：价值观澄清】

价值观澄清活动是一种引导个人或团体探索、理解及明确自身价值观的过程。这类活动旨在帮助参与者识别什么对他们最重要，如何在决策中体现这些价值观，以及如何与持有不同价值观的人沟通和相处。

活动步骤：

1. 分组。将参与者分成每组 5 人左右的小组。

2. 情景设定。指导者描述一个假设的情景——“现在你的住所正被大火包围，情况紧急，你只有时间冲进去抢救出三样东西。”强调参与者必须认真考虑他们的选择，并解释每样物品为何重要。

3. 个人思考。给每位参与者几分钟时间，让他们独自思考并写下会选择的三样物

品，以及选择这些物品的原因。

4. 小组分享。之后，小组成员在组内轮流分享各自的选择和背后的价值观。鼓励其他成员倾听并提出问题，以加深对彼此价值观的理解。

5. 全组讨论。引导全组讨论，探讨不同人选择背后的共性和差异，以及这些选择如何反映个人的价值观体系。

6. 反思总结。最后，让每个人反思在这次活动中学到了什么关于自己和他人价值观的认识，以及未来如何在生活决策中更好地体现自己的价值观。

思考：教师如何使用价值观澄清的活动来帮助学生发展道德判断能力？

【课后习题】

一、选择题

1. 学生已有了“四边形”的知识，现在让其学习“梯形”的相关知识，这种学习属于（　　）。

A. 上位学习　　B. 下位学习　　C. 概念学习　　D. 并列学习

2. 在技能形成过程中，在练习中期出现进步的暂时停顿现象，在心理学上称为（　　）。

A. 抑制现象　　B. 挫折现象　　C. 高原现象　　D. 低谷现象

3. 根据皮亚杰的道德发展阶段论，（　　）的儿童对行为的判断主要是根据行为的结果，而不考虑主观动机。

A. 他律道德阶段　　B. 自律道德阶段

C. 可逆性阶段　　D. 公正阶段

4. 在科尔伯格的道德发展理论中，只根据行为后果是否受惩罚来判断对错的儿童，其道德判断发展水平处于（　　）。

A. 惩罚和服从定向阶段　　B. 权威和社会秩序定向阶段

C. 个人良心定向阶段　　D. 好孩子定向阶段

二、问答题

1. 请阐述陈述性知识和程序性知识的内涵及不同之处。

2. 联系教学实际，谈谈如何对学生进行心智技能的培养。

第十一章

学习策略和学习迁移

本章提要

第一节　学习策略

- 学习策略的定义
- 学习策略的分类
- 自我调节学习
- 常见的学习策略

第二节　学习迁移

- 学习迁移的含义
- 学习迁移的分类
- 迁移的理论

近年来，随着信息社会的发展与社会竞争的日益激烈，以及学会学习和终身教育理念的广泛普及，越来越多的人认识到，“未来的文盲，不再是不识字的人，而是没有学会学习的人”。关于如何高效学习，如何将学到的知识进行应用，成了教育心理学中一个相当热门的课题。学习策略、学习迁移等方面的研究为学会学习提供了理论和实践的指导。本章将着重讨论学习策略和学习迁移的概念、理论及其应用。

第一节　学习策略

一、学习策略的定义

学习策略（learning strategies）是指学习者在学习活动中有效学习的程序、规则、方法、技巧及调控方式。（刘电芝，2002）

学习策略对学生的学习有重要的意义。有效的学习策略能帮助学生更有效地管理时间和资源，如通过制订学习计划、合理安排复习时间等，避免无目的的学习，从而在有限的时间里达到最佳学习效果。学习策略鼓励学生主动思考，能更好地理解复杂概念，形成深层次的理解和长期记忆。从长远来看，学习策略不仅帮助学生在当前学业上取得成功，更重要的是为他们未来的学习和职业生涯打下坚实基础，使他们能够适应不断变化的知识和技能需求。

二、学习策略的分类

对于学习策略的分类，不同的人提出了不同的分类方式，其中应用最广泛的就是威尔伯特·迈克卡提出的分类方式。迈克卡将学习策略分为认知策略、元认知策略和资源管理策略三部分，每个部分又包括相应的子策略（图 11–1）。

学习策略
- 认知策略
  - 复述策略：如重复、抄写、做记录、画线等
  - 精细加工策略：如想象、口述、总结、做笔记、做类比等
  - 组织策略：如组块、选择要点、列提纲、画地图等
- 元认知策略
  - 计划策略：如设置目标、浏览、设疑等
  - 监控策略：如自我检查、集中注意力、监控领会等
  - 调节策略：如重新阅读、复查、自我提问等
- 资源管理策略
  - 时间管理策略：如建立时间表、设置目标等
  - 学习环境管理策略：如寻找固定地方、安静地方
  - 努力管理策略：如归因与努力、调整心境、自我强化等
  - 其他人支持：如寻求教师帮助、伙伴帮助等

图 11-1　学习策略的分类

（一）认知策略

认知策略是加工信息的一些方法和技术。这些方法和技术能使信息较为有效地从记忆中提取。认知策略可以分为复述、精细加工和组织三种。这三种策略针对不同的学习任务，具有重要的意义。

1. 复述策略

复述策略是对信息的一种重复，包括运用内部言语或外部言语重现学习材料或刺激，将注意力维持在学习材料上的各种方法。在某些简单的任务中，如查找或者记忆一个电话号码，人们会用到复述策略。为了在长时记忆中建立信息，人们也需要复述策略。复述的方法多种多样，包括重复、抄写、画线等。比如，我们在背诵单词时，会不断重复地抄写单词，这其实就是复述策略的体现。

不过在学习中，复述策略只能发挥有限的作用，它们能影响信息加工系统对信息的注意和编码，但是不能帮助你在这些信息和已经知道的信息之间建立联系。复述策略往往要配以其他一些有助于学习者组织、整合长时记忆信息的学习策略，这些策略就是精细加工策略和组织策略。

2. 精细加工策略

精细加工策略是指对学习材料进行深入细致的分析、加工（如补充细节、举出例子、做出推论或使之与其他观念形成联想），理解其内在的深层含义，促进记忆的学习策略。精细加工是将新学习的材料与头脑中已有知识联系起来。和其他信息联系得越多，我们能回忆出这条信息的线索就越多，途径也越多。

常见的精细加工策略有做笔记、做类比、提问、谐音联想等。比如为了更好地记住地球的内部结构，可以将地球类比成一个鸡蛋，蛋壳相当于地壳，蛋白相当于地幔，蛋黄相当于地核。

3. 组织策略

组织策略是指整合所学新知识间、新旧知识间的内在联系，形成新的知识结构的策略。组织策略的作用就是使信息由繁到简，由无序到有序。这就像在图书馆必须把图书按照一定的规则码放得整整齐齐才能方便、快速地找到我们想要的图书。

（二）元认知策略

老师要求孩子们学习一段材料，直到孩子们确定自己能回忆起来。如果是三年级的学生，当他们告诉老师“我学会了，准备好参加考试了”的时候，通常确实是准备好了。但如果是幼儿园的孩子，或者一年级的新生，就会出现这种情况：当他们说已经学会的时候，实际上并没有学会。这是由于年幼孩子的元认知能力还没有发展起来，他们对自己的认知过程几乎没有进行监控。

1972 年，弗拉维尔提出了元认知（metacognition）的概念。元认知是关于个人认知过程的知识和调节这些过程的能力，以及对思维和学习活动的知识的认知和控制（Flavell，1972），简单地说就是对认知的认知（cognition of cognition）。

研究者对元认知的构成提出了很多不同的观点，我国研究者认为元认知主要包括以下三种成分（董奇，1989）。

元认知知识，即个体关于自己或他人的认识活动、过程、结果以及与之有关的知识。例如，你知道自己通过听来学习比阅读文字材料更有效，但你的同桌小李更擅长从书面阅读中获得信息；你知道记忆课文最好的办法是提取关键点，并用自己的话重复一遍。

元认知体验，即伴随着认知活动而产生的认知体验或情感体验。例如，当你在努力解答一道物理题时，你想起之前曾遇到过类似的问题，你当时曾经用某种方式解决过。不过，也有些元认知体验并没有进入你的意识，你无法有意识地想起来自己曾经经历过的体验。

元认知监控，即个体在认知活动进行的过程中，对自己的认知活动积极进行监控，并相应地对其进行调节，以达到预定的目标。例如，你感觉自己还没有很好地掌握教材上的某个内容，明天考试时不一定能答出来，于是你尝试向自己提问，并在纸上写下你的答案，看看自己能不能顺利答出来。这个过程就涉及元认知监控。

元认知策略则是指对认知行为进行管理和控制的过程中所采用的相关策略，包括计划策略、监控策略和调节策略三种。

计划策略是指学习者在一项认知活动之前，根据既定的认知目标，计划各种活动，预计结果、选择策略，想出各种解决问题的方法，并预估其有效性。计划策略包括设置学习目标、浏览阅读材料、产生待回答的问题以及分析如何完成学习任务。

监控策略是指在认知活动进行的过程中，根据认知目标对认知状况进行及时评价，对认知活动过程的问题与不足进行反思，正确估计自己所能完成的认知目标的程度、水平。监控策略包括阅读时对注意加以跟踪、对材料进行自我提问，考试时监控自己的速度和时间。这些策略使学生警觉自己在注意和理解方面可能存在的问题，以便找出来，并加以改正。

调节策略是根据对认知活动结果和认知策略使用效果的监控，一旦发现问题，及时采取补充、修正措施，并调整不合适的认知策略。

在完成写作文这个认知行为时，我们在写作之前需要提前规划，拟定写作的时间，确定段落的布局等，这就是计划策略。在写作的过程中，我们要不断将写作进程和计划进行对照，看自己是不是保质保量完成了最开始的计划，这就是监控策略。如果通过自我监控，发现自己在写作中遇到了瓶颈，无法按照计划实施，我们就要及时调整写作的思路，这就调节策略。

（三）资源管理策略

资源管理策略是指辅助学生管理可用环境和资源的策略。其中，学习时间、学习环境、个人的努力、他人的帮助都是可以促进学习的重要资源。因此，资源管理策略主要包括时间管理策略、学习环境管理策略、努力管理策略等。

1. 时间管理策略

时间管理策略是通过一定的方法合理安排时间，有效利用时间资源来促进学习。学生利用时间的能力与学业成绩有密切的关系（张志杰，黄希庭，2001）。马坎等人（Macan，1990）认为，时间管理行为包括分辨需求，根据其重要性来排序，以及据此分配相应的时间和资源。

如何掌握有效的时间管理策略？可以参照以下做法。

（1）制订计划。在每个学习周期开始时（如每周或每天），制订一个详细的学习计划。确定需要完成的任务和目标，并为每项任务分配时间。

（2）优先级排序。根据任务的紧急程度和重要性对它们进行排序。优先处理最重要或最紧急的任务。

（3）使用时间管理工具。利用日历、待办事项列表等工具来帮助规划和监控时间的使用。

（4）采用番茄时钟法。将工作时间分成25分钟的工作单元（称为“番茄钟”），在这25分钟内全力以赴完成一项任务，之后休息5分钟。这种方法可以帮助你保持专注并防止疲劳。

（5）反思和调整。定期回顾你的时间管理策略和学习效率，看看哪些方法有效，哪些需要改进。

2. 学习环境管理策略

学习环境管理策略主要包括两个方面，创建适合自己的学习场所，减少外界的干扰。

（1）创建适合自己的学习场所。根据行为主义的条件反射原理，一个行为发生的环境将会与这个行为形成联结，成为引发该行为的信号。因此，要尽可能创设一个固定的场所专门用于学习。例如，小明在自己房间里布置了书桌，他每次在书桌旁只会做学习这件事，如果他想要玩游戏、吃零食、打电话或者睡觉，就会去其他地方，这样书桌就成为专门的学习场所，他一坐在书桌旁边就会进入学习的状态。如果小明经常坐在书桌旁打游戏，那么他在这个环境中会很难进入学习的状态。

（2）减少外界的干扰。学习需要高度集中注意力，因此学习环境中要尽可能避免其他吸引人的东西，包括视觉的和听觉的干扰。想象一下，如果书桌上摆满了各种小玩具，旁边放着手机，手机里正在播放一个有趣的节目，时不时地还会冒出新消息的提示音，在这样的环境下学习必然会受到严重干扰。学习者要有意识地控制周围环境的干扰，如清理书桌上的杂物，关闭手机或电视的声音，等等。不过每个人对噪声的容忍度是不一样的，有些人需要一个非常安静的环境，有些人则认为在有背景声音的地方更容易集中注意力。学习者可以根据平时学习的情况，对那些会干扰自己学习的事物进行控制。

3. 努力管理策略

努力管理策略主要指学习者采用一些方法使自己的精力尽可能有效地集中在学习任务上。努力控制主要包括两个方面，一是通过意志控制来维持学习活动；二是采用自我强化来促进学习活动（寇冬泉，2009）。

（1）意志控制。当学习中遇到困难和挑战的时候，有些学习者会放弃，有些则会坚持下去，这就是意志控制的作用。学习者通过意志控制，将自己的注意力集中到学习任务上，并想办法将困难的任务分解成更容易完成的任务目标，或者思考其他可以让自己克服困难的方法，使学习活动继续进行，最终克服困难，完成学习目标。

（2）自我强化。班杜拉认为，当人们达到自己预先设立的标准时，对自己的行为进行自我奖励，以增强自己的行为。如学生在完成今天的学习任务后，决定玩一会儿游戏来奖励，这就是自我强化。注意，自我强化中强调学习者自己的作用，如果家长或老师设定的学习目标，学生完成后由家长或老师给予表扬或奖励，这属于外部强化而非自我强化。自我强化在学习行为的维持方面发挥着至关重要的作用，同时自我强化也有助于增强自信心和自我控制力，从而提升学习者应对压力的能力。

三、自我调节学习

在教育实践中，人们发现，有些学生对待学习非常积极主动，他们对自己的认知优势和劣势都有较为清晰的认识，会主动地运用适合自己的策略去学习，还会监控自己的学习进度，并根据任务和情境的要求优化学习过程，他们的元认知水平较高。这些学生即使在家庭和学校环境不利的情况下，也能在学业上获得成功，显然学习者自身的因素起到了重要的作用。

从 20 世纪 80 年代开始，研究者对学习者在学习过程中扮演的角色开始感兴趣，提出了自我调节学习理论，该理论迅速成为教育心理学研究领域的一个热点问题。在当今快速变化的社会，终身学习越来越重要，自我调节学习能力让个体能够主动寻找学习机会，适应新知识和技能的需求，为终身发展奠定基础。

自我调节学习的理论模型较多，这里主要介绍齐默曼（Zimmerman）的自我调节学习模型。齐默曼在班杜拉的社会认知理论的基础上提出，自我调节学习是一个动态互动的过程，囊括了个人内在因素（自我）、外显行为及周围环境三个核心维度的相互作用。在这个框架下，学习者不仅要主动管理和调整自己的认知及情感状态，还要对对外展示的行为进行密切监视与评估，据此采取相应策略来优化学习活动。同时，学习者应对学习环境保持敏感，适时识别并利用环境中有利于学习的资源与条件，或必要时改造环境以取得更佳的学习成果。

齐默曼将自我调节学习划分为计划、意志控制、自我反思三个阶段（Zimmerman, 1998）。

在计划阶段，学习者主要进行任务分析与自我动机激活，学习者确立学习目标、制订计划。

在意志控制阶段，学习者主要进行自我观察与自我控制，自我观察旨在观察事先制订的计划是否得到执行，自我控制旨在帮助学习者将精力集中在学习任务的完成上。

在自我反思阶段，学习者主要进行自我判断与自我反应。自我判断是指学习者自行判断是否达到学习目标，并且在此基础上进行归因：什么样的原因使目标达成 / 未达成。自我反应主要是指学习者基于学习结果的积极评价而作出的反应，如一个学生认为这次学习的效果很好，主要是因为采用了新的学习方法，于是他决定以后继续使用这种学习方法。

自我调节学习不仅关乎学习技巧的掌握，更是个人发展的一种综合能力，教师在平时的教育教学中，要注意引导学生自我设定目标、监控进度和评价结果，促进深入思考、信息判断，促进深度学习，帮助学生发展自我调节学习能力，使他们能够快速适应新环境、新技术和新知识体系，保持学习的灵活性和创新能力。

四、常见的学习策略

下面介绍几种常见的学习策略。

1. 画线

画线是一种在阅读中常用的学习策略。画线可以帮助我们快速找到和复习课文中重要的信息，监测学习的进度和程度。在使用画线策略的时候，要遵循突出重点和难点的原则，只画出确实重要的信息，例如关键字、关键词、中心句等，如果“一概而划”，则不会起到促进学习的作用。画线策略结合其他策略，如加批注、注解等，效果会更好。

2. 做笔记

做笔记是在阅读与听课时较为常用的学习策略。笔记有很多种，如读书摘要、重点总结、知识分类、书评等。做笔记不仅能够起到复习、加深印象、提供外部存储手段的作用，而且能够有效促进学习者对于学习材料的组织、理解以及深层次加工，尤其能够为日后的复习作好铺垫。

3. 写提要

写提要是帮助学习者有效抓取学习材料的重点的方法。写提要要求学习者以概括的语言，对学习材料进行总结，把握文章的中心，从而增强对学习材料的领会和保持效果。

4.PQ4R 方法

PQ4R 方法是由托马斯和罗宾逊（Thomas & Robinson，1972）提出来的，改自他们早期版本 SQ3R。PQ4R 是由几个步骤的首字母组成，分别代表预习（preview）、设问

（question）、阅读（read）、反思（reflect）、背诵（recite）和复习（review），如表 11-1 所示。有研究表明，PQ4R 方法对稍大的儿童有效。PQ4R 方法的进行可使学生集中注意力有意义地组织信息、使用其他有效的策略，诸如产生疑问、精细加工、过一段时间后复习等。

表 11-1　PQ4R 方法

步　骤	任　务
预习 Preview	快速浏览材料，对材料的基本组成主题和副主题有一个了解。注意标题和小标题，找出你要读的和学习的信息
设问 Question	阅读时自己问自己一些问题。根据标题用“谁”“什么”“为什么”“哪儿”“怎样”等疑问词提一些问题
阅读 Read	阅读材料，试图回答自己提出的问题。 ①把信息和你已知的事物联系起来；②把课本中的副主题和主要概念及原理联系起来；③试图消除对呈现的信息的分心；④试图用这些材料去解决联想到的类似的问题
反思 Reflect	思考所读内容的意义，与头脑中已有知识进行整合，加深理解和记忆
背诵 Recite	通过复述或其他记忆策略，反复操练并记住这些信息
复习 Review	积极地复习材料，主要是问你自己问题，真正答不出来时，可以重新阅读材料

5. 提问策略

提问是在阅读、听课、讲演、复习时常用的学习策略。常见的提问策略包括：谁、何时、何地、做了什么事、为什么等问题；反思性问题，包括“我的效率高吗”“我是否抓住了作者的思路”“我的策略有效吗”等。

6. 生成性学习

生成性学习强调将新信息整合于已有图式。在记忆中，将记忆材料与自己的知识结构相关联，就是一种信息整合的过程。例如，在阅读时，不要从书中寻章摘句或稍加改动，而是要“生成”：①课文中没有的句子；②与课文中某几句重要信息相关的句子；③用自己的话组成的句子等。

第二节　学习迁移

一、学习迁移的含义

学校教育的主要目标是培养学生灵活适应新问题和新环境的能力，学生将学校中学到的知识迁移到实际问题情境中去解决问题，是教育教学的根本目的之一。学习迁移（transfer of learning）是指一种学习对另一种学习的影响。由于学习活动总是建立在已有的知识经验之上的，这种利用已有的知识和经验不断地获得新知识和技能的过程，可以认为是广义的学习迁移，而新知识和技能的获得也不断地使已有的知识经验得到扩充和丰富，这就是我们常说的“举一反三”“触类旁通”。

二、学习迁移的分类

学习迁移可以分为以下几类。

（一）正迁移和负迁移

迁移并不一定都产生积极的影响。从迁移的效果来看，学习迁移可以分为正迁移和负迁移。正迁移是一种学习对另一种学习产生促进作用。已有的知识、技能在学习新知识和解决新问题的过程中，能够得到很好的利用，就是正迁移现象。负迁移是一种学习对另一种学习产生阻碍作用。负迁移通常表现在学生新旧概念互相混淆，因而产生干扰现象。

（二）顺向迁移和逆向迁移

迁移可以是先前的学习对后来的学习产生影响，也可以是后来的学习对先前的学习产生影响。根据迁移的方向，学习迁移可分为顺向迁移和逆向迁移。顺向迁移是指先前学习对后继学习产生的影响。逆向迁移是指后继学习对先前学习产生的影响。

（三）特殊迁移和非特殊迁移

根据迁移的范围来分，学习迁移可以分为特殊迁移和非特殊迁移。特殊迁移是指某一领域和课题的学习直接对另一领域和课题的学习所产生的影响。例如跳水的一些项目，如弹跳、空翻、入水等基本动作是一样的，运动员在某些项目中将这些基本动作熟练掌握后，在学习新的跳水项目时，把这些基本动作加以不同的组合，很快就能形成新的动作技能。

非特殊迁移是指一种学习中所习得的一般原理、原则和态度对另一种具体内容学习的影响，即将原理、原则和态度具体化，运用到具体的事例中去。相对而言，非特殊迁移产生的内在原因不像特殊迁移那么直接明了，常常表现为原理、原则的迁移。例如，学生学习中获得的一些基本的运算技能、阅读技能可被运用到各种具体的数学或语文学习中。

三、迁移的理论

学习迁移一直是人们关注的现象，在历史上对迁移探讨得也比较多，形成了众多有关迁移的理论和解释。下面按时间顺序介绍几种重要的迁移理论。

（一）形式训练说

形式训练说来源于 18、19 世纪的官能心理学。官能心理学认为，人的心灵是由“意志”“记忆”“思维”等官能组成的，各种官能可以像肌肉一样，通过练习而增强能力（图 11-2）。因此，学习的迁移就是心灵的官能受到训练而自动发展的结果。即通过某种学习，使某种心灵官能得到训练，从而转移到其他学习上去，使其他学习得以易化。依这种观点，学生在学校里学习什么内容并不重要，重要的是通过学习活动去训练学生的记忆力、推理能力和想象力。

图 11-2　官能心理学：锻炼心灵就像锻炼肌肉一样

（二）共同元素说

1903 年，美国教育心理学家桑代克对官能心理学提出质疑。他认为，学习中训练某一官能未必能使它的所有方面都得到改善。他做了一个实验，以大学生为被试，首先训练大学生对平行四边形的面积进行估计，然后对他们进行两种测验。结果表明，被试对矩形面积的判断成绩提高了，但对三角形、圆形和不规则图形的判断成绩并没有提高，这表明形式训练说是错误的，经过训练的某一官能并不能自动迁移到其他方面。

他认为，两种学习之间只有具有相同要素时，才会发生迁移。相同要素也即相同的刺激（S）与反应（R）的联结，刺激相似而且反应也相似时，两情境的迁移才能发生，相同联结越多，迁移越大。后来相同要素被改为共同要素，即认为两情境中有共同成分时可以产生迁移。迁移是非常具体并且是有条件的，需要有共同的要素。

（三）概括化理论

1908 年，贾德提出了概括化理论。他认为，桑代克所说的两个学习活动之间存在的共同成分，只是产生迁移的必要前提，而产生迁移的关键是学习者在两种活动中概括出它们之间的共同原理。

贾德做过一个著名的“水下打靶”实验，证明了掌握原理在迁移中的重要性。他将五年级和六年级的小学生分成 A、B 两组，让他们练习用标枪投中水下的靶子。在实验前，向 A 组讲授了光学折射原理，B 组不讲授，只练习、尝试。在开始投掷练习时，靶子置于水下 1.2 英寸处。结果，A 组和 B 组的学生成绩相同。当把水下 1.2 英寸处的靶子移到水下 4 英寸时，两组的差异就很明显了，A 组学生的成绩明显好于 B 组学生。贾德认为，这是因为 B 组的学生没有学过光学折射原理，不能运用水下 1.2 英寸的投掷经验来改进靶子位于水下 4 英寸处的投掷练习。而 A 组学过折射原理的学生，能够针对不同深度的靶子做出调整，迅速适应水下 4 英寸的情境。

贾德通过这个实验得出结论，学习迁移的关键在于学习者是否能够从先前的学习中概括出一般性的原理或规则，并将之应用于新的情境中，而不仅仅是基于两个任务间表面相似性的共同要素。这一发现对教育实践有着重要意义，提示教育者应当注重教授学生理解基本原理，而不仅仅是具体技能或事实，以促进更广泛和深入的知识迁移。

（四）格式塔的关系理论

格式塔学派在概括化理论的基础上提出一种迁移的关系理论。该理论认为，对情境中关系的顿悟是实现迁移的根本原因，是由于领悟事物之间的关系从而形成迁移。

德国心理学家苛勒曾分别通过对小鸡和 3 岁儿童在两张深浅不同的灰色纸上找食物的实验来证明这一理论。实验分两步进行。第一步使实验对象对深浅不同的两张灰色纸形成分化性条件反射，即对深灰色纸产生食物反射，对浅灰色纸则不然。第二步用黑灰色纸代替浅灰色纸，对比之下，原来的深灰色纸则成了浅灰色纸。这时实验对象是根据深浅灰色的关系对黑灰色纸产生食物反射还是对原来的深灰色纸产生食物反射？实验结果表明：小鸡有 70% 对较深的黑灰色纸产生食物反射；3 岁儿童则 100% 对黑灰色纸形成食物反射。这表明，小鸡和儿童都倾向于依据颜色的关系而不是颜色本身来做出反应。根据这一迁移现象，关系理论者认为个体越能认清和了解事物之间的关系，概括化的可能性就越大，迁移的作用就越普遍和显著。

（五）认知结构迁移理论

认知主义学习理论的代表人物奥苏贝尔提出了认知结构迁移理论来解释学习的迁移。奥苏贝尔认为，一切有意义的学习都是在学习者原有认知结构的基础上产生的，学习者将新的知识纳入已有的认知结构中，引起原有认知结构的变化，就产生了有意义学习。一切有意义的学习必然包括迁移，迁移是以认知结构为中介进行的，先前学习所获得的经验，通过影响原有认知结构的有关特征影响新学习。

学生学习新知识时，其认知结构可利用性高、可辨别性大、稳定性强，就能促进对新知识学习的迁移。

认知结构的可利用性，是指面对新知识的学习时，学习者原有认知结构中是否具有用来同化新知识的适当观念。这一特征涉及学生面对新学习任务时，其头脑中是否有与新的学习相关的概念或原理及其概括程度。原有相关概念或原理概括程度越高，包容范围越大，迁移的能力就越强。

认知结构的可辨别性：是指面对新知识的学习时，学习者能否清晰分辨新旧知识间的异同。这一特征涉及新学习的知识与同化它的相关知识的可分辨度，两者的可分辨度越高，则越有助于迁移并避免因混淆而带来的干扰。

认知结构的稳定性：是指面对新知识的学习时，用来同化新知识的原有知识是否已被牢固掌握。这一特征涉及同化新知识的原有知识的巩固程度。原有知识巩固程度越高，则越有助于迁移。

如果学生在某一领域的认知结构越具有可利用性、可辨别性和稳定性，那么就越容易导致正迁移。如果他的认知结构是不稳定的、含糊不清的、无组织的或组织混乱的，就会抑制新材料的学习和保持或导致负迁移。

根据奥苏贝尔的认知结构迁移理论，“为迁移而教”实际上是塑造学生良好认知结构的问题。在教学中，可以通过改革教材内容和教材呈现方式改变学生原有认知结构的特征以达到迁移的目的。

【扩展活动：最有效的学习方法】

每个人都在试图找到最适合自己、最高效的学习方法。从小到大，每位同学都经历了一个学习方法的摸索过程。你觉得在你使用过的学习方法中，最有效的学习方法是什么呢?

在班级中开展一次“我认为最有效的学习方法”的调查活动，每人列出三个自己认为最有效的学习方法，并说明原因。

收集全班同学的数据，进行统计分析，总结出大家普遍认为有效的学习方法。

【课后习题】

一、选择题

1. 先行学习对后继学习的影响叫（　　）。

A. 顺向迁移　　B. 逆向迁移　　C. 正迁移　　D. 负迁移

2. 设置学习目标、浏览阅读材料、产生待回答的问题以及分析如何完成学习任务属于（　　）。

A. 监控策略　　B. 组织策略　　C. 复述策略　　D. 计划策略

3. 在学习过程中，学习者利用抄写的复习方式巩固知识的学习策略属于（　　）。

A. 复述策略　　B. 精细加工策略　　C. 组织策略　　D. 元认知策略

4. 在学完一篇逻辑结构严密的课文以后，勾画出课文的论点、论据的逻辑关系图以帮助理解和记忆。这种学习方法属于（　　）。

A. 精细加工策略　　B. 组织策略　　C. 复述策略　　D. 做笔记策略

5. “举一反三”“触类旁通”是（　　）。

A. 正迁移　　B. 负迁移　　C. 特殊迁移　　D. 非特殊迁移

二、问答题

1. 试论述学习策略的层次及分类。

2. 试论述学习迁移的主要理论。

3. 结合你的经验，谈谈你对元认知和自我调节学习的理解。

参 考 文 献

［俄］巴甫洛夫．条件反射：动物高级神经活动 [M]. 周先庚，荆其诚，李美格，译．北京：北京大学出版社，2010.

［美］J. 布罗菲．激发学习动机 [M]. 陆怡如，译．上海：华东师范大学出版社，2005：9.

［美］戴维・谢弗．社会性与人格发展 [M]. 陈会昌，等译．北京：人民邮电出版社，2012：6.

［美］R.M. 加涅．学习的条件和教学论 [M]. 皮连生，王映学，郑葳，等译．上海：华东师范大学出版社，1999：1.

［美］克莱尔・艾伦・温斯坦等．终身受用的学习策略：帮助学生找到有效的学习方法 .[M]. 伍新春，秦宪刚，译．北京：中国轻工业出版社，2003：6.

［美］理查德・格里格・菲利普・津巴多．心理学与生活 [M]. 第 19 版，英文版．北京：人民邮电出版社，2016：1.

［美］罗伯特・斯莱文．教育心理学理论与实践 [M]. 第 7 版．姚梅林，等译．北京：人民邮电出版社，2004：7.

［美］斯金纳．超越自由与尊严 [M]. 陈维纲．王映桥，等译．贵阳：贵州人民出版社，1988：1.

［美］伯纳德・韦纳．人类动机：比喻、理论和研究 [M]. 孙煜明，译．杭州：浙江教育出版社，1999：1.

［美］约翰・华生．行为心理学：一个伟大心理学家的思想精华 [M]. 刘霞，译．北京：现代出版社，2020：11.

岑国桢．吉利根对道德认知发展理论的修正 [J]. 心理科学，1992（4）：33-37+66.

曾继耘．学生个体差异：研究方法与基本结构 [J]. 课程・教材・教法，2006（3）：27-33.

柴晓运，龚少英．青少年的同一性实验：网络环境的视角 [J]. 心理科学进展，2011，19（3）：364-371.

车文博．人本主义心理学评价新探 [J]. 心理学探新，1999，(1)：4–15.

陈会昌．儿童社会性发展的特点、影响因素及其测量——《中国 3 ~ 9 岁儿童的社会性发展》课题总报告 [J]. 心理发展与教育，1994 (4)：1–17.

陈琦，刘儒德．当代教育心理学 [M]. 第 3 版．北京：北京师范大学出版社，2019：3.

成子娟，侯杰泰．学科能力内隐观的普遍性及其年龄差异 [J]. 心理科学，2000，23 (2)：146–150+252.

邓峰，钱扬义，钟伟华，等．从心理学角度探讨高中化学新教材先行组织者的设计与应用 [J]. 课程・教材・教法，2006 (11)：63–67.

丁芳．儿童的道德判断、移情与亲社会行为的关系研究 [J]. 山东师大学报（社会科学版），2000 (5)：77–80.

董奇．论元认知 [J]. 北京师范大学学报，1989 (1)：68–74.

杜晓新．阅读中认知策略与元认知策略相关及实验研究 [J]. 心理科学，1997 (2)：166–167.

段小菊，施建农，冉瑜英 .8 岁到成年期工作记忆广度的发展 [J]. 心理科学，2009，32 (2) .

冯霞，冯成志．认知灵活性对概率类别学习的影响 [J]. 心理学报，2022，54 (11)：1340–1353.

付瑜．斯金纳的强化理论及其在学校教育中的应用 [J]. 中国电力教育，2008 (7)：5–6.

高迪，董彦会，尹杨，等．中国 2005—2014 年中小学生身高体重变化趋势分析 [J]. 中国学校卫生，2018，39 (2)：252–255+259.

郭永玉．人格心理学 [M]. 北京：中国社会科学出版社，2005：1.

洪伟，刘儒德，甄瑞，等．成就目标定向与小学生数学学习投入的关系：学业拖延和数学焦虑的中介作用 [J]. 心理发展与教育，2018，34 (2) .

黄春香，马静，李介民，等 .1 ~ 4 个月婴儿的气质特征研究 [J]. 中国临床心理学杂志，2009，17 (3)：300–302.

黄希庭，凤四海，王卫红．青少年学生自我价值感全国常模的制定 [J]. 心理科学，2003 (2)：194–198.

季成叶，胡佩瑾，何忠虎．中国儿童青少年生长长期趋势及其公共卫生意义 [J]. 北京大学学报（医学版），2007 (2)：126–131.

蒋舒阳，刘儒德，甄瑞，等 . 小学生能力观对数学学习投入的影响：学业控制感和期望的中介作用 [J]. 心理与行为研究，2018，16（4）：490–496.

蒋晓庆，张莉 . 以绘本为载体开展幼儿共情教育的路径探究 [J]. 教育观察，2023，12（18）：24–26.

寇冬泉，黄技 . 努力管理学习策略的内涵及其培养 [J]. 广西师范学院学报（哲学社会科学版），2009，30（3）：54–56.

寇彧，王磊 . 儿童亲社会行为及其干预研究述评 [J]. 心理发展与教育，2003（4）：86–91.

李丹 . 儿童亲社会行为发展研究述评 [J]. 心理科学，2001（2）：202–204.

李康 . 从行为主义到人本主义——论学习理论对 CAI 课件设计的影响 [J]. 电化教育研究，1999（2）：30–35+70.

李抗，杨文登 . 从归因疗法到内隐理念：德韦克的心理学理论体系及影响 [J]. 心理科学进展，2015，23（4）：621–631.

李辽 . 青少年的移情与亲社会行为的关系 [J]. 心理学报，1990（1）：72–79.

李寿欣 . 关于场依存性认知方式的理论及其理论模型修订 [J]. 西南大学学报（社会科学版），2008（1）：19–21.

林崇德 . 发展心理学 [M]. 北京：人民教育出版社，2009：3.

林崇德 . 加强品德塑造是促进社会公德建设的重要基础 [J]. 北京师范大学学报（社会科学版），2015（1）：41–46.

林崇德 . 论品德的结构 [J]. 北京师范大学学报，1988（1）：57–65.

林崇德 . 青少年品德特点与道德教育 [J]. 北京师范大学学报，1990（1）：18–23+6.

林崇德，王耘，姚计海 . 师生关系与小学生自我概念的关系研究 [J]. 心理发展与教育，2001（4）：17–22.

刘电芝，黄希庭 . 学习策略研究概述 [J]. 教育研究，2002（2）：78–82.

刘国雄 . 道德和习俗领域幼儿义务推理的发展 [J]. 心理学报，2013，45（3）：310–319.

刘杰，孟会敏 . 关于布朗芬布伦纳发展心理学生态系统理论 [J]. 中国健康心理学杂志，2009，17（2）：250–252.

刘儒德，教育心理学原理与应用 [M]. 北京：中国人民大学出版社，2019：9.

刘儒德 . 一种新建构主义——认知灵活性理论 [J]. 心理科学，1999（4）：360–361.

刘伟方，司继伟，王玉璇 . 认知策略选择的元认知因素 [J]. 心理科学进展，2011，

19（9）：1328–1338.

麻彦坤，叶浩生．维果茨基最近发展区思想的当代发展 [J]. 心理发展与教育，2004（2）：89–93.

缪学超．程序教学法的形成、要义、实验及当代价值 [J]. 课程·教材·教法，2015，35（7）：101–107.

莫雷．教育心理学 [M]. 广州：广东高等教育出版社，2002：1.

牟晓宇，昝飞．美国特殊儿童学业困难反应模式——RTI 模式 [J]. 外国教育研，2011，38（4）：54–59.

倪伟．我国品德心理研究 20 年的回顾与反思 [J]. 心理学动态，2001（1）：52–56.

潘颖秋．初中青少年自尊发展趋势及影响因素的追踪分析 [J]. 心理学报，2015，47（6）：787–796.

庞维国．自主学习：学与教的原理和策略 [M]. 上海：华东师范大学出版社，2004：5.

彭彩霞．进步主义教育只能是乌托邦吗？——基于英国普劳登报告的省思 [J]. 全球教育展望，2020，49(12)：55–65.

彭聃龄．行为主义的兴起、演变和没落 [J]. 北京师范大学学报，1984（1）：15–23+39.

彭聃龄．普通心理学 [M].5 版．北京：北京师范大学出版社，2019：1.

申继亮，陈勃，王大华．成人期基本认知能力的发展状况研究 [J]. 心理学报，2000（1）：54–58.

石德澄，杨孟萍．斯坦福－比奈智力量表第四版简介 [J]. 心理科学，1992（2）：63–65.

汪玲，郭德俊，方平．元认知要素的研究 [J]. 心理发展与教育，2002（1）：44–49.

汪玲，雷雳，Tanja CULJAK. 效能信念、加工方式和困难应对策略——关于自我调节学习的特点及各成分间关系的探讨 [J]. 心理发展与教育，2000（3）：30–35.

王玲凤，嵇宇虹．小学儿童的自我概念及其与父母教养方式的关系 [J]. 中国临床心理学杂志，2004（2）：142–144.

王美芳，庞维国·艾森伯格的亲社会行为理论模式 [J]. 心理学动态，1997（4）：37–42.

王雁飞，凌文辁，朱瑜．成就目标定向、自我效能与反馈寻求行为的关系 [J]. 心理科学，2004（1）：203–206.

韦小满，杨希洁，刘宇洁 . 干预反应模式：学习障碍评估的新途径 [J]. 中国特殊教育，2012（9）：9–12+23.

维尔弗里德·普勒格，李其龙 . 程序教学二十五年 [J]. 全球教育展望，1981（1）：5–9.

沃建中，闻莉，周少贤 . 认知风格理论研究的进展 [J]. 心理与行为研究，2004，（4）：597–602.

吴建琛 . 旧的课题　新的探索——对因材施教的粗浅认识 [J]. 课程·教材·教法，1987（8）：23–26.

伍新春，冯忠良 . 人本主义教育心理学与教学改革 [J]. 宁波大学学报（教育科学版），2000（1）：21–26.

习近平：深入开展学习宣传道德模范活动　为实现中国梦凝聚有力道德支撑［EB/OL］.http：//cpc.people.com.cn/n/2013/0927/064094–23052/47.html.

肖凤秋，郑志伟，陈英和 . 共情对亲社会行为的影响及神经基础 [J]. 心理发展与教育，2014，30（2）：208–215.

徐春燕，王虹 . 观众配角顾问——游戏“高速公路收费站”评注 [J]. 学前教育，1999（4）：17.

徐华莉 . 对国内场独立、场依存认知风格研究的反思 [J]. 安徽农业大学学报（社会科学版），2012，21（6）：74–78.

许洁英 . 个体差异研究及其教学意义 [J]. 西北师大学报（社会科学版），1999（6）：20–24.

杨治良，郭力平 . 认知风格的研究进展 [J]. 心理科学，2001，（3）：326–329.

叶浩生，杨文登 . 教育心理学：历史、分歧与超越 [J]. 教育研究，2012，33（6）：103–111+149.

叶浩生 . 人本主义心理学：后现代主义的挑战 [J]. 华东师范大学学报（教育科学版），2008，26（4）：55–60+67.

叶仁敏，Kunt A. Hagtvet. 成就动机的测量与分析 [J]. 心理发展与教育，1992，(2)：14–16.

余宏波，刘桂珍 . 移情、道德推理、观点采择与亲社会行为关系的研究进展 [J]. 心理发展与教育，2006，22（1）：113–116.

张宏如，沈烈敏 . 学习动机、元认知对学业成就的影响 [J]. 心理科学，2005，28（1）：114–116.

张厚粲，王晓平．中国儿童认知能力的性别差异发展倾向：韦氏儿童智力量表结果分析 [J]. 心理科学，1996（2）：65–70+127.

张厚粲．韦氏儿童智力量表第四版（WISC- Ⅳ）中文版的修订 [J]. 心理科学，2009，32（5）：1177–1179.

张绍岩，韩一三，沈勋章，等．中国大中城市汉族儿童青少年身高、体重和体质指数生长图表 [J]. 中国儿童保健杂志，2008，16（3）：257–259.

张卫，徐涛，王穗苹．我国 6 ~ 14 岁儿童对道德规则和社会习俗的区分与认知 [J]. 心理发展与教育，1998（1）：21–25.

张文新．初中学生自尊特点的初步研究 [J]. 心理科学，1997，（6）：504–508+575.

张旭东，周国韬．自我调节学习的若干研究综述 [J]. 内蒙古师范大学学报（教育科学版），2001（1）：8–15.

张志杰，黄希庭，凤四海，等．青少年时间管理倾向相关因素的研究 [J]. 心理科学，2001，（6）：649–653+764.

赵章留，寇彧．儿童四种典型亲社会行为发展的特点 [J]. 心理发展与教育，2006（1）：117–121.

周勇，董奇．学习动机、归因、自我效能感与学生自我监控学习行为的关系研究 [J]. 心理发展与教育，1994（3）：30–33+15.

朱智贤．心理学大词典 [M]. 北京：北京师范大学出版社 .1989：1.

朱智贤．有关儿童智力发展的几个问题 [J]. 北京师范大学学报，1981，（1）：39–46.

Amerserdam B. Mirror self–image reactions before age two [J]. Developmental Psychology, 1972,5（4）: 297–305.

Atkinson J W. Motivational determinants of risk–taking behavior[J].Psychological Review,1957, 64 (6) : 359–372.

Atkinson J W, Bastian J R, Earl R W, Litwin G H . The achievement motive, goal setting, and probability preferences[J].The Journal of Abnormal and Social Psychology, 1960(1): 27 - 36.

Bowlby J. Attachment and Loss：Vol 1. Attachment[M]. New York：Basic Books,1969:1.

Bronfenbrenner U. Ecology of the family as a context for human development: Research perspectives[J]. Developmental Psychology,1986, 22（6）:723–742.

Cattell R. B.Occupational norms of intelligence, and the standardization of an adult intelligence test[J]. British Journal of Psychology. General Section, 1934, 25（1）: 1–28.

Dixon J C. Development of self-recognition [J]. Journal of Genetic Psychology,1957（91）: 251–256.

Fitts P M, Posner M I.Human performance[M].Belmont, CA: Brooks/Cole, 1967.

Flavell J H.Metacognition and cognitive monitoring: A new area of cognitive - developmental inquiry[J].American Psychologist, 1979, 34（10）: 906–911.

Gardner H. Frames of mind: The theory of multiple intelligences[M]. NewYork: Basic Books, 1983.

Harlow H F, Harlow M. learning to love[J]. American Scientist, 1966, 54（3）: 244–272.

Koestner R, Ryan RM, Bernieri F et al. Setting limits on children's behavior: The differential effects of controlling vs. informational styles on intrinsic motivation and creativity[J]. Journal of Personnel Psychology, 1984（52）: 233–248.

Macan T H, Shahani C, Dipboye R L, et al. College students' time management: correlation with academic performance and stress[J]. Journal of Educational Psychology, 1990, 182 (4): 760–768.

Thomas A, Chess S. Temperament and development[M]. New York: Brunner/Mazel, 1977.

Weiner B A.Theory of Motivation for some classroom experiences[J]. Journal of Educational Psychology, 1979, 71(1): 3–25.

Yerkes R M, Dodson J D.The relation of strength of stimulus to rapidity of habit-formation[J]. Journal of Comparative Neurology and Psychology, 1908, 18 (5): 459–482.

本书配套教学资源

感谢您选用清华大学出版社的教材！为了更好地服务教学，我们为授课教师提供本书的教学资源如下。

请授课教师扫码获取

同步 PPT

教学大纲

开放获取

慕课资源

清华大学出版社

E-mail: tupfuwu@163.com
电话：010-83470319
地址：北京市海淀区双清路学研大厦 B 座 508
网址：http://www.tup.com.cn/
邮编：100084